普通高等教育"十一五"国家级规划教材

北京高等教育精品教材

BEIJING GAODENG JIAOYU JINGPIN JIAOCAI

U1015925

新编21世纪公共管理系列教材

—— 行政管理、公共事业管理系列 ——

市政管理学

第五版

杨宏山　编著

Municipal Management

中国人民大学出版社

· 北京 ·

内容简介

杨宏山教授的《市政管理学》是一部广受好评的畅销教材，先后被评为普通高等教育“十一五”国家级规划教材、北京高等教育精品教材，并获得2020年中国人民大学优秀教材（本科类）一等奖。

本书以习近平新时代中国特色社会主义思想为指导，以城市公共事务管理为研究对象，构建了市政管理学的知识框架，包括城市与城市化、城市管理理论、市政管理体制、城市政策过程、重点领域政策、城市治理创新六个模块。本书概述了城市的形成与发展、功能与作用，阐述了城市化的历程和规律，分析了市政体制的多样性。在此基础上，基于中国的制度环境与城市治理实践，重点论述了城市规划管理、公共经济管理、基础设施管理、房地产管理、公共服务管理、社会管理的制度体系和公共政策，并展望了城市治理创新的发展趋势。与上一版相比，本书吸收了近年来市政管理研究的新成果，包括城市治理理论、邻避冲突管理理论、网格化城市管理理论等。

作者简介

杨宏山　中国人民大学公共管理学院副院长，教授、博士生导师；兼任中国行政管理学会理事、北京城市管理学会理事等。主要从事中国政策过程、城市治理、社会治理等领域的研究工作。曾在美国印第安纳大学、德国法兰克福大学做访问学者。出版《转型中的城市治理》《数字化城市管理模式》《府际关系论》《当代中国政治关系》《经济全球化与政治发展》等专著，《市政管理学》《公共政策学》等教材，以及译著《城市管理学：美国视角》；在《公共管理学报》《政治学研究》《中国行政管理》《城市发展研究》及*American Review of Public Administration*等核心期刊发表论文80余篇。获得霍英东教育基金会第十一届高等院校青年教师奖、北京高等教育精品教材奖、中国人民大学“优秀科研成果奖”“十大教学标兵”等奖励和荣誉称号。

出版说明

现代意义上的公共行政与公共管理研究和教育始于20世纪初。时至今日，随着公共管理职业化的发展，公共行政与公共管理的研究和教育事业在主要发达国家方兴未艾。自20世纪80年代起，为了适应政府改革与公共管理人才培养的需要，我国的公共行政与公共管理研究和教育在经历了发展的挫折之后，开始了恢复和重建的工作。经过多年的发展，特别是公共管理一级学科的设置和我国公共管理硕士（MPA）教育的启动以及高校公共管理类本科专业的大量开设，公共管理已成为当代中国社会科学和管理科学领域的一个充满生机活力、具有远大发展前景的学科。

为了满足广大高校公共管理类专业的教学需要，在历届教育部高等学校公共管理类学科专业教学指导委员会的指导和支持下，中国人民大学出版社自1999年起，陆续出版了“21世纪公共行政系列教材”“21世纪公共管理系列教材”“21世纪公共事业管理系列教材”“公共管理系列教材”“公共管理核心课程系列教材”“21世纪劳动与社会保障系列教材”“21世纪土地资源管理系列教材”“21世纪城市规划与管理系列教材”等多个本科系列教材。这些教材被国内高校公共管理类专业广泛选用，并得到了公共管理学界的支持和认可，数十种教材被评为“十五”“十一五”“十二五”国家级规划教材，普通高等教育精品教材，以及各省市精品教材，为我国公共管理学科发展和人才培养做出了积极的贡献。

我国高等教育改革的进一步深化，以及新技术和新媒体的不断发展，对高校教材提出了更高的要求。为了回应这种要求，我们在广泛调研的基础上，拟对上述系列教材进行整合和提升，推出“新编21世纪公共管理系列教材”，以满足国内高校公共管理一级学科下设的行政管理、公共事业管理、劳动与社会保障、土地资源管理、城市管理、海关管理、交通管理、海事管理、公共关系学等本科专业的教学需要。

“新编21世纪公共管理系列教材”将秉承中国人民大学出版社“出教材学术精品，育人文社科英才”的宗旨，从本科教育的特点出发，从公共管理教育的特点出发，为广大高校公共管理类专业师生提供一套高质量的本科教材。在教材编写和内容安排上，“新编 21 世纪公共管理系列教材”强调基础知识、基本理论和基本技能，同时，也尽可能地体现创新性和前沿性，反映相关领域理论与实践的最新发展情况。

“新编 21 世纪公共管理系列教材”由中国人民大学、中山大学、北京大学、清华大学、复旦大学、厦门大学、武汉大学、浙江大学、吉林大学、东北大学、北京师范大学、山东大学、四川大学、西北大学等数十所国内著名大学的知名学者领衔著述，我们期望通过这种强强联合、优势互补、资源共享的方式，为国内公共管理学界奉上一套体现系统性、权威性、通用性，并兼具创新性、前沿性、启发性的精品教材。

公共管理的实践是不断发展和变化的。随着公共管理实践的不断发展，公共管理学科研究的范围、主题和内容也在不断地发展和变化。我们将紧跟公共管理学科的发展，与所有作者一起，不断对本套教材进行修订和完善。望广大读者给我们反馈信息，对本套教材提出批评和建议，以使我们能够在所有读者和作者的帮助下，与中国公共管理学科共同成长。

中国人民大学出版社

前言

市政管理学是公共管理学科中专门研究城市公共事务管理的应用性科学。中国城市化快速发展、城市运行出现大量新问题，为市政管理研究提供了迫切需求，也使市政管理成为地方治理研究的重要领域，并受到政府决策部门重视。北京大学、中国人民大学等高校先后开设城市管理专业，致力于培养高层次专门人才。2012年，教育部调整普通高等教育本科专业目录，城市管理专业被列入公共管理类下设的五个专业之一。

自中国人民大学公共管理学院任教以来，我一直关注城市治理问题，承担本科生“城市管理学”课程的教学工作。2007—2008年，应诺贝尔经济学奖获得者埃莉诺·奥斯特罗姆教授的邀请，我到印第安纳大学政治理论与政策分析研究中心做访问学者，研究主题即为美国城市与地方治理。回国以后，我们翻译了《城市管理学：美国视角（第六版）》（戴维·R. 摩根等著）。该书以美国联邦制度为背景，阐述了城市政治结构、政策制定、城市规划、服务供给和内部管理过程，是国内引进的第一本国外城市管理教材。

本教材最初出版于2005年，迄今多次再版，累计印刷20多次。本教材出版以后，得到了学界肯定和支持，被评为北京高等教育精品教材，被教育部遴选为普通高等教育“十一五”国家级规划教材。第五版增加了“城市控制权之争”“城市邻避冲突管理”等内容，同时对各章进行了修订，使内容更加丰富，表述更为简约。

本教材的特点在于：（1）以公共管理理论为基础，侧重于研究城市治理结构和公共服务供给机制。（2）注重对国外市政体制进行比较研究，为读者提供多元化的制度结构。（3）注重吸收近年来城市管理研究的新成果。（4）精选了一些阅读材料和案例，可增强学生的阅读兴趣及对重点问题的理解。

在本教材的修订过程中，我指导的博士生李娉、周昕宇、邱一鸣、李悟提供了协助，中国人民大学出版社朱海燕女士对修订工作给予了支持，在此一并致谢。本书难免存在缺憾之处，敬请指正。

杨宏山

2021年5月20日

目录

第1章

导　论

市政管理学，也称城市管理学，是公共管理学科中专门研究城市公共事务的应用性科学。随着中国城市化快速发展，城市公共问题越来越引起人们的重视。市政管理学不仅研究市政体制和政府职能，而且关注城市政策创新和公共服务提供机制。科学诊断具有公共性的市政问题，推进市政体制改革、政府职能转变，发展公私合作和伙伴关系，有利于提高公共服务能力，提升城市竞争力。

重点问题

- 市政与市政管理的概念
- 市政管理的基本原则
- 市政管理学的研究对象
- 市政管理学的研究方法
- 市政管理学的研究意义

1.1　市政与市政管理的含义

1.1.1　城市与建制市

城市是人类文明的结晶，优质公共服务资源的集聚地，是人口、工商业和建筑密集的地理空间。从其形成看，城市是“城”和“市”的结合体。在词源学上，“城”与“市”是两个不同的概念。“城”是指四周筑有城墙，扼守交通要冲，具有防卫和贮存功能的军事据点。“市”是指交换和贸易的场所。随着社会经济发展，城内人口不断增加，加速了贸易的发展，同时，交易的扩展又要求设立相对固定的贸易市场，于是“城”和“市”逐渐融为一体，演变为具有资源集聚性质的城市。

回溯中华文明史，早期的“城”即构筑有防御性设施的聚落形态，其外围构筑有垣墙、壕沟、栅栏等。《墨子·七患》曰：“城者，所以自守也。”《管子·度地》曰：“内为之城，城外为之郭。”《吴越春秋》曰：“鲧筑城以卫君，造廓以守民。此城廓之始也。”随着生产力发展，社会有了剩余产品，也就有了产品交易活动。《周易·系辞下》曰：“日中为市，致天下之民，聚天下之货，交易而退，各得其所。”《说文解字》曰：“市，买卖所之也。”

中国古代城市实行“城”“市”分离、管理分开。早期的城邑以防卫、祭祀、贮存等政治和军事功能为主，集市设于城外，以物品交换为基本功能①。到了西周时期，在周王城内开始出现集市。秦始皇统一中国后，推行郡县制，实行统一的货币和度量衡，郡县两级政权的治所都会构筑城邑，经济规模扩大促进了城市发展。

在隋唐之前，我国城市一直实行坊市制度，即在空间布局上分设“坊”与“市”两类功能区域，将城内分割为若干坊块，作为居民居住的空间场所，对贸易市场实行集中管理，设置集市进行交易，“坊”与“市”严格分开，分别都用围墙围起来，四面设门，实行严格的门禁制度，定时开启和关闭。坊内居民与市内商人的活动空间完全分开，分别任命官员执掌公务，制定相应的管制措施，以守护城市安全，维护市场交易秩序。在坊市制度下，商业活动被严格限定在少数几个集市中进行交易，并且“市”的开门和关闭都有时间限制。这种将坊市分开的管理制度，有利于维护社会秩序，但却以限制市场交易为代价，不利于促进商品经济发展。

盛唐时期，我国出现了百万人口的大城市。唐朝后期，商业活动逐渐突破坊市制度的限制，一些居住区开始拆除坊墙，城市居住区与商业区出现了融合发展趋势。到了北宋时期，拆除坊墙、临街开店成为常态现象，商业活动从过去的封闭设市转变为开放设市。张择端的《清明上河图》生动记录了北宋都城东京（又称汴京）的城市面貌、街市场景和商业活动状况，展现了北宋后期城市生活区与商业区完全融合的情景。这样，城市从过去的以军事防御功能为主转变为涵盖政治、军事、经济、社会、文化等综合性职能。商业活动的开放性，为城市在更大范围内集聚资源和财富提供了条件。

“建制市”（municipality）是地方行政建制的一种类型，其设置需要具备一定的标准和条件，并按照规定的程序进行审批。在西方国家，“建制市”是在城市化地区设置的一种地方政治实体，一般不管辖农村地区②。中国城市发展的历史悠久，“建制市”却是近代地方政治改革的产物。在清代以前，中国没有“建制市”，地方管理不区分城市和农村地区，城市事务由一般性地方政权承担职责。直到清朝末年，中国才仿效西方国家地方自治制度，实行城乡分治，设置自治市。1909 年，清政府制定并颁布了《城镇乡地方自治章程》，在历史上第一次以法律形式划分城镇区域和乡村区域，它标志着我国正式确立了市建制及相应的组织体系。新中国成立以后，我国在一段时期内曾经沿袭城乡分治传

---

① 《周礼·考工记》记述了周公营建洛邑周王城的基本布局：“匠人营国，方九里，旁三门。国中九经九纬。经涂九轨。左祖右社，面朝后市。”所谓“左祖右社，面朝后市”，即王城的左边（东）是宗庙，右边（西）是社稷，宫殿的前面是朝拜场所，宫殿的后面是市场，这一描述呈现了洛邑城空间规划的总体布局。

② 潘小娟. 市政管理体制改革：理论与实践. 北京：社会科学文献出版社，1998：6.

统。20世纪80年代推行“市管县”体制以来，“建制市”辖区包含农村地区，市政府不仅面向市民提供公共服务，也面向农业、农村和农民提供公共服务。这种广域型建制市，是中国地方治理的显著特征，它不同于城乡分治模式。

阅读材料

城与市关系的演进

在中国的历史上，城与市的关系经历了五个演变阶段：有城无市，城中有市，城区即市区，城在市中和有市无城。

（1）有城无市。人类告别游猎采集、开始定居后，出于防御的需要，氏族在聚落四周建起障碍性建筑物，这是最初的城。防御是城的基本职能。远古城址中都没有发现市的痕迹。此时只有城，还没有市。

（2）城中有市。随着家庭、私有财产的形成，家庭对自己生产的物品有支配权。不同主体之间的交换由此产生。最早的交换是有无互补。在许多地方，城中居民聚居区几乎都有水井，各户都从井中取水，井旁便成为居民经常见面的地方，也自然地成为交换物品之地。市与井便联系在一起。

（3）城区即市区。随着商品经济的发展，市突破划定的商品交易场所，从内城向外郭扩散，最终散布全城，城区即市区。同时，一个城与另一些城之间，城之市与乡之市之间也在发生联系，部分乡市进而发展为市镇。这样，就形成城乡连接、多层次的市场网络体系。

（4）城在市中。近代以来，新式武器代替传统的冷兵器，极大地削弱了城墙的防御作用，出现了使用机器的工厂和矿山等生产企业，火车、轮船、汽车等交通运输工具，百货公司、货栈等商业组织，银行等金融机构。这些新式工商企业占地较广，城墙内空间已不能容纳它们。结果是，市破城墙而出，市比城大，城在市中。

（5）有市无城。随着市不断扩大，城墙成了交通与市场活动的障碍。于是，大多数城市的老城墙被拆除，成为有市无城的“城市”。少数城市虽然保留有老城墙，但不再发挥防御功能，主要是作为城市记忆的一部分，具有观光旅游价值。

城与市关系的演进显示，高高的城墙没能挡住市场自我扩散的力量。市场不断地突破城垣的限制，并最终摧毁城墙。

资料来源：赵德馨. 中国历史上城与市的关系. 中国经济史研究，2011（4）.

1.1.2 市政的含义

学习市政管理学，首先要明确什么是市政。在中国古代典籍中，“市政”系指市场贸易事务。《周礼·地官司徒第二·司市》曰：“凡会同、师役，市司帅贾师而从，治其市政，掌其卖儥之事。”① 其所称“市政”即临时市场的事务。在中国地方治理中，“市政”

① 中国古代典籍中，“市政”一词最早出现于《周礼·地官司徒第二·司市》，其记载：“凡会同、师役，市司帅贾师而从，治其市政，掌其卖儥之事”。译文即“凡有会同、征伐、劳役等事，司市率贾师随行，治理临时市场的事务，掌管市场买卖之事”。

一词的广泛使用源自清末“新政”，意指城市政权和公共事务。1909 年，清政府颁布《城镇乡地方自治章程》。此后民国时期又颁布了一些有关城市治理与规划的规章制度，如 1913 年《江苏省暂行市乡制》、1921 年颁布的第 16 号教令《市自治制》、1922 年颁布的第 17 号教令《市自治制实施细则》等①。以上述官方文件的出台为标志，一些自治市成立市政厅，“市政”一词开始见诸报端②。

学者们从不同视角界定“市政”的含义。有学者从政治统治的角度，认为“市政”即城市政权，是国家政权的组成部分，包括政治、行政和司法活动；有学者从公共行政的视角，认为“市政”即城市行政管理，包括行政决策、执行和评估过程；有学者从公共政策的角度，认为“市政”是指城市公共政策。从公共管理视角看，我们认为“市”即城市，“政”乃公共事务，“市政”是指城市公共事务。

在我国市政管理中，“市政”有时被视为城市道路、交通、供水、供电、园林、绿化等市政工程和市政建设，这是对“市政”的狭义理解。城市公共事务的内容十分广泛。广义的“市政”，不仅包括市政工程和市政建设，还包括城市政权、政党组织、社会组织、城市规划、公共财政、政府规制、公共服务、土地和住房、人口与社会、环境保护等多个领域的公共事务。

1.1.3 市政管理的含义

与市政的含义相对应，所谓市政管理，是指对城市公共事务的管理活动。“随着城市的出现，必然要有行政机关、警察、赋税等等，一句话，必然要有公共机构，从而也就必然要有一般政治。”③ 市政管理有狭义和广义之分。狭义的市政管理是指针对市政设施、市容环境、城市运行、城管执法的管理活动；广义的市政管理不仅涵盖狭义的内容，还包括城市规划、城市建设、公共财政、民生保障、社会治理等多领域的公共事务。

市政管理的基本使命是，提供公共产品和公共服务，满足城市居民的公共需求，提升城市竞争力，促进城市可持续发展。通过与私人管理相比较，可以更好地理解市政管理的特点。首先，市政管理以满足公共需求、追求公共利益为导向，这与私人部门管理的营利取向不同。其次，市政管理强调公平和责任，而私人部门管理更强调效率和竞争。最后，市政管理包括广泛而复杂的公共选择和利益聚合过程，而私人部门管理受公众舆论和政治过程的影响要小得多。

传统市政管理建立在韦伯的官僚制理论、政治/行政两分法基础之上，把城市政府视为唯一的权威性管理主体，政府既“掌舵”又“划桨”，它依赖于层级节制和自上而下的指挥体系，实行单中心管制，凡事都由政府说了算。在计划经济体制下，城市政府不仅包揽公共产品生产，还几乎包揽了私人产品生产。现代市政管理不再将管理主体局限为

---

① 刘志琴．近三十年中国近现代市政史研究综述．河北大学学报（哲学社会科学版），2012（3）．

② 例如，1910 年《民国日报》增刊即刊载《市政筹备之经过》《市政之发展》《黄炎培演讲广州市政》《市政》等文章。民国时期的《政府公报》《申报》《大公报》《益世报》等已常见“市政”一词。

③ 马克思，恩格斯．马克思恩格斯选集：第 1 卷．3 版．北京：人民出版社，2012：184．

政府部门和公共机构，转而引入市场机制和社会力量，让私人部门、非营利组织、公众也参与进来，通过发展公共部门与私人部门、第三部门的合作与伙伴关系，致力于提高公共服务效率，促进城市可持续发展。

近年来，受新公共管理运动的影响，我国市政管理在相当程度上放松了市场管制，除国有企事业单位外，民营企业、社区组织和社会力量也开始参与市政管理。相应地，公共部门的作用领域有所收缩。在多元管理主体中，企业、社会组织和社会力量的作用空间越来越大，但政府仍然发挥着主导性作用。

1.1.4 市政管理的原则

人是城市最活跃、最重要、最根本、最宝贵的资源。市政管理要坚持“以人为本”，把满足人的需求作为出发点和中心任务。只有满足人的需求，充分发挥人的积极性，才能从根本上提高城市竞争力。具体而言，市政管理需要遵循以下原则：

1. 系统管理原则

城市是一个整体，由多个子系统及要素组成，彼此之间具有内在的联系性。市政管理需要树立系统思维，把各个子系统、各个要素作为相互关联、相互影响的整体进行规划和管理，不能孤立地关注某个子系统。

2. 法治透明原则

现代市政管理遵循法治原则，实行依法行政、政务公开，接受社会监督。阳光是最好的消毒剂，城市管理过程应保持公开透明，方便社会各方获取信息。

3. 公众参与原则

城市政策制定涉及社会中的多元主体，是对社会利益的权威性分配。为了协调多元主体的利益诉求，需要引入公众参与，发展协商民主，构建对话平台，把握各方关切和诉求，在互动中寻求合理方案，促进包容性发展。

4. 成本收益原则

城市管理在提供公共产品和服务的同时，需要耗费一定社会资源。为提高管理效率，需要进行成本收益分析，将绩效和结果置于重要位置。控制成本投入和追求最优绩效，是城市善治的基本要求。

1.2 市政管理学的历史发展

自从城市产生以来，就有了市政管理问题。在漫长的农业社会，由于商品经济并不发达，城市发展十分缓慢，市政管理的规章制度也不完善。人类进入资本主义社会以后，城市获得快速发展，城市规模快速膨胀，新兴城市大批涌现，人口大量地向城市集中，城市功能趋于复杂化。在城市化进程中，城市出现了暴力犯罪、环境污染、交通拥挤、乱搭乱建等问题，甚至发展成为“城市病”。要解决这些问题，需要加强市政管理研究，探索城市问题的解决机制。

1.2.1 西方市政管理学研究

20世纪初，伴随着城市快速发展，市政管理逐渐成为独立的研究领域。早期的市政管理研究，主要是从政治学和行政学的角度，侧重于对市议会、市政府及其相互关系的讨论，研究成果主要表现为《城市政治》《城市政府》《城市行政》《城市政府与行政》等著作。以美国为例，当时的市政管理学研究针对美国城市存在的突出问题，提出改革对策，推动着市政改革运动，不仅提升了城市管理能力，提高了行政效率，而且促进了经济社会发展。1900年，美国城市人口占总人口比例达39.6%，城市社会变迁迅速，市政府规模很小、效率低下、腐败严重，不能有效应对城市交通、公共卫生、基础设施、贫民窟以及街头犯罪等问题。当时，职业政客控制和操纵议会，通过议会控制政府，他们缺乏新思想和管理才干，只知拉帮结派、侵吞公款、以权谋私，处理市政问题力不从心，被公众称为“城市老板”①。匹兹堡、芝加哥、底特律等城市的犯罪活动猖獗，警务部门管理混乱、无所作为。随着科学管理的兴起，一些改革者将企业管理制度引入城市管理，引发了遍及全美的市政改革运动，其规模之大、范围之广、程度之深，可谓前所未有。通过市政改革运动，美国形成了市长-议会制、委员会制、议会-经理制三种市政组织形式，显著提升了行政效率和治理能力②。

除市政体制外，20世纪初，西方学者在城市财政、税收、治安、教育、社会工作等领域开展了专门研究。例如，纽约市政研究局对市政预算的研究、芝加哥大学社会学系对城市社区的研究都产生了广泛影响。前者推动的市政预算改革开创了政府绩效评估的先河，很快形成政策扩散效应，在全美开启了政府预算改革，并对后来的市政绩效测量产生了直接影响；后者对芝加哥市内的犹太人聚居区、波兰人移民区、上层阶级邻里、贫民窟等进行了研究，在美国社会引起了很大反响。

20世纪30年代以来，西方市政管理研究越来越多地吸收了管理学、经济学、社会学、建筑学的理论和方法，逐渐形成多学科交叉的跨学科知识体系。其中，关于市政体制和市政职能的研究，与行政学和管理学具有密切联系；关于城市规划的研究，与地理学、建筑学和经济学的联系密切；关于城市人口和社区的研究，与社会学具有密切联系；关于城市市场监管、公共服务供给的研究，与公共部门经济学联系紧密。如同公共管理存在众多的研究学派和理论丛林一样，市政管理研究也存在各种不同的理论模式。这种

---

① 其中，最为臭名昭著的是纽约市的城市老板威廉·特威德，他在1860—1870年借助黑帮的力量，以非法手段强迫所有大小选举结果合乎自己的意愿，包括纽约市市长等关键职位的人选，同时操纵纽约市所有官员的任命。安然. 从坦慕尼协会的兴衰看美国式腐败生成与治理的根源. 社会科学战线，2011（10）.

② 周婀. 美国市政的历史进程. 南开学报，1997（1）；何章银，徐和平. 试论二十世纪初美国的市政改革. 世界经济与政治论坛，1992（12）.

跨学科研究从多个学科中汲取营养，极大地丰富了市政管理的理论体系。

阅读材料

美国市政改革中的专家参政

在20世纪初，美国进入了快速城市化阶段。城市交通、公共卫生、基础设施、贫民窟以及街头犯罪等一系列问题亟待市政当局改进治理。然而，城市却普遍陷入了“政治老板”控制和贪污腐化之中。为扭转困局，市政改革者提出效仿大公司管理经验，将市政事务交给训练有素、具备专门知识的专家来管理。严峻的城市问题也引起了大学及学者们的关注。芝加哥大学校长哈里·贾德森认为，大学不应仅满足于探寻科学真理，应致力于研究和传播与城市相关的各种知识①。

市政管理对专业知识的需要，与大学、学者对城市问题的关注，最终汇聚为一股学者参与市政的潮流，致力于提供专业性分析、建议和解决之道。1894年，美国46个主要市政改革团体在费城成立了全国性的市政改革组织——全国市政联盟。它汇聚了当时具有改革理念的政治家、律师、记者和大学教授。1900年，全国市政联盟公布了用以指导市政改革的纲领性文件《市政大纲》，涉及市政体制、公共会计、政府债务等多方面的内容。

作为美国第一大城市，1900年纽约市设有69家百强大企业的总部。大多数欧洲移民都选择在纽约登岸。然而，该市一直受城市老板及其领导的“坦幕尼协会”操控，腐败与管理不善问题严峻。为纾解财政困难，纽约市长于1905年组建了城市债务与特别评估委员会和会计与统计委员会，聘请专家学者参与委员会的工作。身为会计与统计委员会主席，纽约大学财政学教授克利夫兰提出筹建一个专业性组织，为市政改革提供知识支持。1906年，一个名为市政研究局的机构在纽约市成立，其目的是让科学知识成为市政改革的动力。从1906年成立至1921年更名为“公共行政研究所”，市政研究局独立于市政体制之外，由社会科学学者和社会改革家组成。克利夫兰将市政研究局比作政府的“医生”，对政府进行科学诊断，并开出药方。

由于克利夫兰等学者对城市财政的关注，研究局主要致力于推进市政预算改革。1906年，由于市卫生局资金匮乏，在调研的基础上，研究局公布了一项《制定地方预算》的报告，建议卫生局通过职能划分、会计分类和详细记账的方式，对该局的财政收支进行完整监督。1907年，研究局又与财政局、新成立的市政调查与统计局合作，将预算制度扩大至更多的市政部门。预算制度要求各部门在详细的职能分类的基础上，“提交反映各类要做的工作或公共服务所要求的拨款总数的预算”，有效约束了官员侵吞市政资金的现象②。

---

① STEVEN D. A City and Its Universities：Public Policy in Chicago. The University of North Carolina Press，2009：19-20，28.

② 卡恩. 预算民主：美国的国家建设与公民权，1890—1928. 上海：上海人民出版社，2008：52.

这种“专家参政”不仅推进了市政改革，还推动着成功经验向州和联邦层面扩散。由于市政研究局的突出贡献，该局的一些专家学者陆续受到政府重用，在政府机构中担任要职。1911 年，克利夫兰被塔夫脱总统任命为节约与效率委员会主席。在该委员会的努力下，美国国会于 1921 年通过了《预算与会计法案》，成功地将纽约市政研究局发起的预算改革推广至联邦政府。

资料来源：侯波．20 世纪初美国市政改革中的专家参政现象．中国城市经济，2012（3）．

1.2.2 中国市政管理学研究

我国城市化进程起步较晚，市政管理学研究的发展也相对较晚。1927 年出版的《市政学纲要》①，就市政的含义和性质、城市的地位、各国市制进行概述，是中国早期市政管理研究的代表性著作。1949 年以前，旧中国的高校教育曾经开设“市政学”课程。例如，中山大学夏书章教授早年留学美国学习行政学，回国后从事“市政学”教学工作。遗憾的是，1952 年全国高校院系调整时，“市政学”也在被撤除的科目之中，从事“市政学”教学和研究的学者本来就很少，调整后，该领域学者被迫转而从事其他领域的研究工作②。

1978 年，党的十一届三中全会纠正了长期以来“左”的错误，为社会科学的繁荣和发展提供了重要条件。20 世纪 80 年代以后，伴随着改革开放的步伐，中国城市科学研究会和城市经济学会相继成立。学术界出版了一些关于城市化、城市经济、城市规划、城市地理、城市环境的著作。80 年代中后期，一些高校开设了“市政学”或“市政管理学”课程。90 年代初，“市政学”被列入高等自学考试课程。进入 21 世纪，北京大学、中国人民大学等高校自主创设了城市管理专业，招收本科生和研究生。2012 年，教育部修订高等教育本科生专业目录，城市管理成为公共管理一级学科下设的五个专业之一，一些有影响力的学术著作也开始出版。随着越来越多学者的加入，市政管理学研究也迎来了前所未有的发展机遇。

1.3 市政管理学的研究内容

市政管理学是研究公共事务及其规律的科学，致力于回答谁管城市、管什么和怎么管的问题。

1.3.1 市政管理学的研究对象

市政管理学的研究对象主要包括以下几个方面：

---

① 董修甲．市政学纲要．上海：商务印书馆，1927．

② 夏书章．市政学引论．北京：中共中央党校出版社，1994：序言，2．

1. 城市与城市化

自人类进入文明社会以后，城市始终是经济发展和社会进步的中心。城市对国家和地区发展具有重要的先导作用，可以说，没有城市建设和管理的现代化，就没有国家的发展和现代化。城市管理学首先要研究城市的含义、特征和功能，研究城市化的进程和具体表现，研究城市化过程中的主要问题和政策选择。

2. 市政管理体制

市政管理体制是指城市公共管理的组织结构、职能结构、行为方式以及运行机制的总和。市政管理学不仅要研究城市政府机关的组织体系、职责权限和活动方式，还要研究城市政党组织与政府机关的关系，研究行政机关与立法机关、司法机关的关系，研究上下级政府之间的关系，研究政府与事业单位、非营利组织、企业以及市民之间的互动关系。

3. 市政管理主体

市政管理主体，即城市政策主体，是指城市政策制定、执行、评估过程的行动主体。传统市政管理由政府垄断行使指挥、管制和监督权，凡事都由政府机构负责和拍板。现代市政管理注重维护利益相关者的参与权，注重在政府与私人部门、社会组织之间建立合作与伙伴关系，形成合力共同促进城市善治。在多元行动主体中，政府仍是最重要的管理主体，但不再是唯一的治理主体。

4. 城市公共政策

城市公共政策是城市运行的基本规则，它涉及城市治理的各个领域。由于存在市场失灵和社会失灵问题，需要政府发挥作用。政府弥补市场失灵和社会失灵的基本手段是公共政策。城市公共政策包括城市发展和规划政策、基础设施投融资和管理政策、公共财政政策、市场和社会监管政策、人口与社会治理政策、基本公共服务政策、环境保护政策、政府内部管理政策等。

5. 市政管理理论和方法

城市问题研究不能停留在对表面现象的一般描述上，需要探究城市问题的发生机理，发展市政管理理论和方法，增进对城市发展规律的认知。只有科学把握城市运行规律，恰当运用治理工具，才能提高市政管理水平。

1.3.2 市政管理学的研究方法

在市政管理研究中，学者们经常使用的方法主要有以下几种：

1. 比较研究法

各国市政体制和政府职能是各自政治体制的产物，存在多样化的制度安排。通过对各国市政体制和市政职能进行比较，可以权衡利弊、有所借鉴、为我所用。不同城市在具体领域的公共政策安排也存在差异性，通过比较研究，可以对不同政策实施的结果进行比较，进而提出政策创新的基本思路、目标和具体工具。

2. 历史研究法

各国市政管理制度也是在特定的历史环境下形成的。研究市政管理体制，也要把它放在特定的历史背景中进行考察，梳理市政体制和公共政策的发展演进，以更好地理解不同城市的制度多样性。对城市的历史积淀进行研究，可以深入发掘城市发展的人文内涵，弘扬人文精神，提升城市文化品位。

3. 规范研究法

所谓规范研究，就是基于一定的前提假设和理论立场，通过理性判断和逻辑推理，逐步展开分析并形成新的理论体系的研究方法。改革开放以来，中国学者通过翻译国外相关领域的著作，介绍了不少西方市政管理理论，它对于构建中国特色的市政管理体系有所裨益。

4. 实证研究法

所谓实证研究，就是基于一定的事实依据和调查材料，通过总结和归纳，形成新的理论解释的研究方法。实证研究更加关注现实状况和动态发展，它通过统计分析、实地调查、地理信息采集、案例研究，在占有第一手材料的基础上进行定量分析和总结，所得出的结论往往比较切合实际，而且操作性较强。但若缺乏理论准备和研究设计，实证研究也容易陷入就事论事之中。

1.4 市政管理学的研究意义

1.4.1 市政管理学的认知功能

市政管理研究涉及城市政治、行政、经济、社会、文化、生态环境等各个领域的问题，具有交叉性、动态性、系统性、应用性等特征。市政管理和城市政策分析不能仅仅依赖于单一的理论框架，必须应用跨学科的社会科学知识、理论和研究方法，不仅使用政治学、行政学、管理学的理论与方法，也要借鉴经济学、社会学、地理学、建筑学等学科的知识。

市政管理研究具有以下认知功能：

1. 描述功能

描述性是所有社会科学展开研究的基础和前提，市政管理研究也不例外，也要运用社会科学的调查方法，对城市政治主体、政治过程、行政行为、政策演化进行观察和描述，为揭示和解释市政管理和城市政策发展的基本规律提供基本前提。

2. 解释功能

管理科学之所以称为科学，关键在于其能够解释问题。市政管理研究在描述城市政策过程的基础上，通过识别变量指标，构建相关理论，解释变量之间的逻辑关系，从而揭示城市现象的本质和发展规律。

3. 预测功能

市政管理研究在对城市公共事务和具体现象进行客观描述和合理解释的基础上，还要对重要领域的现实问题和发展趋势做出前瞻性预测。科学预测是制定发展规划、提出对策、解决现实问题的前提和基础。

4. 批判功能

市政管理研究不仅要描述和解释现实现象，还要基于一定的价值定位，批判城市运行和管理中存在的不合理现象，促进城市善治①。对城市贫困问题、交通拥堵问题、边缘群体子女受教育问题、环境污染问题的批判，是探索新的治理机制的重要推动力量。

5. 发展功能

通过对城市管理体制和公共政策进行研究，可以更清晰地发现其在运行中存在的问题，从而推进治理创新和政策发展，改进城市治理绩效。

1.4.2 市政管理学的实践意义

1. 理解城市现象，认识城市发展规律

市政管理研究通过提出命题和假设，开展实证研究检验相关假设，推进理论发展。学习市政管理学，有助于增进对复杂的城市现象的理解，可以更好地把握城市的本质，把握发展和管理的基本规律。例如，学习城市化理论，可更好地把握城市发展的未来；学习城市规划理论，可系统掌握人类在城市空间规划领域的认知发展。

2. 诊断城市问题，改进城市政策

市政管理理论不仅具有描述性功能，还具有解释性和预测性功能。学习市政管理学，掌握城市发展的基本规律，可提高对城市问题的诊断能力，对未来的发展趋势做出预测。科学判断城市问题的性质和原因，可做到有的放矢，及时调整和改进政策安排，更好地应对和化解问题。

3. 优化资源配置，促进城市健康发展

城市是经济社会发展的“火车头”，在区域发展中具有重要地位。城市发展涉及规

---

① 曹海军. 城市政治学：研究对象、性质、特点及发展趋势. 思想战线，2013（6）.

划、建设、运行和管理等多个环节，需要树立系统思维，坚持整体治理，优化公共资源配置，促进可持续发展。学习和研究市政管理学，有助于增进对城市问题的理解，及时治理“城市病”，保障城市健康发展，提升城市竞争力。

4. 改进公共服务，提升公众满意度

城市是优质公共服务的集聚地，城市要保持竞争力和活力，需要不断改进公共服务。在既定资源和制度约束下，如何更加有效地提供公共服务，是市政管理必须面对的挑战。为了提升公共服务效益，需要研究公共服务供给机制，拓宽资金来源，合理安排治理结构，科学配置公共服务资源，提升投入产出效率。

5. 培养专门人才，提升市民素养

促进市政管理科学化和民主化，需要培养大批专门人才。发达国家在小学课堂中就开始普及垃圾分类、环境保护、志愿服务等市政知识。目前，我国城市管理的专题教育和培训已有很大进步，但还没有普及，一些管理者也缺乏专业训练。随着快速城市化，城市公共问题日益复杂化，需要加大研究培训和教育力度，培养大批城市管理人才，提升市民素养。随着市政管理知识的普及，城市管理水平会不断提升。

本章小结

市政管理学，也称城市管理学，是专门研究城市公共事务的具体应用科学。西方早期的市政管理研究，主要从政治学和行政学的视角探讨城市公共事务的治理之道。20世纪30年代以后，市政管理研究吸收了管理学、经济学、社会学、地理学和建筑学的理论和方法，逐渐形成了多学科交叉和互相渗透的跨学科知识体系。

市政管理的研究对象涉及城市与城市化、市政管理体制、市政管理主体、城市公共政策、市政管理理论和方法等。市政管理研究具有描述性、解释性、预测性、批判性和发展性等认知功能，常用的研究方法有比较研究法、历史研究法、规范研究法、实证研究法等。

关键术语

建制市　　市政管理　　以人为本　　市政管理学

复习思考题

1. 什么是市政？什么是市政管理？
2. 市政管理应坚持哪些基本原则？
3. 市政管理研究的对象是什么？
4. 市政管理研究主要采用哪些方法？
5. 学习市政管理学有何意义？

第2章

城市与城市化

城市是优质公共服务资源的集聚地，是人类追求美好生活而创造的人工环境。自人类进入文明社会以后，城市始终是社会发展和进步的中心。城市化是伴随工业化发展，非农产业在城市集聚、农村人口向城市集中的自然历史过程，是国家现代化的重要标志。城市对区域发展起着重要的先导作用。研究城市的形成与发展，追踪城市化的历史进程，可以更好地把握城市规划、建设和管理的基本规律。

重点问题

- 城市的概念和基本特征
- 城市化的含义和发展趋势
- 中国城市化的主要特征
- 中国城市化的政策选择

2.1 城市的形成与发展

2.1.1 城市的性质与特征

1. 城市的性质

城市是一个复杂的人工系统，在经济社会发展中具有举足轻重的地位。认识城市发展规律，有必要从城市的性质入手，厘清城市与乡村的根本区别，明确城市治理的使命。

地理学将城市界定为人类聚落体系的一种类型，即大于村庄、镇的人类居住和生活场所，凸显了城市的聚落特征。人文地理学认为，人类社会经历了“村庄—镇—城市—大城市”的聚落体系发展历程①。城市人口规模大，建筑密度大，具有与村庄明显不同的特征。

在经济学的理解中，城市是非农产业和非农业人口的集聚地，是工商业比较发达的地区，是区域或国家的经济中心，这凸显了城市的经济要素集聚特征。城市经济具有随着规模增长而报酬递增效应，当经济规模扩大时，“产出增长大于支出增长”。

社会学将城市描述为由不同的异质个体组成的居住共同体，凸显了城市的社会分化和人口的异质性特征。社会学关注城市的社会阶层、民族、种族的多样性。社会学者常用“马赛克”“万花筒”“迷宫”“城中村”等词语描述城市人群的多样性。

从公共管理的视角看，城市可界定为优质公共服务资源的集聚地②。在考察城市时，人们很容易将注意力集中于视觉容易捕捉的物质元素，而忽略不易观察的制度因素。理解城市的本质属性，有必要透过现实中纷繁复杂的外部表象，把握城市最基本的属性。与农村地区相比较，城市提供的公共服务更为优质，也更为便利。

芒福德系统地考察了城市的起源和演变，提出“在城市成为人类的永久居住地之前，它最初只是古人类聚会的地点”，“这些地点是先具备磁体功能，而后才具备容器功能的”③。芒福德提出，城市的“磁性”既有赖于优良的自然条件，又有赖于以自然构造为基础而构造的人工环境。从公共管理的视角看，这种人工环境就是通常所说的基础设施和公共服务。早期的城市普遍筑有封闭的城墙，具有防卫功能，并发展出朝觐圣地、庙宇、圣祠、仪典、集市、仓廪等。

城市兼有“磁体”和“容器”功能，其中，优质公共服务发挥了“磁体”功能，它吸引人们进城居住，形成人口集聚，促进了劳动分工和工商业发展，城市进而具备了“容器”功能。早在2 000多年前，古希腊先贤就指出，人们居住在城市是为了“优良的生活”。上海世界博览会提出“城市，让生活更美好”。城市之所以能够提升生活品质，就在于拥有完备的基础设施，居民可享受更优质的公共服务。

阅读材料

城市的本质

城市化已经成为我们时代最显著的经济现象。芒福德指出，“人类用了5 000多年的时间，才对城市的本质和演变过程获得了一个局部的认识，也许要用更长的时间才能完全弄清它那些尚未被认识的潜在特性”④。同一个世纪前的城市研究相比，城市科学并没有出现革命性的进步。要想重建规范的城市研究，并使其成为一个可以指导实践的学科，就必须从思考最原始的城市秩序开始。

---

① 约翰斯顿．人文地理学词典．北京：商务印书馆，2004：80.

② 杨宏山．澄清城乡治理的认知误区．探索与争鸣，2016（6）.

③ 芒福德．城市发展史：起源、演变和前景．北京：中国建筑工业出版社，2005：9.

④ 芒福德．城市发展史：起源、演变和前景．北京：中国建筑工业出版社，1989：1.

这个秩序就是城市的制度。制度是城市生长的DNA。从某种意义上来讲，城市间竞争乃是不同城市制度间的竞争。地理位置上的优劣，并非像传统理论认为的那样，是决定城市成长和消亡的主要原因。城市规划中的“制度设计”，是远比“空间设计”更加重要的学术领域。从制度的视角看，我们可将城市视作一系列公共产品和服务的集合。城市与非城市的差异，不在于其规模的大小、密度的变化，也不在于其分工的不同、产业的差异，而在于其公共产品的本质。城市存在公共服务，这些公共服务以空间交易（如税收）的方式来提供。城市政府就是生产和提供这些公共产品的“企业”。城市政府对不同商业模式的选择，决定了城市的成长路径。

居民和企业定居一个城市并支付相关费用，就意味着购买了一组公共产品集合。公共产品的提供者可以是单一的主体，也可以是多个不同的主体的组合。在一个规模较大的现代城市，公共产品和服务往往是由不同主体提供的，比如中央政府提供国防、地方政府提供道路和小区物业管理。城市内部同时也会有许多“次城市”，比如不同的学区、居住区、开发区等。这些区域享受的服务水平不同，支付的费用也不同。相应地，居民或企业可以同一个单一的主体交易（如计划经济），也可以与不同的公共产品提供者交易（上缴税费给不同的政府部门）。

与其他产品和服务的提供不同，城市提供的公共产品通过空间手段进行交易。由于城市基础设施和公共服务成本大多是长度或服务半径的函数（长度越长，面积越大，成本越高），且具有报酬递增的特点（使用的人越多，平均成本越低），为了获得较高效益，同样的基础设施要尽可能服务更多的人口。

这就意味着传统城市定义中的高密度的人口，并不是城乡差别的内在本质，而是提高公共服务效率的技术手段，是不同公共产品提供水平差异的外在表征。换句话说，高密度只是城市公共服务投入-产出效率和城市竞争的自然结果，而非城市形成的原因。

在区别城市型公共服务与非城市型公共服务时，“空间”起着关键的作用。提供公共产品并不自动构成“城市”，只有在特定区域内供给公共产品并依托空间区域收费时，才构成“城市”。收费的桥梁或高速公路，构成一组公共服务，但并不必然构成一个城市。如果桥梁的用户和收费模式是限定在某一个区域，这个特定的区域就是理论上的“城市”。同样，收费的学校和园林不构成“城市”，通过向限定区域收税并对纳税人免费开放的公园和学校，才构成城市。换句话说，“城市”是由那些通过空间收费效率比其他方式效率更高的公共服务所组成的。

空间的边界（如小区和行政辖区）意味着对应的交易和权利，城市的不同组织，在其法定边界内从事公共产品的交易。不同组织对空间的争夺，可以视作对公共产品排他性交易权的争夺。公共产品的提供者可以是私人，也可以是垄断组织，还可以是集体自治组织。不同的供给模式在市场上竞争，好的模式胜出，坏的模式出局，从而构成制度创新、演化和进步。

资料来源：赵燕菁. 城市的制度原型. 城市规划，2009（10）.

2. 城市的划分

在当代世界，城市遍布于全球各地。根据规模大小，城市可分为大城市（metropolis）、一般城市（city）和镇（town）。与镇、一般城市相比，大城市的公共服务体系不仅更为优质，也更为便利。

各国划分城市与乡村的标准并不相同。概括来说，国际上主要有以下四种划分：一是根据人口密度划分。如日本规定人口密度超过 4 000 人/平方公里的区域为城市。二是根据人口规模划分。美国很多州长期沿用以 2 500 人为底线的城市标准。世界上多数国家的设市标准在 2 000～20 000 人。三是行政划分法。根据历史文化、地理区位、人口规模等因素，通过立法或行政规定，确定某些行政区为建制市。四是职业界定法。就是以从事非农业生产的人口比重为划分城市和乡村的标准。苏联曾规定，凡非农业人口比重超过 70％的地区可以设市。

3. 城市的特征

（1）公共服务的集聚性。与农村地区相比较，城市拥有更好的基础设施、更为配套齐全的公共服务体系，市民享有更好的生活保障，从而能够吸引工商业，形成人口集聚效应。

（2）经济要素的集聚性。城市聚集着大量非农业人口，集中了大量的经济资源和社会财富；城市也是知识、技术和信息的生产基地，是教育、科学和文化最为发达的地方。

（3）城市运行的高效性。城市是建立在分工基础上的社会共同体，集聚了大量专业人才，不同行业的分工更为精细化，社会运行更为高效协同。

（4）城市系统的开放性。城市发展既从外界源源不断地输入物质、能量、资金、技术和劳动力，又会输出资金、技术、商品、信息和管理服务。

（5）城市文化的异质性。城市人口的种族或民族构成、习俗、饮食、文化，以及信仰等具有异质性。与乡村相比较，城市社会的理性、包容、时尚和个人主义特征更为突出。

2.1.2 城市的历史发展

1. 古代城市的发展

当人类告别游猎采集，开始定居后，出于防御的需要，氏族在聚落周边建起障碍性建筑物，这就是最初的“城”。防御是城的基本功能。随着生产力的发展，社会出现了剩余物品，于是就有了交换行为。交易的扩展又要求设立相对固定的贸易市场，于是，“城”与“市”逐渐融为一体，成为城市。随着社会冲突的加剧，出于保护部落及其首领安全的需要，各部落在固定的居住地修筑城池以防御敌人，城市的防御能力不断增强。

根据考古发现，人类最早的城市距今有 5 000 多年。公元前 3500 年前后，西亚两河流域中下游出现了最早的城市。公元前 3100 年前后，尼罗河流域也出现了城市。随后，在印度河流域和中国黄河流域，早期的城市相继诞生。公元前 14 世纪，古埃及首都底比斯的人口超过 10 万。公元前 5 世纪，波斯、希腊、印度和中国都出现了 10 万以上人口的城市。公元 1 世纪前后，欧洲的罗马帝国和亚洲的中国都处于兴盛时期，其都城罗马和洛阳的人口都达到了 30 万。

古代城市的发展与帝国具有密切的联系，随着帝国的衰落，城市也会随之衰落。随着社会分工的深化、商业贸易的扩大以及科学技术的进步，城市分布更加广泛，城市作为区域性贸易中心的地位不断上升。从唐朝直至清朝的康乾盛世，世界首位城市一直为中国的都城。只是由于都城的变化，首位城市先后经历了西安、杭州、南京、北京的变迁[①]。

2. 近现代城市的发展

16 世纪以后，欧洲经济中心从地中海转移到大西洋沿岸，西北欧经济快速发展，城市人口规模迅速扩张。18 世纪下半叶，发端于英国的工业革命促进了社会生产力的极大发展，欧洲城市发展进入快速增长时期。工业革命不仅导致城市数量增加，而且导致城市规模迅速扩张。1800 年，世界上人口超过 100 万的城市只有北京，到 1850 年增加到 3 个，1900 年为 16 个，1925 年达到 31 个。1950 年，世界上人口超过 800 万的城市只有两个，分别是纽约和伦敦。2000 年，世界上人口超过 800 万的城市增加到 28 个。

随着城市的迅速发展，世界的城市化水平显著提高，城市社会的相互联系也大大增强。继发达国家实现了城市化之后，广大发展中国家也开始加速推进城市化。1970 年，世界十大城市分别是纽约、东京、上海、墨西哥城、伦敦、布宜诺斯艾利斯、洛杉矶、巴黎、北京、圣保罗。到 1990 年，世界十大城市排名发生了很大变化，它们分别是墨西哥城、东京、圣保罗、纽约、上海、洛杉矶、加尔各答、布宜诺斯艾利斯、孟买、汉城[②]。在经济全球化的发展浪潮下，各国城市正在成为世界城市体系的组成部分。一些国际大都市已经成为全球性的生产力中心、科学技术中心、教育文化中心、世界贸易中心。

3. 城市发展的新趋势

20 世纪 70 年代以来，交通运输技术和通信技术的新发展推动了全球化进程，也促进了区域一体化，城市发展出现新趋势。

（1）人口郊区化发展迅速。

郊区是指城市的周边地区。随着城市功能的扩张，郊区由于毗邻城市，具有区位优势，产业和人口呈快速增长趋势。城市中心区人口稠密、交通拥挤、地价昂贵、就业条件高，竞争压力促使市区人口和产业外迁，导致郊区人口和产业迅速发展。郊区城市化不是对城市化的反向运动，而是城市化进入更高发展阶段的表现，是城市人口和产业在更广阔空间的优化配置。20 世纪 70 年代，美国率先进入信息社会，成为世界上郊区化

---

① 顾朝林，等．经济全球化与中国城市发展．北京：商务印书馆，1999：3-6.

② 汉城于 2005 年改名为“首尔”。

趋势最为明显的国家（见表 2-1）。这一时期，英国的伦敦、伯明翰，荷兰的阿姆斯特丹，德国的杜伊斯堡，瑞士的巴塞尔，都出现了城市中心区人口下降、郊区人口快速增长的发展趋势。随着交通的完善，大城市的购物中心、高档别墅区开始向乡村社区扩散。由于风景秀丽、空气清新、环境优美，郊区吸引了富裕阶层的外迁。随之，郊区开始兴建高尔夫球场、度假村、休闲俱乐部等设施。随着居住和生活的郊区化，工商业也出现郊区化趋势，一些企业将工厂和仓库外迁，郊区出现了产业园区和科技开发区。

表 2-1　美国郊区和城区人口的发展历程

年份	郊区人口比例（%）	城区人口比例（%）	年份	郊区人口比例（%）	城区人口比例（%）
1900	5.8	19.7	1960	30.9	32.3
1910	6.6	21.7	1970	37.6	31.4
1920	8.7	25.3	1980	44.8	30.0
1930	13.6	30.8	1990	46.2	31.3
1940	15.3	32.5	2000	50.0	30.1
1950	23.3	32.8			

注：表格中的数据是根据人口居住地进行统计的，美国有很多人口居住在农村地区，拥有大片农场，但家庭主要成员在城市就业，并不以农业为经济来源。当前，真正意义上的农民仅占美国人口总数的 2%左右。

资料来源：RUCHELMAN. Cities in the Third Wave：The Technological Transformation of Urban America. Lanham：Rowman & Littlefield Publishers，2007：34.

（2）城市快速通道日益发达。

城市快速通道是指以机场码头、高速公路、高速铁路、邮政电信以及互联网为骨干的物质和信息流通载体。发达的城市快速通道网络，是城市现代化的重要标志。20 世纪 70 年代以来，城市快速通道建设发展迅速。其中，航空运输由于舒适便捷和高速直达，在快速通道网络中具有特殊地位。空中走廊在城市扩大影响力、促进对外交流和合作方面具有不可替代的作用。当前，北京、上海和广州已经发展成为中国三大民航枢纽港。高速公路建设提高了城市综合运输能力，它不仅促进了城市发展，而且推动了沿线地区发展。高速公路延伸到哪里，城市网络的神经末梢也就延伸到哪里。铁路运输具有速度快、运量大、能耗低、污染小、占地少等优点。近年来，高速铁路开始替代传统铁路、港口、内河和海上航线，是大宗商品运输的最廉价方式。光纤通信、数据通信、卫星通信、移动通信、互联网络等信息高速公路，扩大了城市信息流量和容量。总之，城市快速通道网络加强了城市与外界的联系，促进了城市体系的网络化和一体化。

（3）形成大都市区和大都市连绵带。

随着城市化的不断推进，一些规模较大的城市超越了原来的地域界线，不断地向周边扩展，中心城市与周边地区逐渐融为一体，形成大都市区。同时，由于许多外迁人口仍在城市中心区上班，城市中心区与周边地区之间形成了密切的经济和社会联系。随着大都市区的发展，一些城市化区域彼此相连，形成了大都市连绵带（megalopolis）。在美国东北部大西洋沿岸，北起波士顿，南至华盛顿，以波士顿、纽约、纽瓦克、费城、巴尔的摩、华盛顿 6 个大都市为中心，把 200 多个中小城市连为一体，形成了长 600 公里、宽 100 公里的巨大城市带，这是世界上最早出现的大都市连绵带。美国第二个大都市连绵带分布于五大湖地区，东起纽约，西至芝加哥，其间有匹兹堡、克利夫兰、托利多、底特律等大中城市。这两个大都市连绵带呈“丁”字形布局，是美国工业化水平最高、人口最稠密的地区。除美国之外，欧洲也形成了大都市连绵带，如德国鲁尔地区、英国英格兰南部地区（以伦敦为中心）。

在亚洲，日本、中国、韩国等也出现了类似的城市化景象。日本是亚洲地区的大都市连绵带发展程度最高的国家，东京、名古屋、大阪都市连绵带，约占全国国土面积的 20%，集中了全国 52% 的人口、70% 的工业产值、65% 的商业人员和 72% 的年销售量①。20 世纪 60 年代以后，韩国进入快速城市化发展阶段。1990 年，韩国 80% 的人口居住在城市。汉城—釜山城市走廊集中了全国总人口的 60%②。这些巨大的城市化地带凭借资源集聚和功能叠加优势，对国家和地区的发展起着不可替代的作用。

（4）形成国际性城市。

19 世纪初，英国伦敦就已经成为国际性城市。早期的国际性城市数量稀少，在全球分布也极不均衡。20 世纪 70 年代以来，随着交通、运输和信息技术的发展，一些区域性的中心城市开始发展成国际性城市。其中，纽约、伦敦、巴黎、东京四大城市更是发展到了登峰造极的地步，成为“世界城市”，它们在全球城市体系中扮演着领袖角色，对全球经济、文化和社会发展具有风向标作用。

国际性城市可分为以下几种类型：1）国际性政治城市。它们一般是大国首都和国际政治组织的驻地，如华盛顿—哥伦比亚特区、纽约（联合国总部驻地）、布鲁塞尔（欧盟驻地）、日内瓦（世界贸易组织驻地）、北京、莫斯科等。2）国际性经济城市，如纽约、东京、伦敦、巴黎、法兰克福、香港、上海等。3）国际性交通枢纽城市，如纽约、鹿特丹、法兰克福等。4）国际性文化城市。拥有具备全球影响力的文化遗产、艺术成就和文化创造力，如巴黎、罗马、伦敦等。5）国际性旅游城市。这类城市吸引大批国际游客，如拉斯维加斯、巴黎等。6）国际性宗教城市。这类城市属于宗教圣地，如耶路撒冷、梵蒂冈、麦加等。

（5）生态城市建设开始启动。

自工业革命以来，人类的生产、生活和居住不断向城市集中，向自然界排放的各种废弃物和有害物，逐渐超出了自然环境的净化能力，环境污染问题日益严重。由于强调经济发展，很多城市奉行“先污染后治理”模式，进一步加剧了环境污染。环境污染不仅破坏了城市生态平衡，而且给城市经济和人体健康带来危害。在饱尝环境污染的恶果之后，许多城市开始注重生态平衡和环境保护，提出建设“生态城市”或“田园城市”的发展目标。一些老工业城市开始转变思路，着眼于开发和利用各种清洁能源，朝着清洁型、生态型和宜居型城市的方向发展。

---

① 矶村英一. 城市问题百科全书. 哈尔滨：黑龙江人民出版社，1988.

② 在这个城市走廊中，有汉城、仁川、大邱、大田、釜山 5 个百万人口以上的城市，而在韩国，此类规模的城市总共有 6 个。该走廊中还有 15 个人口在 20 万以上的城市、30 多个规模稍小的城市，共同构成了人口达 2 600 万的城市化区域。在这个城市走廊中，汉城大都市区的人口集中规模和企业集聚规模最大，它集中了韩国总人口的 42%，集中了韩国制造业人口的 48%。王旭. 美国城市化的历史解读. 长沙：岳麓书社，2003：31-32.

2.2 城市的功能和作用

2.2.1 城市的复合功能

城市功能是指城市的机能和作用。城市功能经历了从简单到复杂、从低级到高级的发展过程。现代城市的复合功能主要表现为：

1. 政治与公共服务功能

城市从来都是政治管理的坚强堡垒，是国家或地区的政治中心，是优质公共服务资源的集聚地。城市管理的基本使命，一是提供公共服务体系，提升相互配套性，增强对工商业的吸引力，满足市民不断提高的公共服务需求；二是筹集财政资金，不断改进公共服务体系。

2. 工业和商业功能

现代城市是工业文明的摇篮，是国家和地区的生产基地。18 世纪开始的工业革命，用机器生产代替了工场手工业，为城市发展提供了重要动力。工业经济创造了大量就业机会，促使人口进一步向城市集聚。城市也是一定地域范围内的商业和贸易中心，具有多元化的市场体系。

3. 社会交往和学习功能

城市人口密度大，基础设施和公共服务健全，就业机会多，社会交往频繁，信息传递快，是社会活动的重要空间载体。城市建有图书馆、展览馆、博物馆、电影院等物质设施，设有教育、科技和文化机构，可为社会交往和学习提供便利条件。各类集会和文化活动大多在城市举行。

2.2.2 大都市区的独特作用

大都市区（metropolitan region）是指城市化超越了中心城市的行政辖区，不断向周边扩展，形成了由中心城市和周边城镇共同组成的一体化地区。1910 年，美国在人口统计中首次使用“大都市区”概念，大都市区通常包括一个中心城市，以及与中心城市具有密切联系的多个周边城镇。

20 世纪 20 年代以来，美国城市发展主要集中在大都市区。1940 年，美国大都市区人口占全国总人口的 47.6%，接近全国总人口的一半，美国成为世界上第一个大都市区化的国家（见表 2-2）。20 世纪 50 年代以来，其他发达国家的大都市区化趋势也十分明显。大都市区为现代社会经济发展提供了更加便利的条件和基础设施。

表 2-2　1920—2000 年美国大都市区情况比

年份	所有大都市区			百万人口以上的大都市区		
	数量	人口数（万）	占美国人口比重（%）	数量	人口数（万）	占美国人口比重（%）
1920	58	3 593.6	33.9	6	1 763.9	16.6
1930	96	5 475.8	44.4	10	3 057.3	24.8
1940	140	6 296.6	47.6	11	3 369.1	25.5
1950	168	8 450.0	55.8	14	4 443.7	29.4
1960	212	11 959.5	66.7	24	6 262.7	34.9
1970	243	13 940.0	68.6	34	8 326.9	41.0
1980	318	16 940.0	74.8	38	9 286.6	41.1
1990	268	19 772.5	79.5	40	13 290.0	53.4
2000	317	22 598.1	80.3	47	16 151.8	57.5

资料来源：王旭．美国城市化的历史解读．长沙：岳麓书社，2003：18.

第一，与传统城市体系相比，大都市区的经济活动在地理上更加集中，一体化程度更强，形成了独特的经济集聚环境。这种集聚型经济环境有利于促发新兴工业，可以加速信息传播和知识交流，推动科技发明和革新，增加产业门类和产品数量，非常有利于产业群的发展。产业群由相关行业组成，它们之间有稳固的联系，能够以更快的速度进行专门研究、技术革新、产品生产。以美国的硅谷为例，在那里，计算机硬件、软件、咨询公司紧密联系，形成了美国发展最快、赢利最多的产业群。

第二，与非大都市区相比，大都市区具有更广阔的商品和服务市场，具有成本优势和规模经济效应。大都市区的企业数目和集中程度远远超出非大都市区。例如，1996 年，美国大都市区平均每平方公里的企业个数为 7.6，而非大都市区只有 0.5①。企业分布的高度集中，降低了储存、交通、通信和公用事业的运作费用。以生产者为导向的公司设在大都市区内，能够为众多的企业提供产品及服务。大都市区市场的多样化也使公司可以针对特定企业生产专业化产品。大都市区居民平均收入高于非大都市区居民，因此购买力也比较强。这些优势使大都市区成为推动经济增长的主导力量。

第三，大都市区经济已经成为各国经济增长的发动机。各国经济竞争的基本单位正在从国家竞争和企业竞争转变为大都市区竞争。2000 年 5 月，美国市长与县长协会发表了题为《大都市区经济：美国经济增长的发动机》的报告，列举了大都市区在美国经济、政治、社会等方面的主导作用。根据该报告，美国大都市区人口占全国的 80.3%，国内生产总值占全国的 84%，就业人口占全国的 84%，收入占全国的 88%，商品出口占全国的 83%，从 1992 年到 1999 年全国经济增长的 89%都发生在大都市区。现在，美国有些州已经开始用“大都市区生产总值”（gross metropolitan product，GMP）这个概念来反映不同地区经济增长的实际状况。当前，纽约、巴黎、伦敦、东京等大都市区的生产总值甚至超过了许多中小国家的生产总值。纽约大都市区的生产总值甚至超过了澳大利亚的国内生产总值。中国经济增长也主要依托北京、上海、广州、苏州、天津、深圳、武

① 王旭．美国城市化的历史解读．长沙：岳麓书社，2003：20.

汉等大都市区。

阅读材料

美国大都市区划分标准的演变

大都市区（metropolitan area）是美国的一种联邦统计标准，一般概念是指一个较大的人口中心以及与其具有高度社会经济联系的邻接地区的组合，常常以县为基本单元。美国管理和预算局规定大都市区统计标准的初衷只是用于数据的表达和比较，然而后续的结果表明，大都市区已经成为美国联邦和州政府机构进行项目标准制定、资金分配、项目实施等方面的重要标准。目前美国大都市区的重要性和使用频率远远超过了城市行政地域和城市的实体地域。

经过近100年的反复修订，美国大都市区的划分指标体系已日趋完善。其中，1910年代— 1940年代为大都市区指标体系的形成阶段。在这一阶段，美国还没有建立严格意义上的大都市区概念，但当时联邦政府就意识到有必要将大城市和其周围地区定义为一独立的地理实体，并将其作为数据统计的地理单元。因此，出现了一些与大都市区相类似的概念，如工业区（industrial district）、大都市区地区（metropolitan district）、工业地区（industrial area）、劳动力市场地区（labor market area）等。由于空间范围和指标体系不一致，这些地理单元的数据缺乏可比性。1910年代，大都市区地区概念规定的中心市的人口规模需要达到20万以上，到1930年代规定中心市人口规模应达到5万以上。可见，中心城市人口规模的门槛值由20万人降低为5万人。

1950年代— 1990年代为大都市区指标体系的发展阶段。1949年美国府际协调委员会提出"标准大都市区"概念，将其定义为详细精确的定量指标体系，进而可以帮助政府机构、研究者获取统一的可比较数据。1950年代、1960年代、1970年代、1980年代和1990年代，美国分别建立了标准大都市区（standard metropolitan area）、标准大都市统计区（standard metropolitan statistical area）、大都市统计区（metropolitan statistical area）和大都市区（metropolitan area）划分指标体系。1950年代—1990年代，5万人口一直作为中心城市人口规模的门槛值，1980年代—1990年代也出现了采用城市化地区人口的规模值。

2000年至今为大都市指标体系的成熟阶段。2000年，美国人口普查局对大都市区的指标体系进行简化处理。为了能够使大都市区统计区域覆盖更多的地域范围，定义了基于核心的统计区有了变化：每个大都市区至少有一个人口不少于5万的城市化地区（urbanized area）和一个人口不少于1万的城市簇（urban cluster）。外围县满足以下两条件之一：（1）外围县到中心县的通勤率在30%以上；（2）外围县25%以上的就业人口居住在中心县。可以看出，通勤率成为划分大都市区外围县的唯一指标。在2000年的大都市区划分指标体系中，人口密度等指标被取消。

资料来源：罗海明，张媛明. 美国大都市区划分指标体系的百年演变. 国际城市规划，2007（5）.

2.3　世界的城市化进程

2.3.1　城市化的基本含义

城市化是外来语，英文为“urbanization”，字面意思是“使……具有城市属性”。有学者将其译为“都市化”或“城镇化”。城市化是指伴随工业化发展，非农产业在城市集聚、农村人口向城市集中的自然历史过程，是近代工业革命促成的历史现象。城市化的特征主要表现在：(1) 农业人口不断地向非农业人口转变；(2) 农村人口不断地向城市集聚；(3) 城市人口规模不断扩大，城市用地不断向郊区扩展；(4) 不断形成新城市，城市数量不断增加。

城市化是工业革命以来的一种重要社会现象，是国家现代化的重要驱动力量。工业革命以来的经济社会发展史表明，一国要成功实现现代化，在工业化发展的同时，必须注重城市化发展。城市化不仅是城市发展的有力引擎，也是解决农业农村农民问题的重要途径。广义地看，城市化既是农村人口向城市聚集，城市规模、数量和用地不断增加的过程，也是城市经济活动、文化形式、生活方式和价值观念向乡村区域不断扩散的过程。

有观点认为，城市化是一个自然的历史进程，可以一直追溯到城市诞生的远古时代。我们则认为，城市化是近代以来由工业革命促成的历史现象。18世纪中叶开始的工业革命，实现了从工场手工业向机器大生产的历史性飞跃，人类社会开始了从农业社会向工业社会、从乡村生活向城市生活的历史变迁。

城市化既包括城乡地域和人口比重的变化，也包括社会关系、经济结构、生活方式和价值观念的变化。测量城市化水平的方法很多，最常用的方法是测量城市人口占国家或地区总人口的比重。测量公式是：

城市化率＝城市人口/区域总人口

由于各国的设市标准和城市人口界定准则不同，有的国家规定设市标准为城镇人口达到2 000人，也有的国家规定须达到20 000人，有的国家规定只要在城市有固定、合法的住所就是市民，有的国家实行城市户籍制度，结果是，经济发展水平相近的不同国家，其城市化率可能存在明显差异。

城市化突出地表现为城市规模、数量和非农业人口持续快速增长。在城市化开启前的数千年里，城市人口比重一直呈低水平增长。如表2-3所示，1800年世界总人口为9.78亿，大约5.1%的人口居住在城市。工业化推动城市化后，城市人口迅速增加，比重不断提高，新兴城市大量涌现。1790年，美国只有24个城市，城市人口只占全国总人口的5%；而到1890年，美国城市增加到1 384个，城市人口比重增加到35%。到19世纪，世界人口增加了近70%，城市人口增加了340%。2010年，全球城市化率达到51.8%，2020年，达到56.2%；预计到2030年，将达到60.4%。

表 2-3 世界总人口、城市人口和城市人口比重变化

年份	世界总人口（百万）	城市人口（百万）	城市人口比重（%）	年份	世界总人口（百万）	城市人口（百万）	城市人口比重（%）
1800	978	50	5.1	1960	3 017	1 032	34.2
1825	1 100	60	5.5	1970	3 693	1 371	37.1
1850	1 262	80	6.3	1980	4 450	1 764	39.6
1875	1 420	125	8.8	1990	5 246	2 234	42.6
1900	1 650	220	13.3	2000	6 125	2 854	46.6
1925	1 950	400	20.5	2010	6 994	3 623	51.8
1950	2 501	734	29.2	2020	7 585	4 247	56.2

资料来源：根据相关数据自制。

2.3.2 城市化的发展阶段

1. 城市化局部发展阶段

从 18 世纪 60 年代英国工业革命到 20 世纪 50 年代，世界的城市化主要发生在欧洲和美洲，这是城市化的局部发展阶段。工业革命极大地改变了近代国家的社会面貌，城市化就是工业革命的成果之一。蒸汽机作为集中的动力系统，使近代工业在空间布局上呈现出高度密集的趋势；工业发展创造了大量的就业机会，吸引了大批农民流入城市，使城市规模日益扩大；与工业发展相适应，近代城市逐渐形成了以公路、铁路、港口码头为主的交通运输和道路系统，城市的客流、货流速度极大提高；工业革命带动了商业、金融业的发展，近代城市不仅大大扩展了区域地盘，而且中心城区开始向高层空间发展；城市创造的上下水道、煤气、电话、电灯、汽车以及各种社交场所，大大提高了生活质量，加快了城市生活节奏。

西欧是最早开始工业化的地区，也是最早形成近代城市的地区。英国作为工业革命的诞生地，最早出现了近代工业城市。伦敦更是工业化的先驱城市，一度成为世界的工业生产中心和贸易中心。1750 年，伦敦有 75 万人，1862 年增加到 280 万人，超过当时的中国都城北京，成为世界上最大的城市。恩格斯在《英国工人阶级状况》中这样描述，“像伦敦这样的城市，就是逛上几个钟头也看不到它的尽头，而且也遇不到表明快接近开阔的田野的些许征象”①。19 世纪的欧洲是世界城市化进程最快的地区。1800 年，世界上共有 65 个 10 万人口以上的城市，其中有 21 个在欧洲；1850 年，英国成为世界上第一个 50%的人口居住在城镇的国家，而当时的世界城市人口比重仅为 6.3%。1900 年，世界上 10 万人口以上的城市增加到 301 个，欧洲就占了 148 个。

19 世纪 50 年代以后，在英国工业革命和城市化的影响下，法国、德国、美国、意大利、葡萄牙等欧洲和北美国家的城市化获得了长足发展。1850—1950 年，欧洲和北美城市人口从 0.4 亿增加到 4.5 亿，城市化水平从 6.3%提高到 19%。在快速城市化的同

① 马克思，恩格斯. 马克思恩格斯全集：第 2 卷. 北京：人民出版社，1957：303.

时，近代城市也出现了一系列问题，主要表现为：工厂盲目布点，烟尘和噪声污染严重，绿地面积减少；城市盲目扩张，道路和交通布局混乱，交通阻塞，交通事故频发；失业问题严重，下层民众生活艰苦，贫富悬殊，阶级对立严重；等等。

2. 城市化的普遍发展阶段

20 世纪中叶以后，世界城市化迎来了普遍发展的历史新阶段。二战结束以后，随着西方殖民体系的瓦解，广大亚非拉国家纷纷赢得独立，走上了自主型工业化发展道路，城市化浪潮从发达国家转移到发展中国家。20 世纪 50 年代，发展中国家城市化速度超过了同时期的发达国家。1975 年，发展中国家城市人口总数超过发达国家。由于发展中国家农村人口基数大且增长速度快，其城市化率仍落后于发达国家。

城市化具有一定的规律：当城市化率达到 30%以后，城市化进程会呈加速发展趋势；当城市化率达到 70%以后，城市化进程会呈减速发展趋势。20 世纪 50 年代以后，发展中国家城市化发展迅猛，而发达国家城市化进程趋缓，这是正常而合理的现象。

发达国家在城市化速度趋缓的同时，还出现了“郊区化”趋向。由于信息技术和交通技术的极大进步，在郊区居住的公民同样可以享受城市文明，一些富裕阶层开始在郊区和乡村修建别墅等住所。随着城市住房和生活费用的上升，一些工薪阶层虽在城市工作，但也选择到附近的郊区居住和生活。“郊区化”导致城市中心人口开始向郊区和乡村扩散，大城市的绝对人口下降，郊区和小城镇人口呈增长态势。

1976 年，美国地理学家贝里首先提出“逆城市化”（counter urbanization）概念。他指出：“在美国的城市经历中出现了一个转折点，逆城市化代替了城市化，成为塑造国家居民点形式的主导力量，其他西方国家也可以找到与此相似的趋势。”① “逆城市化”是指城市人口、城市功能向郊区和小城镇迁移与扩散，它并没有改变人们的城市生活方式和价值观念。“逆城市化”不是城市化的反向过程，不是城市人口重新回归为乡村人口的过程，而是城市化发展的更高阶段。20 世纪 70 年代以来，美国、英国、日本等发达国家都出现了“逆城市化”现象。

阅读材料

美国的城市化历程

美国是世界上少数快速完成城市化的国家之一，它从纯粹的农业和农村国家发展为城市国家只用了一个世纪的时间。美国城市化历程可以分为五个阶段：

（1）帆船、马车时代（1830 年以前）。美国早期的城市数量少、规模小，城市经济以商业贸易为主，主要向欧洲国家尤其是英国出口原材料、进口制成品。随着海洋贸易的发展，在大西洋沿岸出现了一批港口城市，例如纽约、波士顿、巴尔的摩、费城等。

---

① BERRY J L. Urbanization and Counterurbanization. Berkeley Hills，CA：Sage Publication，1976：34.

随着贸易的发展，原材料的来源地与工业产品的销售逐渐向西部地区扩张。1825年伊利运河通过哈德逊河，将纽约和五大湖地区连接起来，布法罗、克利夫兰、芝加哥、底特律、密尔沃基等城市开始发展起来。1790—1830年，美国人口从不到400万增加到1 300万。1830年，美国2 500人以上的城市数量为90个，城市人口占总人口的比重约为8%，一个独立的城市体系初步形成。

（2）蒸汽机和铁路时代（1830—1870年）。19世纪中期，受欧洲工业革命的影响，美国工业迅速发展，东部和五大湖地区的制造业占主导地位，纽约和芝加哥成为最重要的城市。铁路发展使中西部地区与东部地区的联系大大加强，在中西部地区产生了大批新兴城市。其中，芝加哥成为中西部最重要的铁路枢纽。在此期间，城市人口占总人口的比重从8%增加到23%。蒸汽动力要求城市集中布局以有效利用能源，早期的城市空间结构紧凑，土地使用呈同心圆向外扩展。

（3）蒸汽机和钢铁时代（1870—1920年）。在此期间，公共卫生与医疗水平的提高降低了人口的死亡率，人口稳定增长。同时，1890—1910年，有120万外国移民来到美国，占新增人口的1/3。交通与通信业的发展促进了城市之间的分工合作，城市经济的专门化程度提高。波士顿、纽约、费城、巴尔的摩、匹兹堡、克利夫兰、底特律、芝加哥等城市快速发展。美国城市结构成型，高楼大厦分布在市中心，仓库、交通设施遍布市中心周围，居住区向外发展。这一阶段，美国城市人口增长了5倍，达到4 100万，占总人口的比例达到51.4%。

（4）汽车和飞机时代（1920—1970年）。在此阶段，汽车的普及促进了郊区化发展，促使郊区兴修公路，完善交通设施。汽车缩短了时空距离，人们选择的居住区位开始向郊区扩展。郊区充足的土地、低廉的地价和税收以及逐步完善的交通设施，也吸引一些厂商到郊区投资。郊区商业随之发展，出现了连锁商店、购物中心等销售业态。二战后，郊区化进程加速发展。汽车的普及与高速公路的建设，促进了卫星城（satellite city）与睡城（dormitory town）的发展。到1970年，美国城市人口达到1.5亿，城市化率达到73.6%。

（5）疏散时代（20世纪70年代至今）。长期以来，美国大都市区的人口增长一直快于其他地区。到了20世纪70年代早期，这种状况发生变化，大都市区人口增长放缓，有些大都市区甚至出现人口数量下降、人口密度降低的趋势。与此同时，许多小城镇的人口增长较快。大都市区的人口疏散常常与工业疏散相伴随。

美国城市化的推进因素主要有：

（1）欧洲的经济入侵与商业贸易发展。美国城市的出现是欧洲殖民、经济扩张的结果。西班牙、法国、英国的殖民活动形成了一些小城市。随着殖民扩张，那些具有资源、交通优势的城市得到更好的发展。同时，大西洋海运使港口城市快速发展起来。

（2）工业化。受欧洲工业革命的影响，美国的工业生产技术快速提升，农业生产率也有很大提高。随着农业对劳动力需求的降低，农村人口向城市流动，并加快了城市化进程。在工业化的推动下，美国东北部出现了一大批工业城市、矿业城市、能源城市、交通枢纽城市，如波士顿、纽约、费城、巴尔的摩、匹兹堡、克利夫兰、底特律、芝加哥。这些城市的产业扩散又带动了其他地区发展。

(3) 大规模移民以及人口的快速增长。欧洲移民是美国城市发展的重要促进因素。1820—1940年迁移到美国的人口约有3 260万，他们主要定居在城市。1860年，全美最大的50个城市的人口的40%为移民，1860—1920年，40%的人口增长是由移民引起的。从20世纪70年代开始，来自拉丁美洲和亚洲的移民迅速增多。另外，二战后到20世纪60年代初的婴儿潮也为城市发展提供了人口基础。

(4) 交通发展。蒸汽机船的使用、运河的开通促进了五大湖沿岸地区及主要河流沿岸城市的发展，铁路的发展增进了中西部地区与东部地区的联系，洛杉矶、旧金山、西雅图、达拉斯、堪萨斯城、密尔沃基等一大批中西部城市崛起。汽车的普及引发居住、商业、工业的郊区化，改变了城市的空间布局，促进了超级大都市区与都市连绵区的出现。州际高速公路的建设，使内陆、中西部、南部的城市与东部城市联系更加紧密。高速公路网的形成促进了卫星城发展。

资料来源：宋金平，李香芹. 美国的城市化历程及对我国的启示. 城市问题，2006 (1).

2.4 中国的城市化政策

2.4.1 中国城市化的历史进程

中国有着悠久而辉煌的城市建设历史，许多朝代的都城曾经长期雄冠世界。历史上，西安、洛阳、开封、杭州、南京、扬州、北京等城市，都是当时世界享有盛誉的大都市。自18世纪60年代以来，西欧和北美在政治上掀起了资产阶级革命，在经济上开始了工业革命和商业革命，在生产力上开始了科学革命和技术革命。这三大革命互相联系、互相促进，推动了西欧和北美的工业化和近代化，使英、美、法、德等国家迅速崛起。在世界格局的巨大变迁面前，清政府的闭关锁国政策导致近代中国发展远远落后于西方列强，城市化也处于落后状态。

1. 1842—1949年的畸形发展阶段

鸦片战争以后，由于帝国主义的入侵以及民族资本主义的发展，在中国的沿海、沿江、铁路和公路沿线，出现了最早的资本主义工商业城市，如上海、广州、南京、天津、宁波、青岛、烟台、大连、哈尔滨、武汉、重庆、成都、西安等。作为西方殖民者侵略扩张的“桥头堡”，它们代表着中国近代城市的发展状况。在半殖民地半封建社会状态下，中国城市发展表现出明显的二元畸形社会结构。租界地区的工商业经济较为发达，普通城镇大多为消费性城市，工业基础十分薄弱。清政府倒台以后，在北洋军阀和南京国民政府统治时期，由于政治腐败、社会动荡，城市化举步维艰。1949年新中国成立时，全国城镇人口只有5 765万，城市化率仅为10.64%。同时期，西方发达国家城市化率已超过50%，发展中国家的平均水平也达到16%。

2. 1949—1957 年的正常发展阶段

新中国成立后，党和政府动员了大量人力、物力和财力，开始恢复和重建被战争破坏的国民经济。其间，作为沿海老工业基地的辽宁和上海的城市经济和人口增长较快。1953—1957 年的第一个五年计划时期，在合理发展老工业基地的同时，国家重点发展内陆工业。“一五”计划共有 825 个大型工业项目，其中 530 个投在内陆，在西南、华北、东北、华中和西北形成了一批新兴工业城市。国家进行大型工业项目建设，尤其是苏联援建的 156 个重点项目建设，需要从农村招收大量建设者和劳动力。“一五”期间，从农村调入城镇的人口达 1 500 万，加上城镇人口的自然增长，至 1957 年，全国城镇人口达到 9 949 万，城市化率为 15.4%。1949—1957 年，全国城市从 135 个增加到 178 个。

3. 1958—1965 年的大起大落阶段

从 1958 年开始，由于盲目追求高速度，提出“赶英超美”，搞“大跃进”，强调重工业发展，城市经济结构严重失衡，城市化出现大起大落局面。1958 年，国家实施“大跃进”，城市发展出现急躁冒进问题。仅 1959 年一年，城镇人口就增加了 1 650 万。到 1960 年，全国城镇人口达 13 073 万，城市化率达到 19.8%。这一时期的城市化严重脱离了城市实际承受能力。“大跃进”导致城市建设过度膨胀，三年经济困难时期农村经济雪上加霜，粮食产量连年递减。为缓解城市粮食严重短缺问题，国家通过行政手段压缩城镇人口规模，动员大批职工及其家属返乡务农。60 年代初，国家组织城市青年“上山下乡”，去农场就业或去农村人民公社插队。经过 1961—1964 年的调整，全国城镇人口减少了 2 600 万，城市化率从 19.8%下降到 14.6%，全国城市从 208 个下降到 167 个，城市化呈大幅回落趋势。

4. 1966—1978 年的停滞阶段

1966 年“文化大革命”开始后，在“以阶级斗争为纲”的政策导向下，社会陷入内乱之中，工业化和城市化停滞不前。“文化大革命”前期，城市知青“上山下乡”规模进一步扩大，并且演变为“接受贫下中农再教育”的政治运动。在农村“广阔天地，大有作为”的号召下，许多城市青年离开城市。在工业建设方面，国家强调国防战备，大规模投资于“三线”建设，采取“靠山”“分散”“隐蔽”甚至“进洞”政策。东部和沿海地区的许多工厂迁往京广线以西地区，分散到四川、贵州、陕西、云南、甘肃、内蒙古、鄂西、豫西的山区。“三线”建设在客观上起到了调整生产力布局的作用，对西部地区经济开发具有促进作用，但它不利于发挥区域经济的资源禀赋优势。这一阶段的城市化率一直在 17.5%左右，个别年份出现了负增长。

5. 改革开放以来的持续发展阶段

1978 年底，党的十一届三中全会确立了以经济建设为中心的指导方针，中国进入了改革开放的新时期。率先启动的农村家庭联产承包责任制改革，极大地解放了农村生产力。

随后，城市经济体制改革加快了城市经济发展步伐。1979 年之后，国家允许知青和下放干部返城，1 000 多万“上山下乡”青年陆续返回城市。随着城市经济的发展，城镇人口快速增长。1980 年，全国城市化率为 19.4%。1984 年达到 23%。1984 年，中央一号文件宣布，允许农民自带口粮进镇务工经商和进镇落户。同时，国家调整了市镇建制的标准。1983 年，全国有建制镇 2 786 个。1984 年，建制镇增加到 6 211 个。1985 年，全国人大常委会通过《居民身份证条例》。与户口簿和单位介绍信相比，身份证更适应社会流动的需要。随着改革开放的推进，国家扩大了企业和地方自主权，民营经济快速发展，就业吸纳能力大大增强。1992 年党的十四大确立了建立社会主义市场经济体制的改革目标，农村富余劳动力大量进城就业。

总之，改革开放以来，中国城市人口增长迅速，城市化呈快速发展之势。2011 年底，城镇人口占总人口的比例为 51.27%，首次超过农村人口①。截至 2020 年底，全国共有建制市 685 个。其中，直辖市 4 个，副省级城市 15 个，地级市 278 个，县级市 388 个。此外，全国有建制镇约 2 万个。从 2000 年到 2020 年，中国城市化率年均提高 1.38 个百分点（见表 2-4）。与发达国家相比，中国城市化率还有一定差距，但已超过世界平均水平（见图 2-1）。随着工业化和户籍制度改革的推进，中国城市化率将继续保持较快增长，预计到 2030 年将达到 70%。

表 2-4　中国城市化的发展历程

年份	城市化率（%）	年份	城市化率（%）
1949	10.6	2008	45.70
1957	15.4	2009	46.60
1960	19.8	2010	49.68
1978	17.5	2011	51.27
1980	19.4	2012	52.57
1990	26.44	2013	53.73
2000	36.22	2014	54.77
2001	37.66	2015	56.10
2002	39.09	2016	57.35
2003	40.53	2017	58.52
2004	41.76	2018	59.58
2005	43.00	2019	60.60
2006	43.90	2020	63.89
2007	44.90	2021	64.72

资料来源：根据国家统计局历年数据整理。

① 国家统计局．2011 年我国人口总量及结构变化情况．（2012-01-18）．http://www.stats.gov.cn/tjfx/jdfx/t20120118_402779722.htm.

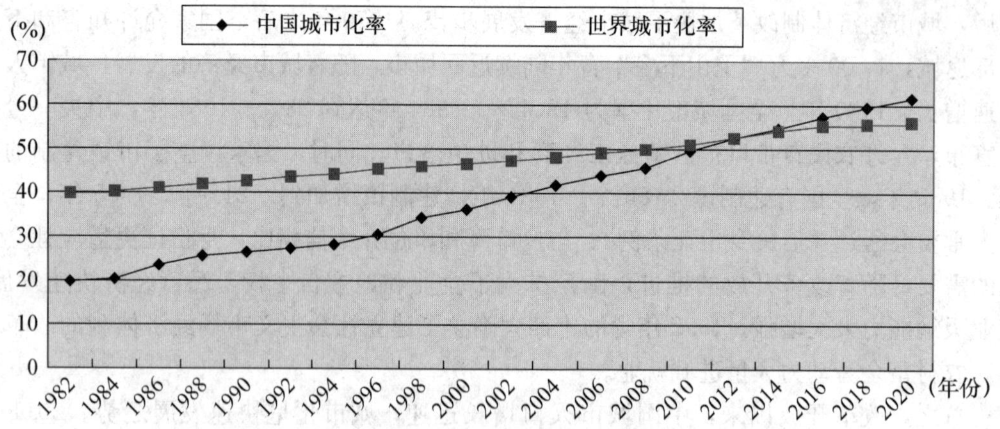

图 2-1　中国与世界城市化水平比较

2.4.2　中国城市化的主要特征

城市化的基本动力是工商业发展在空间上的集聚性要求，它促使资本、人力、资源和技术等生产要素向城市流动，导致城市规模不断扩张、人口密度不断增加。新中国成立以来，中国城市化具有以下特征：

1. 政府主导城市化进程

新中国成立以来，“大跃进”、“人民公社”、“三线”建设、“上山下乡”、“文化大革命”、知青返城等，以及 20 世纪 80 年代以来的撤县设区、户籍制度改革等，都直接影响城市化进程。首先，城市的设置标准和行政建制受中央控制。所有城市都有行政级别，城市发展水平在相当程度上受制于行政等级。其次，人口迁移和城市人口增长受政府控制。政府通过户籍、就业、住房政策等管制措施，限制农村人口向城市迁移。最后，城市化速度受政府调控。调控手段主要有：户籍制度、人口流动和就业政策[①]，调整设市标准、产业政策、发展规划等。

2. 城市化滞后于工业化

经济现代化是工业化与城市化互动发展的过程。工业发展为城市化提供了经济基础，城市化为工业化提供了优质要素和商品市场。在工业化初期，两者的关系主要表现为工业化对城市化的带动作用，但进入工业化中后期，两者的关系则表现为城市化对工业化的推动作用。2011 年，我国人均国民生产总值突破 5 000 美元，进入工业化中期的后半阶段，城市化率刚刚超过 50%。与发达国家相比，中国的城市化明显滞后于工业化。英国在 1850 年城市化率达到 50%，美国在 1920 年城市化率达到 51.2%，当时美国的人均

① 例如，20 世纪 50 年代后期，大批农民进城。为防止农民外流，党中央和国务院连续多次发文，要求农村人口就地生产自救，城市用人单位不得擅自招收工人和临时工，如确有需要，应优先从城市居民中招用。20 世纪六七十年代的城市化政策，以将大批城镇居民遣返农村原籍为特征。

国民生产总值仅为 830 美元。与巴西、阿根廷、南非等新兴发展中国家相比，中国城市化发展也明显滞后。中国的工业化水平，实际上可以支持更高的城市化率①。

3. 实行城乡二元户籍制度

在计划经济时代，政府垄断了资源配置权，居民只能在国家安排下参与经济活动，没有自主寻求发展空间的机会。1958 年开始施行的《户口登记条例》规定，农村人口迁入城市必须持有各种证明，这在事实上限制了公民自由迁徙的基本权利。在计划经济体制下，国家在城镇实行"统配"制，保障"劳者有其岗"，农村劳动力实行"自然就业"政策，严格限制农民进城就业。改革开放以来，农民获得了迁移自由，能够进城务工经商，但农民工市民化存在很多障碍。目前农民工已成为城市产业工人的主体，受城乡二元户籍制度影响，农民工及其随迁家属在教育、就业、医疗、养老、保障性住房等方面，未能享受到与市民同等的基本公共服务②。城镇内部出现新的二元矛盾，农村留守儿童、妇女和老人问题凸显，给社会发展带来诸多风险和隐患。

4. 农村人口就近城镇化

改革开放以来，随着小城镇经济的快速发展，大量农村人口开始就地转变为城镇人口③。2001 年 3 月，《国务院批转公安部关于推进小城镇户籍管理制度改革意见的通知》明确指出，凡在县级市市区、县政府驻地镇及其他建制镇范围内，有合法固定的住所、稳定的职业或生活来源的人员及直系亲属，可根据本人意愿办理城镇常住户口；对办理小城镇常住户口的人员不再实行计划指标管理。这一改革使农民在小城镇基本实现了迁徙自由。国家取消"农业税"以后，乡镇面临财政困难，为降低行政成本，全国很多地区开始实施"撤乡并镇"政策。"撤乡并镇"减少了基层政府的数量，扩大了小城镇的行政辖区和人口规模。近年来，小城镇的经济实力增强，基础设施与公共服务改善较大。

阅读材料

中国城镇化发展现状

改革开放以来，随着工业化进程加速，中国城镇化经历了一个起点低、发展快的过程。1978—2013 年，城镇常住人口从 1.7 亿增加到 7.3 亿，城镇化率从 17.9%提升到

---

① 发达国家的城市化与工业化相伴相生，工业革命首先发生在轻纺工业，轻纺工业需要大量劳动力，直接带动了城市化的发展。随着大量农村人口流入城市，城市的数量和规模不断扩张。与发达国家的产业渐进发展路径不同，中国工业化从优先发展重工业起步。在"赶超战略"导向下，在很长一个时期，轻工业远远滞后于重工业发展。相比轻工业和第三产业，重工业资本投入量大，所能创造的就业机会要少得多，它降低了城市经济对劳动力的需求。改革开放以后，在"离土不离乡"政策的引导下，乡镇工业迅速发展起来，它们就地吸纳农村劳动力。乡镇企业造成土地资源浪费，"村村点火，户户冒烟"，环境污染严重。随着乡镇企业的衰落，农民工进城就业，但户籍制度又成为农民工市民化的制度障碍。叶裕民. 中国城市化之路. 北京：商务印书馆，2001：22.

② 国家统计局的数据显示，当前我国常住人口城镇化率与户籍人口城镇化率存在较大差距。2012 年，常住人口城镇化率为 52.6%，户籍人口城镇化率仅为 35.3%，两者相差 17.3 个百分点。国家新型城镇化规划（2014—2020 年）. 人民日报，2014-03-16.

③ 据测算，1997—1999 年，转向城镇的农村劳动力由 4 461 万人增至 6 683 万人，其中转向城市的由 3 145 万人增至 3 922 万人，转向建制镇的由 1 316 万人增至 2 761 万人。华民. 长江边的中国. 上海：学林出版社，2003：123.

53.7%；城市从193个增加到658个，建制镇从2 173个增加到20 113个。京津冀、长江三角洲、珠江三角洲三大城市群，以2.8%的国土面积集聚了18%的人口，创造了36%的国内生产总值，成为带动中国经济快速增长和参与国际经济合作与竞争的主要平台。城市水、电、路、气、信息网络等基础设施显著改善，教育、医疗、文化体育、社会保障等公共服务水平明显提高，人均住宅、公园绿地面积大幅增加。快速城镇化吸纳了大量农村劳动力转移就业，提高了城乡生产要素配置效率，促进了社会结构变革，提升了城乡居民生活水平。表2-5呈现了1978—2010年我国城市（镇）数量和规模变化情况。

表2-5　城市（镇）数量和规模变化情况　（单位：个）

	1978年	2010年
城市	193	658
1 000万以上人口城市	0	6
500万～1 000万人口城市	2	10
300万～500万人口城市	2	21
100万～300万人口城市	25	103
50万～100万人口城市	35	138
50万以下人口城市	129	380
建制镇	2 173	19 410

注：2010年数据根据全国第六次人口普查数据整理。

同时，中国城镇化也存在发展滞后的问题。2013年底，中国常住人口城镇化率为53.7%，户籍人口城镇化率只有36%左右，不仅远低于发达国家80%的平均水平，也低于人均收入与中国相近的发展中国家60%的平均水平。随着城镇化的发展，更多农民将会通过转移就业提高收入，通过转为市民享受更好的公共服务。城镇化也会带来城市基础设施、公共服务设施和住宅建设等巨大投资需求，为经济发展提供持续动力。

工业革命以来的经济社会发展史表明，一国要成功实现现代化，在工业化发展的同时，必须注重城镇化发展。城镇化是加快产业结构转型升级的重要抓手。城镇化带来的创新要素集聚和知识传播扩散，有利于增强创新活力，驱动传统产业升级和新兴产业发展。

资料来源：国家新型城镇化规划（2014—2020年）. 人民日报，2014-03-16.

2.4.3　城市化滞后的社会效应

从总体上看，中国城市化滞后于工业化和整体经济发展水平。城市化滞后的根本原因在于政府主导和政策干预。新中国成立以后，国家选择了优先发展重工业的道路。长期过分倾斜于重工业的产业政策导致城市产业结构不合理，劳动力密集的轻工业发展缓慢，工业化对农村劳动力的吸纳能力有限。改革开放以后，农村劳动力可以进城务工经商，城市经济快速发展，但城乡二元户籍制度仍制约着城市化进程。

城市化滞后的积极效应在于：它立足于就地消化农村富余劳动力，避免农村人口迁移给城市管理带来过度冲击，有利于维护城乡社会稳定，有利于保障城市公共服务供给，避免城市出现高失业率和贫民窟现象。

城市化滞后的负面效应也十分明显：

（1）城市化滞后制约了农业规模经营。“三农”问题直接来源于人地矛盾。农业现代化的前提是土地规模经营，如果农村富余劳动力不能进城、不放弃土地，农业规模经营就无法展开。小规模的家庭承包经营使土地投资的边际报酬递减，也会制约农民增收和农业现代化。

（2）城市化滞后不利于发挥城市经济效益。由于农村交通、通信、供电、排污、仓储等基础设施薄弱，远离原材料和产品销售市场，乡镇企业经营成本增高。城市人口、资金、技术和基础设施的集聚性可提升规模经济效益。

（3）城市化滞后使生态环境付出代价。城乡二元户籍制度虽然减轻了城市的公共服务压力，但增加了经济社会和生态环境成本。小城镇数量多、规模小、服务功能弱，经济社会效益不高，环境污染的治理成本较高。乡镇工业布局分散、技术落后，加上管理粗放，已经成为重要污染源。

（4）城市化滞后制约了人口素质的提高。政府主导城市化进程虽然可避免过度城市化的问题，但也导致许多人无法享受城市文明。

2.4.4　中国城市化的政策创新

1. 改革开放以来的政策变迁

自20世纪80年代以来，关于中国城市化的基本方针，一直存在着争议。一种观点主张以大城市建设为主，另一种观点主张以中小城市建设为主。在政策层面，很长时期内，中国城市化倾向于以中小城市建设为主。1989年12月颁布的《城市规划法》规定：“国家实行严格控制大城市规模、合理发展中等城市和小城市的方针，促进生产力和人口的合理布局。”该法界定城市规模以市区和近郊区非农业常住人口为衡量标准，大城市是指市区和近郊区非农业常住人口50万以上的城市。

随着经济快速发展，上述城市化方针受到挑战。首先，大城市的硬件投资和基础设施已有很大改善，大城市潜能获得极大释放，吸纳非农业劳动力的能力大大增强。其次，中国参与全球竞争不能没有国际化大都市，与纽约、东京、伦敦、巴黎等世界城市比较，中国一线城市的规模还有待进一步发展。最后，由于各地经济和地理条件不同，中小城市发展也应因地制宜，立足于发挥资源禀赋的比较优势，不宜一哄而上。

从20世纪90年代以来的城市化实践看，“严格控制大城市规模”并没有得到严格执行。一些特大城市通过设置各类开发区，不断扩大城市用地规模。上海浦东新区、苏州工业园区、天津滨海新区的新城规划规模都很大。城市发展需要与区位环境、资源条件结合起来，发挥市场在资源配置中的决定性作用。2007年10月，全国人大常委会颁布新的《城乡规划法》，修改了“严格控制大城市规模”的提法，提出大中小城市和小城镇协调发展的方针。在大中小城市体系中，并不存在哪类城市应该发展、哪类城市不该发展的问题。除首都和超大城市之外，其他城市发展都应坚持市场主导、让市场在资源配置中起决定性作用的基本原则。

中国“十一五”规划提出把城市群作为推进城镇化的主体形态，以特大城市和大城市为龙头，形成若干用地少、就业多、要素集聚能力强、人口分布合理的新城市群。2014年颁布的《国家新型城镇化规划（2014—2020年）》提出，“以人的城镇化为核心，有序推进农业转移人口市民化；以城市群为主体形态，推动大中小城市和小城镇协调发展”。

从城市化的战略定位看，需要建立以大城市为龙头、中等城市为主体、小城市为纽带、小城镇为基础的城市体系。

首先，发挥大城市的优势，使其成为国家和区域经济发展的龙头。大城市具有巨大的规模经济效应、较高的社会效益和环境效益。城市规模越大，生产要素的集聚程度越高，就越易产生规模经济效应，并对周边地区起到辐射和带动作用。

其次，强化中等城市的功能，发挥其在城市体系中的承上启下作用。从城市网络看，中等城市介于大城市与小城镇之间，有利于加强城乡之间的经济、社会和文化联系。没有这一层次，大城市的辐射作用难以有效发挥。

最后，合理发展小城市，促进农村城市化。小城市是农村区域的资源和要素集聚中心，建制镇被称为“乡村之首”。小城市对农村经济发展和社会转型具有直接的推动作用。

阅读材料

重思“城市病”

在城市研究者和政策制定者中，对于发展大城市的忧虑包括备受责难的“城市病”，主要体现在拥挤、污染和犯罪三个方面，并且也常常认为需要通过控制城市规模来避免“城市病”。“城市病”是城市扩张的必然结果吗？通过限制城市人口规模来减少城市病是一个好政策吗？

中国正处在快速城市化进程中，随着城市规模不断扩张，城市的确出现了拥挤、污染和犯罪等“城市病”，但是不能简单地认为城市病与城市规模是正相关关系，更不能将阻止城市规模扩张作为治理“城市病”的对策。

从美国城市发展历史来看，城市大未必更拥堵。虽然大城市总体上来说通勤时间更长，但在1980—2000年期间，大城市规模不断扩张，而城市规模与通勤时间的关系并没有明显的变化。而且，大城市的人使用公共交通更多，这也是他们通勤时间更长的部分原因。更重要的趋势是，在大城市扩张过程中，出现了人口和就业岗位的郊区化，这样，那些住在市郊的居民并不需要长时间地赶往市中心上班。

在快速城市化阶段，正确的政策导向不是通过限制城市人口来减少交通拥堵，而是应该充分利用城市人口增长所产生的规模经济效应，发展快速便捷的公共交通（特别是地铁），缓解来往市中心的交通拥挤问题。同时，要引导企业将并不特别依赖于城市集聚效应的生产和生活服务业分散至市郊，推进就业岗位与居住同时分散化。

大城市依靠密集的地铁网络来解决出行难题，再加上对使用汽车的限制，比如香港提高牌照费、停车费、燃油税和环境税，再比如伦敦和新加坡对特定路段征收拥堵费，其结果是城市汽车的使用频率可以得到有效控制。同时，汽车保有量的控制也使出行的车速不至于太慢，对于减少汽车尾气排放也有益。另外，大城市的环境保护在很大程度上依赖于产业结构的变化，大城市的产业结构更以服务业为主，相比工业区更有利于减少污染排放。

制造业向大城市周围集中也有利于减少污染排放以及治理污染。相对于小规模、分散式布局，经济的集中布局和人口的集中居住有利于污染治理水平的提高。污染物的排放本身就是有规模经济的，无论是兴建工业园时的固体废弃物，还是在生产过程中使用的能源、运输设备和机器，只要企业之间可以共享、分摊或提高利用率，都能够通过生产活动的空间集聚而降低单位GDP的污染物排放。相反，如果盲目地将企业搬迁到经济欠发达地区，或者给予中小城市相对更多建设用地指标，引导工业分散发展，反而会加重环境代价。

在犯罪方面，也不能简单地将城市规模与犯罪联系在一起。虽然总体上大城市犯罪率更高，但同时，大城市防范和治理犯罪也有“规模经济”。犯罪是一个公共管理问题，如果运用合适的政策缩小不平等，加大打击力度，犯罪就可以得到有效治理。在美国，由于城市内部出现了不同肤色的人群相互混居的趋势，市中心一些原本不安全的地区的治安状况也有所改善。城市不能简单地通过控制低收入人口流入来减少犯罪。城市针对弱势群体采取控制政策，会造成原有居民和新移民之间的身份差异、就业差异，进而拉开两个群体的收入差距。如果外来移民不能安居乐业，不能平等地分享经济发展的成果，则会增加犯罪。在美国，有研究发现，当外来移民获得合法的居民身份后，其犯罪倾向显著降低。

世界城市发展史表明，技术与管理才是治疗“城市病”的良药。技术革新和管理改善能够不断拓展城市的承载力，以城市交通为例，我国大中城市的轨道交通建设水平还比较低。一些特大城市可借鉴巴黎的经验兴建若干个停车枢纽站，形成便利的快速轨道交通线。在充分发挥技术和管理之前，不能简单地将“城市病”作为阻止城市扩张和妨碍农民工市民化的理由。如果忽略城市规模对于提升劳动生产率和创造就业的积极作用，以为控制城市人口规模就能够缓解“城市病”，则会在城市经济增长与社会和谐方面走向“双输”的局面。

资料来源：陆铭. 重思“城市病”. 中国经济报告，2013（2）.

2. 推进城市化的新战略

随着全球化的发展，在发达国家调整和升级产业结构的过程中，中国成为传统制造业转移的主要接收地，在较短时期内完成了工业化过程，成为世界第二大经济体。未来十年，中国城市化仍将处于快速发展期。

中国城市发展也存在一些突出的矛盾和问题：（1）农民工市民化进程滞后。目前，大量农民工及其随迁家属已经成为城市常住人口，但未能无差别地享受城市公共服务，未能融入城市社会。（2）城市发展粗放扩张[①]。过分追求宽马路、大广场，新城新区、开发区和工业园区占地过大，城市空间呈“摊大饼”式扩张。一些地方过度依赖土地出让收入和土地抵押融资推进城镇建设。（3）“城市病”问题凸显。一些城市空间无序开发，重经济发展轻环境保护，重城市建设轻管理服务，交通拥堵问题严重，公共安全事件频发，城市污水和垃圾处理能力不足，环境污染加剧。（4）文化遗产保护不力。城市建设大拆、快建，模仿照抄问题严重，自然历史遗产、建筑遗产保护不力，城市建设缺乏个性特色。

21 世纪以来，在总结经验教训的基础上，中国政府确立了以城市群、都市圈为基本形态的城市化战略，即依托大城市，发展若干城市群，在城市群内部以辐射带动能力强的大都市为中心，构建空间结构清晰、交通往来便捷的都市圈。其中，城市群是指中心城市向周边地区辐射形成的多个城市的集合体。城市群由一定区域内的多个城市组成，彼此在经济上紧密联系，在功能上分工合作，在交通上联合为一体，并通过城市规划、基础设施和社会设施建设，共同构成具有鲜明地域特色的社会生活空间网络[②]。几个城市群或一个规模庞大的城市群可构成经济圈，对国家发展产生重要影响力。

与城市群相关的概念有“都市圈”“城市带”等。这些概念具有共性特征，也有一些区别。“都市圈”一般是指大都市的作用范围，它一般包括与大都市具有密切经济社会联系的周边地区，并以中心城市命名。如日本在太平洋沿岸分布有东京、大阪、名古屋三大都市圈。一个城市群可以有多个都市圈。“城市带”也称都市连绵地带，它和城市群的含义基本相同，都是指在交通轴线上分布了很多个城市，形成以若干大城市为中心，沿交通线连续分布的巨型城市化地区，城市群更强调城市之间的经济联系及相互影响。

2010 年 12 月，国务院发布《全国主体功能区规划》，提出构建以陆桥通道[③]、沿长江通道为两条横轴，以沿海、京哈京广、包昆通道为三条纵轴的“两横三纵”城市化战略格局；推进环渤海、长江三角洲、珠江三角洲地区的优化开发，形成三个特大城市群；推进哈长、中原、长江中游等地区的重点开发，形成若干新的大城市群和区域性的城市群[④]。

实施以城市群为主体形态的城市化模式，其意义在于：（1）有利于提升产业和人口集聚性。产业、人口和资源向城市集中是不可避免的。（2）有利于集约利用土地资源。提升产业集聚和要素集聚程度，可以缓解人多地少的矛盾。（3）有利于提升环境污染的治理成效。发展城市群有利于降低环境污染的治理成本，提高环境治理的规模经济效应。（4）有利于支持经济可持续发展。城市群是城市化的高端形态，可承载大规模的农民工市民化，为经济发展提供持续动力。

---

① 1996—2012 年，全国建设用地年均增加 724 万亩，其中城镇建设用地年均增加 357 万亩；2000—2011 年，全国城镇建成区面积增长 76.4%，远高于城镇人口 50.5%的增长速度。国家新型城镇化规划（2014—2020 年）. 人民日报，2014-03-16.

② 顾朝林. 城市群研究进展与展望. 地理研究，2011（5）.

③ 陆桥通道为东起连云港、西至阿拉山口的运输大通道，是亚欧大陆桥的组成部分。

④ 国务院. 全国主体功能区规划. 中国政府网，2010-12-21.

将城市群作为城市化的主体形态，在政策执行中也遇到一些问题。“城市群”概念的具体内涵不够清晰，缺少明确的尺度标准。在理解中，有的将几个省级单元作为一个城市群，如长三角城市群、京津冀城市群，有的在省域内构建一个城市群，也有的在省内构建若干二级城市群。全国各省在不同尺度内构建各种城市群。在政策导向上，由地级市和县城组成的群体算不算城市群的主体形态呢？我国目前的建制市包括城市和城镇，县城是不是城市群的组成部分呢？各地的理解具有差异性，导致政策执行的标准不一。

城市群发展战略的目的在于加快推进城市化，缓解区域差异、贫富差距问题。这种差距不仅体现在东部与中西部地区之间，也体现在大城市的核心与外围地区之间。以北京市为例，城六区和外围地区的差距就很大。中西部地区一些大城市的核心地区，与东部城市的差距可能并不大，中西部大城市与其外围地区对比，同样存在着巨大差距。城市群战略不一定能缩小同一地区不同城市的发展差距，反而可能通过集聚效应扩大差距。

一些研究指出，长三角、珠三角之所以形成城市群，是由于市场机制发挥主导作用，将中心城市和外围县紧密地连接在一起，形成了都市连绵地区。在这两大城市群中，活跃的县域经济起到关键支撑作用。随着中心城市不断拓展发展空间，对外围地区的带动作用增强，需要建立区域间合作协商机制，推进空间规划有机衔接，在更大范围内增进政策协同。鉴于此，加快推进城市化，需要以中心城市为核心，加快培育都市圈。

2019 年 2 月，国家发改委发布《关于培育发展现代化都市圈的指导意见》，提出以促进中心城市与周边城镇同城化发展为方向，创新体制机制，推进政策协同，培育发展现代化都市圈，为城市群高质量发展提供重要支撑。都市圈是城市群内部以超大、特大城市或辐射带动功能强的大城市为中心、以 1 小时通勤圈为基本范围的城镇化空间形态。培育发展都市圈，需要增强基础设施的连接性、贯通性，畅通道路交通网络。

培育发展都市圈需要坚持市场主导、政府引导，充分发挥市场配置资源的决定性作用，更好发挥政府在规划政策引领、空间开发管制、公共资源配置、体制机制改革等方面的作用，使都市圈建设成为市场主导、自然发展的过程，成为政府引导、高质量发展的过程①。在此过程中，政府发挥的作用主要表现为：（1）推进基础设施一体化，畅通道路交通和信息网络；（2）强化城市间产业分工协作，促进城市功能互补；（3）推进开放市场建设，促进生产要素自由流动；（4）推进公共服务均衡普惠，提高共建共享水平；（5）推动生态环境协同共治，共建美丽都市圈。

阅读材料

都市圈建设与跨区域合作

党的十八大以来，京津冀协同发展、长江经济带发展、粤港澳大湾区建设以及长江三角洲区域一体化发展等重大战略的相继实施，标志着我国区域协调发展逐渐进入新时期。都市圈作为城市群建设中的重要节点，发挥着放大核心城市辐射力、突破行政边界束缚、实现区域融合发展的重要作用，有助于缩小区域政策尺度。

---

① 国家发展和改革委员会．关于培育发展现代化都市圈的指导意见．2019-02-19.

当前，我国区域发展面临三重挑战：一是行政壁垒抑制资源的合理布局，二是城市群经济效应还未全面显现，三是跨区域协调发展面临制度障碍。城市跨区域合作往往受制于行政级别不对等、地方发展意愿不协调、成本分担和利益分享机制不完善、考核机制不健全等问题，城市间合作受到限制。

都市圈的形成和发展是经济资源超越单一城市边界、在更大范围内进行优化配置的结果。以都市圈建设来提高城市群建设质量、发挥大城市的辐射带动能力，对于推进新型城镇化建设、完善区域协调发展机制，具有重要的现实意义。

确立都市圈建设的基本框架应首先厘清城市、都市圈、城市群之间的关系。城市是人类经济社会活动的主要载体，大城市由于集聚程度相对较高，一般具有相对更高的工资收益、企业产出以及优良的公共服务，对劳动力和企业的吸引力也更大；城市群是城市发展到高级阶段的一种空间组织形式，一般由一个或两个特大级以上城市及若干中小城市组成，在空间上表现出地理的邻近性。都市圈介于两者之间，相对于城市群来讲，都市圈是进一步细化的空间尺度。

与单个城市相比，都市圈的作用在于实现城市跨区域合作，从而形成发展的整体空间。随着大城市发展突破自身边界，大城市与周边小城市形成统一的劳动力市场产品市场，实现大城市与周边地区的融合发展。对于城市群建设而言，都市圈是一个重要的空间单元，通过放大城市群内中心城市的辐射能力及与周边城市的联系，形成城市群发展的一个“强核”，能够改善城市体系结构，提高城市群建设和区域政策的有效性。从世界范围内的城市发展规律来看，以都市圈建设来实现集约高效、分工合理的跨区域协调发展，是发达国家主要城市发展的普遍做法。

企业是都市圈建设中的重要经济主体，培育都市圈需要支持劳动力、资本、技术等主要生产要素的自由流动，减少资源在空间上的错配，提高要素的利用效率。培育都市圈也要促进区域内交通基础设施互联互通，构建统一的劳动力市场，建立跨域协作、共建共享机制。

在都市圈的基本框架下，跨域协作应当坚持以下原则：

第一，坚持交通先行。交通基础设施是都市圈建设的重要前提和保障，通勤率的高低和交通基础设施密切相关，统一的劳动力市场的形成也与交通基础设施直接相关。以高速铁路、城际铁路为代表的现代交通运输方式，可显著拉近核心城市与周边中小城市的时空距离，从而拓宽核心城市的经济影响范围，带来超越城市行政边界的通勤和就业。

第二，坚持市场主导。都市圈建设应当坚持市场主导，政府通过出台规划、提供交通基础设施保障、完善公共服务等手段，缩小不同行政区的公共服务差异。在此基础上，通过市场价格机制，引导产业、人口流动，提高都市圈中心城市的辐射力，促进中小城市经济发展。

第三，坚持区域联动。都市圈建设是中心城市与周边城市共同作用的结果，周边城市与中心城市之间可通过合作平台（园区）建设、托管服务等手段，加强产业链条分工以及公共服务的统筹，提高中心城市与周边中小城市的发展协调性。

第四，坚持规划引领。政府应当通过出台相关规划和政策来引导都市圈建设。在都市圈范围内出台统一规划，协调各地区发展定位、功能衔接，加强规划标准的统一，充实规范内容，优先解决都市圈建设中的瓶颈问题以及操作性较强的问题。

资料来源：张学良，林永然. 都市圈建设：新时代区域协调发展的战略选择. 改革，2019（2）.

3. 新型城市化的发展目标

当前，中国仍处于快速城市化阶段。随着农业富余劳动力减少，主要依靠廉价劳动力推动的发展模式不可持续；随着城市环境污染的日益严重，主要依靠资源粗放消耗推动的发展模式不可持续。

近年来，中国政府提出推进新型城市化。新型城市化以城市群为主体形态，推动大中小城市和小城镇协调发展。新型城市化要坚持以人为本，尊重市场规律，同时发挥政府的作用，促进城乡协调发展。

新型城市化的发展目标主要有：

第一，推进农民工市民化。新型城市化要尊重农民工意愿，逐步使农业转移人口落户城市。在公共政策上，全面放开中小城市落户限制，有序放宽大城市落户条件。

第二，优化城市空间布局。合理规划城市体系，集约利用国土资源，控制城镇开发边界，促进城市紧凑发展。

第三，完善交通运输网络。既要完善城市群之间交通运输网络，也要加快城市群内部的交通一体化规划建设。

第四，推进城乡协调发展。消除城乡二元结构的体制机制，建立城乡统一的生产要素市场，落实城乡劳动者平等就业制度，保障农民公平分享土地增值收益，健全城市反哺农村、工业反哺农业的激励机制。

第五，推进人文城市、绿色城市建设。尊重各地区的自然历史文化禀赋，发展有历史记忆、文化脉络、地域风貌、民族特点的城市体系，体现差异性，防止千城一面。推进绿色发展、低碳发展，加强环境保护和生态修复。

《 本章小结 》

城市是公共服务高度集聚的地理空间。城市化是伴随工业化发展，非农产业在城市集聚、农村人口向城市集中的自然历史过程，是近代工业革命促成的历史现象。在城市化过程中，城市人口规模不断扩张，城市数量也持续增加。一个国家的城市化率达到30%以后，城市化进程就会加速发展；当城市化率达到70%以后，城市化进程呈减速发展趋势。

中国城市化具有政府主导城市化进程、城市化滞后于工业化、实行城乡二元户籍制度、农村人口就近城镇化等特征。从总体上看，中国当前的城市化水平滞后于工业化和经济发展水平。关于中国城市化的政策选择，一直存在着争议。一种观点主张以大城市建设为主，另一种观点主张以中小城市建设为主。在一段时间内，中国政府曾推行优先发展中小城市的城市化政策。21 世纪以来，中国政府提出推进新型城镇化，确立了以城市群、都市圈为基本形态的发展战略。

关键术语

城市　城市化　郊区化　逆城市化　大都市区　城市群　都市圈

复习思考题

1. 什么是城市？城市有哪些基本特征？
2. 全球范围内城市发展出现了哪些新趋势？
3. 简述城市的主要功能。
4. 什么是城市化？它有哪些主要特征？
5. 简述发达国家城市化出现的新特征。
6. 简述中国城市化的历史进程和基本特征。
7. 试析优先发展中小城市政策的负面效应。
8. 中国政府为什么要实施城市群为主体形态的城市化战略？
9. 简述新型城市化的基本原则。
10. 试论新型城市化涉及的主要制度改革。

第3章

城市管理理论

按照组织机制的不同，可以把城市的各种组织分为私人部门和公共部门两类。私人部门在市场机制引导下开展活动，公共部门则基于一定的公共选择机制进行活动。市场失灵为公共部门及其活动提供了正当性。但公共部门也同样存在失灵问题。单纯强调政府因素或市场因素，都不利于城市可持续发展。现代城市管理需要发挥多元主体的作用，在公共部门与私人部门之间构建合作与伙伴关系。

重点问题

- 公共部门的概念
- 城市公共部门的种类
- 市场失灵的表现
- 政府失灵的原因
- 公共产品的类型
- 公共产品的供给机制
- 城市管理的理论发展

3.1 私人部门与公共部门

3.1.1 私人部门的含义

1. 私人部门的概念

城市管理可分为私人领域和公共领域两个场域。私人领域以市场机制作为资源配置的基本形式，公共领域以公共选择机制作为资源配置的基本形式。相应地，各种组织也可被分为私人部门和公共部门两类①。这种私人领域与公共领域、私人部门与公共部门二元分立的分析框架，为现代城市管理提供了新的理论维度。

所谓私人部门，即私人领域的行动主体，是指参加市场交换活动的各种组织和个人，包括企业、家庭和个人。对于私人领域的事务，私人部门与公共部门的根本区别不在于是否接受政府干预或行政指导，而在于以何种机制作为最基本的组织方式。私人部门以市场的自愿交易和自发秩序为核心机制来组织社会行动，而公共部门基于公共选择行为，依托公共权力，通过自上而下的指挥命令来组织社会行动。私人部门并不排斥政府干预，但政府干预只是为了弥补市场缺陷而存在。

2. 私人部门的特征

私人部门主要基于市场机制进行活动。作为自主的行动主体，私人部门具有以下一些特征：

（1）行动主体的自主性。私人部门中的各种行动主体，包括法人与自然人，也包括商品生产者、消费者和中间人，都具有各自的独立意志，它们以自身利益最大化为行动目标。以企业为例，它们在市场交易中拥有自主经营权，对自身财产拥有占有、使用、收益和处分的权力。

（2）行动主体的平等性。私人部门中的各种行动主体，在社会地位上是平等的，彼此没有高低贵贱之分。市场交易奉行等价和自愿交换的原则，任何人都不能通过非交易的方式和手段，占有其他经济主体的合法财产。市场主体的平等性还体现为交易过程的平等性，大家都拥有相同的权利。行动主体在身份平等的基础上，通过讨价还价、相互协商、相互协调，进而达成交易，签订契约和合同。

（3）私人行为的互惠性。私人部门主要通过市场交易的方式进行资源配置。交易双方都以追求实际利益为基本目的，大家都要权衡各自的利益得失。在付出一定代价的条件下，交易双方都要求得到自身希望得到的且只有对方才能提供的东西。如果说通过暴力获得财富的掠夺性行为是零和博弈的话，那么通过市场交易获得财富的交易行为则是正和博弈。

（4）市场交易的竞争性。私人领域的各种行动主体从自身利益出发，为了获取有利的生产和交换条件，不断地在商品和服务的价格、质量等方面展开竞争。在市场竞争中，商品和服务的价值得到检验和确认。竞争压力迫使经营者不断改进技术，改善经营方法，降低生产成本，提高劳动生产率。只有这样，才能在竞争中立于不败之地。

（5）私人行为的契约性。所谓契约，就是交易双方在相互信任的基础上共同遵守的规则。为了保证市场交易的顺利实施，有关各方都要信守承诺，遵守经过讨价还价和相互协商所达成的契约。私人领域的顺利运行离不开契约和诚信。契约执行和争端裁决还需要有独立于市场之外的力量。因此，私人部门的有效运行，离不开公共部门

---

① 社会组织也可划分为三类，即第一部门、第二部门和第三部门。第一部门指政府及其附属部门，第二部门指企业和家庭等私人部门，第三部门介于第一部门和第二部门之间，又称非政府组织（NGO）或非营利组织（NPO）。本章从政府与市场关系的视角，着重讨论市场经济体制下公共部门的职能定位，未涉及第三部门的治理问题。

的保障作用。

3.1.2　私人部门的优势

从行动过程来看，私人部门一般可以分为三种类型：商品生产者、消费者以及为买卖提供服务的中介人。他们各自实行分散决策，自主提供或消费私人产品和服务。与公共部门相比，私人部门的优势主要表现在：

首先，私人部门的分散决策能够较快地实现供需平衡。在市场经济体制下，生产者和消费者作为微观经济主体，他们从各自的经济利益出发，分散性地进行经济决策，能够充分利用各自的知识和情报信息，对市场供求关系的变化做出及时、灵活和有效的反应。这种微观主体的快速行动，通过自下而上的连锁反应，无须自上而下的指导，就可以较快地实现供求平衡，从而减少资源浪费。

其次，市场价格的信息传导机制有利于提高资源配置的有效性。市场经济通过价格传递情报，而且只传递给需要知道并使用这种情报的人。在市场经济条件下，价格变化能够有效传递情报。传递情报的人受到一种刺激，去寻找能够使用这种情报的人；使用情报的人也受到一种刺激去搜寻情报。经济活动的参与者都在搜寻和获取准确的信息，并充分有效地加以利用，以提高社会资源的利用效率。

最后，市场主体的利益驱动有利于激励创新。市场竞争中的优胜劣汰规则，对于每个经营者来讲，都是机遇与挑战并存。要避免在竞争中被淘汰的命运，经营者必须全力以赴。市场主体受到利益的驱动，能够最大限度地激发自身的积极性和创造性，促进生产技术进步、产业组织革新、产品结构升级。

3.1.3　公共部门的含义

1. 公共部门的概念

公共部门是以公共权力为基础组织起来的，其行动对社会成员具有强制性的社会组织。公共部门一般是指政府及其附属机构，它们主要负责提供公共产品和公共服务。公共部门负责管理公共事务，谋求公共利益，不以营利为目的。在传统意义上，城市政府是城市公共部门的唯一主体，政府垄断了公共事务的管理权，是公共产品的唯一供给主体。随着社会的发展和进步，一些非营利组织和非政府组织也成为公共管理的重要主体，政府作为公共部门唯一主体的地位和合法性受到挑战，但政府仍是公共部门中最重要的行为主体。

政府在矫正市场失灵方面，具有一些得天独厚的优势：（1）政府具有征税权、禁止权和处罚权。它可以凭借公权力，强行获得政府收入，禁止某些社会活动，对违法者实施处罚。（2）政府可以通过产权等强制性制度安排，为经济主体的活动提供激励约束机制，对经济活动的负外部性进行管制。（3）政府可以采取措施为消费者提供信息以及其他必要的支持。

2. 公共部门的特征

（1）公有产权。私人部门的产权基础是私有产权，公共部门的产权基础是公有产权。私有产权边界清晰且可以细分，而公有产权的边界模糊。产权界定需要一定的成本，只有当产权界定的收益大于成本时，产权界定才有经济意义。那些产权界定的成本大于收益的产权项目，自然就成为公有产权。

（2）公共利益。私人部门的行为动机是实现私人利益最大化，而公共部门的行为目的是实现公共利益最大化，其约束机制是公共预算，公共预算又受制于社会资源总量①。

（3）集体行动。私人部门建立在私有产权的基础之上，其决策权由众多的行为主体分散地、自主地行使；而公共部门建立在公有产权的基础之上，其决策权只能通过一定的公共选择过程来集中行使。私人部门决策遵从自愿交换原则，而公共部门决策带有一定的强制性。在公共决策机制下，个人有可能要接受自己不喜欢的公共产品，支付不情愿支付的税收和费用②。

（4）非市场化。私人部门通过市场交易方式进行经济活动，产权通过有偿方式在私人部门之间进行让渡，这种让渡受到市场主体的理性行为的约束和支配，从而使资源配置更有效率；而公共部门通过非市场的政治过程进行社会活动，产权让渡是无偿进行的。

3.1.4 城市公共部门

当前，中国城市公共部门主要包括：（1）政党。中国共产党是当代中国唯一的执政党，中共市委在城市管理主体中居于领导核心地位，它统一领导管理城市各项公共事务，制定城市治理的基本政策。市工会、市妇联、团市委等人民团体，以及各民主党派，均接受中共市委的直接领导。（2）政府。广义的政府包括立法机关、行政机关和司法机关。立法机关是指城市人民代表大会及其常委会，行政机关是指城市人民政府，司法机关包括法院和检察院。（3）事业单位。它们是政府履行公共服务职能的一种延伸，主要提供教育、科研、文化、卫生、体育、环保等公共服务。（4）国有企业。也就是政府投资的企业，分为央属企业和地方企业，分别由中央和地方政府实行分级管理。（5）其他公共部门。主要包括各种行业协会、社区组织等。

从国外城市的管理实践看，政党、群众组织和社会团体一般不属于公共部门。但中国城市的党组织，工会、共青团和妇联等人民团体，以及各种社会团体都属于公共部门，其财政支出全部或部分列入政府预算。近年来，一些非营利、非政府性质的社会组织发展迅速，如基金会、慈善组织、研究学会、中介组织等，它们介于公共部门与私人部门之间，也被称为“第三部门”。这些组织的资金并不依靠公共财政，其收入一般不纳税，它们接受公权力监管，但其运行管理具有自主性。这类组织不应当属于公共部门。

---

① 杨灿明，李景友．公共部门经济学．北京：经济科学出版社，2003：2.

② 郭小聪．政府经济学．北京：中国人民大学出版社，2003：198.

3.2　市场失灵与公共管理

3.2.1　市场机制的功能

私人部门的运行和资源配置主要通过市场机制发挥作用。作为一种经济运行方式，市场机制是迄今为止最有效率和最富活力的资源配置方式，它具有任何其他手段和机制都不可替代的重要功能。市场机制的主要功能在于：

1. 需求满足功能

需求满足功能是市场发挥的最基本的功能。市场机制是能够最有效地满足人们多元化需求的社会供给机制。由于个人偏好不同，各自的需求也是千差万别的。这种复杂的社会需求是任何足智多谋的中央计划者都无法准确预测的。只有依赖于市场交换，才能满足消费者的多样化需求，并引导生产者提供多样化的商品和服务。

2. 情报传递功能

市场是各种经济情报的集散地，它通过价格变化，传递和反馈供求关系、产品质量、竞争情况等市场信息，帮助生产者、经营者和消费者了解市场行情，从而做出有利于自己的理性选择。正如弗里德曼所指出的那样，"价格制度只传递重要的情报，而且只传递给需要知道的人"①。

3. 检验评价功能

市场既是商品和服务交易的场所，也是检验、评价商品和服务的有效价值和质量的场所。一种商品或服务是否能够满足消费者的需要，是否能为社会所接受，最终要通过市场进行检验和评价。

4. 资源配置功能

市场机制依靠价格杠杆的传导作用，对社会资源进行优化配置。当某种商品供大于求时，意味着投入到该部门的社会资源过剩，反之，意味着资源投入不足。市场供求的这种变化，会通过价格涨跌引导经营者扩大或缩小生产规模。除调节供需结构外，市场还可以调节产品结构、企业结构、产业结构和地区结构，实现资源合理流动和优化配置。

5. 激励创新功能

市场是生产经营者竞争的场所，通过价格、质量和服务方面的较量，具有竞争优势

① 弥尔顿·弗里德曼，罗斯·弗里德曼. 自由选择：个人声明. 北京：商务印书馆，1982：20.

的经营者可以得到较多的收益，没有优势的经营者则面临亏损甚至破产的窘境。市场竞争促使经营者必须不断改进生产和经营条件，提高劳动生产率，推进技术进步，只有这样经营者才能在竞争中处于有利地位。

阅读材料

铅笔传奇

伦纳德·E. 里德

我是一支铅笔——所有孩子和能读写的成年人都很熟悉的那种普通木制铅笔。美国每年生产出的我的同类大约有15亿支。那些用我的人视我为自然天成，好像我毫无来历。这种目中无人的态度把我打入了凡夫俗子之列，这是一个令人痛心的错误。

我，铅笔，仅仅通过我显露的样子，就值得你惊讶和敬畏，这是我将试图证明的一点。事实上，如果你能懂得我——不，这对任何人来讲都要求太高——如果你能知道我所象征的神奇之处，你就能有助于挽救人类正在不幸地失去的自由。我要讲授一条意味深长的启示。并且，我能比一辆汽车或一架飞机更好地讲授这条启示，因为我看上去如此简单。

请拿起我来，看着我。你看到什么了？所见无多——只有木头、漆、印制的标签、铅芯、一点金属、一小块橡皮。

不计其数的祖宗

正如你不可能追溯你的家庭谱系至很遥远的过去一样，我也不可能列举并说清我的所有祖宗。但我愿意举出足够多的祖宗来，使你对我的背景之丰富和复杂留下深刻印象。

我的家庭谱系实际上始于一棵树，一棵纹理笔直的雪松，它生长于北加利福尼亚和俄勒冈。现在，请细想一下所有的锯子、卡车、绳索，以及在收获和运送雪松木材至铁路支线中所使用的无数其他传动装置。想想所有参与装配这些设备的人员和所投入的无数技能：采矿、炼钢并将它们加工成锯子、斧子和汽车；种植大麻并经过各道工序将其做成重而结实的绳索；带有卧室和食堂的采伐营地。噢，还有，在伐木者所喝的每一杯咖啡里发挥过作用的无数人！

原木被送到加利福尼亚州圣利安多的工厂。请想一想圣利安多的木材加工厂。雪松原木被截成铅笔那么长的小板条，它们的厚度不到1英寸的1/4。这些板条被送进窑里烘干，然后被着色。人们喜欢我外表美观，而不是乏味的木本色。这样的板条要被上蜡并再次烘干。为了着色和烘干，为了供应热能、照明和电力，为了配备传送带、汽车，以及所有该工厂所需要的东西，要投入多少技能啊！该工厂里的清洁工是我的祖宗吗？是的，而且还要包括那些为太平洋煤气电力公司的水电站大坝浇铸混凝土的人。这个水电站是为木材加工厂供应电力的。

复杂的机械

一旦进入铅笔厂，有一台复杂的机器在每块板条上开出八条细槽，然后另一台机器将铅芯放在其他的各块板条上，涂上胶水，再将另一块板条盖在上面，可以说是一个铅制三明治。机器从这块“木夹”三明治中切出了七个弟兄和我。

我的“铅芯”本身——根本不含任何铅——极其复杂。石墨开采于锡兰。请想一想那些矿工、那些为矿工制造许多工具的人、装运石墨的纸袋的制作者、制作扎纸袋细绳的那些人、将石墨装上轮船的那些人，以及建造这些轮船的人。

我的雪松要接受六层漆制外衣。你知道漆的所有成分吗？谁会想到蓖麻籽种植者和蓖麻油提炼者会与漆有关？他们的确有关。知道吗？即使是将漆做成一种漂亮的黄颜色，其工艺也要涉及一个人举不胜举的技能！

我的一点金属——那个金属箍——是黄铜制的。请想一想所有采掘锌和铜的人，想一想那些有技术能用这些自然物生产出闪亮铜片的人。

然后是我的加冕典礼。我的冠冕在这个行业中被称为“橡皮”。一种被称为“硫化油胶”的成分就是负责擦去字迹的。它是一种像橡胶那样的产品，要用荷属东印度出产的菜子油与氯化硫反应后制造而成。橡胶，与流行的概念不同，只起凝结的作用。

浩瀚的知识之网

我在前面曾经断言，地球上无人知道如何制造我。对此，有谁想否定吗？

实际上，千百万人参与了创造我的过程。在这些人之间，每个人都只能认识极少的其他几个人。现在你可能会说，我把远在巴西的咖啡豆采摘者和其他地方的食物生产者与铅笔制造联系起来，扯得太远了，这是一种极端见解。但我要坚持我的主张。在这千百万人中间，任何一个单独的个人，包括那家铅笔公司的总裁，都只能提供极少的一点点知识。

这里有一个惊人的事实：油田的工人，化工师，石墨或稀土的采掘者，任何制造或驾驶轮船、火车或卡车的人，以及公司总裁都不是因为他需要我而执行其独特任务的。事实上，在这茫茫人海中，有些人从来也没有见过一支铅笔，也不知道如何用一支铅笔。他们的目的不在于我。事情很可能是这样的：这千百万人中的每一个人都知道，他能用他的些许诀窍换回他所需要或想要得到的商品和服务。而我可以在也可以不在他们所需要的物品之列。

无人指挥

还有一个更惊人的事实：没有指挥者。对于使我诞生的不计其数的行动，没有任何人的命令或强制指令。我们看到的是经济学家和道德哲学家亚当·斯密那著名的“无形之手”在市场中发挥作用。这就是我前面提到的那个奇迹。

我，铅笔，是一个多种奇迹的复杂组合：树、钵、铜、石墨等。但是，在这些显现于自然的奇迹当中，还要加上一个更不同寻常的奇迹：人类创造性能力的形成——不计其数的琐碎知识，在无人指挥的情况下，按人的需要和愿望自然、自发地形成着！人不可能指挥无数琐碎的知识以创造出一支铅笔来，正像人不可能将分子合在一起创造出树来。

正是为了说明这一点，我才在前面说道：“如果你能知道我所象征的神奇之处，你就能有助于挽救人类正在不幸地失去的自由。”如果一个人意识到，这些琐碎的知识将根据人的需要和需求自然、自动地——没有任何政府的或强制的指挥——按创造性和生产性模式组合起来，他就具备了一种拥护自由所绝对必要的条件：对自由人的信任。

一旦政府垄断了创造性活动，例如邮件的传递，邮件就不可能靠自由行动的人来高效率地传递。任何个人所拥有的知识都不足以完成全国性的邮件传递任务，正像任何个人所拥有的知识都不足以造出一支铅笔来一样。在对自由人缺乏信任的情况下——不懂得将千百万琐碎的诀窍自然而神奇地形成并配合起来满足这一需要——个人只能得出一个错误的结论：只有靠政府的指挥，才能传递邮件。

让人们自由

我要讲授的启示就是，让所有创造力无拘无束。请用完全与这条启示相符的方式组织社会，展开行动。让社会的法律装置尽可能地清除所有的障碍。要允许创造性知识自由流动，应坚信自由人会对“无形之手”做出回应。这一信念将得到证实。

资料来源：柯武刚，史漫飞．制度经济学：社会秩序与公共政策．北京：商务印书馆，2000：593-600.

3.2.2 市场失灵问题

1. 市场失灵的含义

西方经济学极力推崇市场机制的作用，认为市场机制就像一只“看不见的手”，可以对经济活动进行自发和有效的组织，从而使每个人在追求自身利益的同时，给整个社会带来共同利益①。在斯密看来，既然市场机制可以有效地组织经济活动，政府过多的经济干预必然是有害的。这种主张“自由放任”的古典经济理论以完全竞争市场为前提假设。然而，完全竞争是一种理想的市场状态。当某些条件不具备时，市场机制就难以实现资源配置的最优状态。市场失灵为政府介入经济活动提供了直接理由。相应地，市场竞争的效率优势也为政府介入经济活动提供了必要约束。

所谓市场失灵，是指由内在功能缺陷和外部条件缺陷引起的市场机制在资源配置的某些领域运作失灵，单纯靠市场机制难以实现资源最优配置的一种状态。内在功能缺陷是指市场机制的自发性、滞后性和不确定性。外部条件缺陷是指市场发挥最佳功能所要求的理想外部条件难以得到满足。

2. 市场失灵的表现

市场失灵主要表现在以下六个方面：

(1) 公共产品问题。

公共产品问题是公共管理的逻辑出发点。公共管理通过区分公共产品和私人产品，界定了政府的职责范围，为机构设置和财政支出提供了理论依据。私人产品的消费具有竞争性和排他性，可将不付费者排斥在外，依靠市场机制可实现有效供给。公共产品是社会成员集体享用的集体消费品，其消费并不排他，个人即使没有付费也能够享受好处，

① 斯密．国民财富的性质和原因的研究：下卷．北京：商务印书馆，1974：27.

因此人们普遍存在免费“搭便车”的心理，即希望别人提供公共产品，而自己坐享其成。单纯依靠市场机制难以实现有效供给。广义的公共产品不仅包括政府提供的物质化产品和非物质化服务体系，还包括法律法规、公共政策等制度体系。

（2）外部效应问题。

外部效应亦称外部性，是指在市场活动中没有得到补偿的额外成本和额外收益。它具体表现为：交易双方在经济活动中产生有利或不利的影响，给社会中的第三方带来额外的收益或损害。一些经济活动会产生外部影响，造成私人（企业或个人）成本与社会成本、私人收益与社会收益相偏离。外部效应分为正外部效应和负外部效应。如果一种行为具有正外部效应，常常会出现供给不足的问题；如果一种行为具有负外部效应，在缺少外部约束的情况下，这种行为就会受到激励。政府可通过行政、经济和法律措施，遏制和消除负外部性行为，激励正外部性行为。

（3）市场垄断问题。

市场垄断是指市场中只有少数几家供应商，甚至出现独家垄断的局面。垄断使得厂商可以通过控制产量来提高价格，甚至成为市场价格的单方面制定者，形成远远高于实际成本的产品价格。由于独家控制市场，没有竞争压力，技术创新激励不强，产品和服务的质量也停步不前。垄断扭曲了价格机制，抑制了市场竞争，妨碍了经济效率的提高。垄断现象大体包括资源性垄断、技术性垄断、经营性垄断、自然性垄断和行政性垄断。随着技术进步和市场发展，资源性垄断、技术性垄断、经营性垄断对经济效率的负面影响已经有所削弱。最容易出现市场失灵的是自然性垄断和行政性垄断，这两者是市政管理需要重点应对的领域。

（4）信息不对称问题。

传统经济学构建的完全竞争模型的基本假设是：生产者和消费者拥有充分信息，所有与产品有关的信息都是完全公开的，生产者和消费者据此进行理性决策。然而，市场交易中各方占有的信息是不对称的，一方处于信息优势，另一方处于信息劣势①。信息不对称不仅不能被消除，而且会越来越扩大②。在信息不对称的情况下，一方就会利用自身的信息优势侵害另一方的利益。信息不对称的负面影响主要表现在两个方面：1）逆向选择，即质量差的产品获得优先交易机会，导致劣质产品驱逐优质产品。2）道德风险，即市场交易双方达成协议后，一方出于扩大自身利益的考虑可能做出对另一方不利的行为。以保险行业为例，有的人买了保险后就会麻痹大意，不再采取措施防范和规避风险。医疗市场和装修市场也都存在道德风险问题。

---

① 一般而言，市场主体由生产者、销售者和消费者组成。生产者充分掌握产品的质量、性能和成本状况，明显处于信息优势地位；销售者的信息拥有量虽然不及生产者，但他们长期从事销售活动，对各种品牌商品的质量和价格比较了解，相对于消费者来讲也处于信息优势地位。消费者处于信息劣势地位，常常成为被欺骗的对象。以医疗市场为例，医生知道各种药方的疗效和价格，多数病人却并不了解。有些缺德的医生为得到回扣，常常滥开高价药药方。城市电力、燃气、供水、电信等自然垄断行业都存在信息不对称问题，政府和消费者都难以获得企业经营的真实成本。生产者利用信息优势，常以亏损为名游说政府批准提价。

② 信息不对称难以被消除的原因在于：（1）社会分工造成信息不对称。通常所谓的“隔行如隔山”就是这个道理。（2）信息搜寻需要支付成本。信息搜寻需要花费时间、精力、费用，这些构成了“搜寻成本”。（3）信息优势者的垄断行为。信息优势者为了获取主动权往往会垄断某些真实信息，甚至故意发出虚假信息，误导消费者和竞争者。王俊豪．政府管制经济学导论．北京：商务印书馆，2001：352-353.

（5）分配不公问题。

由于天赋和能力存在差异，即使个人被赋予相同的发展权利和机遇，其收入水平也可能相差巨大。市场机制不仅不能实现公正的收入分配，而且会扩大收入差距，导致贫富悬殊、两极分化。随着富者越来越富、贫者越来越贫，社会割裂现象也会越来越严重。市场不均衡导致不同生产要素的收入存在差距，市场垄断使经营者获得超额利润，生产要素在不同区域的分布不均衡导致区域性收入差距等，都会引发分配不公问题。

（6）宏观经济问题。

市场经济是在经济主体分散决策的基础上建立的自发秩序。各种经济主体依据市场发出的价格信息实行自主经营和分散决策，决策者都只关心自己的眼前利益、局部利益。个人理性选择的结果却可能导致集体的非理性行为。由于市场供求关系引起价格变化的信息反馈存在一定的时滞性，各个分散决策主体做出行动反应也有时滞性，加之信息不对称或判断失误引发非理性行为，容易引起市场总供求失衡，造成经济剧烈波动。虽然市场可以自发地对宏观经济失衡进行调节，但这种调节是事后调节，它不仅具有滞后性，而且要付出极其高昂的代价。在市场机制的自发作用下，宏观经济难免会发生周期性的波动和总量失衡。当存在超额供给时，会引起生产过剩、经济衰退和大量失业；当存在超额需求时，会诱发过度需求，引起通货膨胀。

3.2.3 公共管理的使命

市场失灵问题为公共管理提供了正当性和合法性。公共管理的基本使命在于：

1. 提供公共产品和公共服务

公共产品和公共服务的消费具有非竞争性和非排他性，个人不论付费与否都可以坐享其成，因此，人们都希望他人去提供公共产品。市场机制在公共产品供给上存在的失灵问题，客观要求政府机制进行补位。政府最基本的职能就是负责组织和供给公共产品和公共服务，包括提供道路、机场、码头等公共产品，提供治安、消防、教育、卫生等公共服务，提供法律法规、公共政策等制度安排。

2. 纠正外部效应的不良影响

在政府缺位的情况下，不论是正外部效应还是负外部效应，都可能产生不良影响。正外部效应引发利益外溢时，如果没有政府支持和利益补偿机制，就会导致供给不足。例如，见义勇为者付出“血”的代价，其行动外溢为社会收益，但成本由个人独自支付。如果缺少相应的补偿机制，这类行为就会供给不足。为鼓励见义勇为，近年来，许多城市都提高了政府奖励力度。对于具有负外部效应的行为，如环境污染、违法犯罪行为等，则须通过行政、经济和法律措施进行制裁。

3. 消除市场垄断的不利影响

市场垄断容易扭曲价格机制，抑制市场竞争，降低经济效率。当前，中国城市管理中，最容易导致不利影响的垄断现象主要为行政性垄断和自然性垄断。针对这两类垄断现象，需要继续推进政企分开，引进激励性规制，提高政府规制的透明度，扩大公民参与，放松经济性规制，强化社会性规制，建立健全决策权、执行权和监督权相互分离、相互制约的行政管理体制。

4. 矫正信息不对称的不良影响

信息不对称容易引发逆向选择和道德风险问题，对公平交易和经济效率产生不利影响。矫正信息不对称的负面影响，可以采取的应对途径主要有两个：一是利用市场机制加强信息传递，二是通过政府管制打击假冒伪劣现象。利用市场机制的基本方式主要有三种：商业广告、产品“三包”、产品信誉。商业广告是信息传递最普遍的方式，但虚假广告降低了广告传递优质产品信息的功能。产品“三包”（包修、包换、包退）是优质产品向市场传递信息的重要手段，但空头承诺降低了“三包”服务的作用。产品信誉是企业经过长期经营形成的无形资产，但假冒产品造成信誉传递机制不能正常运行。市场机制存在的上述问题客观要求政府加强管制。政府可通过行政规制手段，加强对商业广告和产品质量的管制，整治虚假广告，打击假冒伪劣产品。同时，政府可制定政策，强制生产经营者提供真实信息。政府还可以通过产品质量检查、商品检验、市场调查等方式收集有关信息，向市场推荐名牌产品，公布劣质和不合格产品。

5. 维护社会公平正义

公平正义是公共管理的基本诉求，也是衡量社会进步的基本标尺。公共管理既不能以政府利益最大化为诉求，也不能一味地偏袒强势集团，它需要兼顾不同社会群体的多元利益诉求。在多元利益博弈中，弱势群体由于缺少组织和资源优势，其利益更容易受到损害。为了保障弱势群体也能共享经济社会发展成果，公共管理有必要设置基础性的公共服务标准，对最少受惠的社会群体给予特殊补偿，保障社会成员均等享受最基本的公共服务。

6. 保障宏观经济稳定

在市场经济体制下，分散的个人的理性选择行为有可能导致集体性的非理性行为。单纯依靠市场机制，难以化解宏观经济总量失衡的问题，甚至会引发经济衰退和经济危机。治理市场总供求失衡问题，有赖于一定的财政、税收、货币等政策工具。一般而言，中央政府掌控着宏观经济调节的政策制定权，城市政府负责在本行政区域内贯彻和执行国家的宏观调控政策。

7. 推动发展和进步

除纠正市场失灵外，公共管理还具有推动“帕累托改进”、促进发展和进步的使命。所谓“帕累托改进”，是指在改善一部分人福利的同时，不损害另一部分人的福利。如果调整现行制度安排，在维持一部分人既定福利水平的同时，能够改进另一部分人的福利水平，则说明现行制度具有改进的余地。

3.2.4 政府失灵问题

1. 政府失灵的含义

市场失灵为政府干预提供了理由，但市场失灵只是政府干预的必要条件而不是充分条件。与市场失灵一样，政府行为也存在失灵问题。所谓政府失灵，是指政府干预导致资源配置低效率。在一些领域，人们期望政府能够解决市场办不好的事情，结果却发现政府干预不仅不能弥补市场失灵，反而进一步降低了资源配置效率，浪费了公共资源。

公共选择学者 J. M. 布坎南就指出，人们必须破除凡是政府就都会一心一意为公众谋取利益、就都会把公共事务办好的观念。政府是由政治家和公务员组成的群体，第一，他们都是经济人，都有各自的私欲，都以追求自身利益最大化为行为准则；第二，政府中的政治家和公务员不是先知先觉和大彻大悟者，不是无所不知、无所不能的，他们拥有人类所共有的一些弱点，如知识和智能的有限性；第三，现实社会具有高度复杂性，即使政治家和公务员主观上希望把事情办好，也会因为遇到很多困难而没有办好，甚至出现好心办坏事的现象。

2. 政府失灵的表现

（1）政府部门扩张。政府履行市场干预职能必须配置一定的机构和人员，必须有财政预算的支持。政府官员也是理性经济人，只不过他们追求利益的途径更加特殊，政府官员往往通过预算最大化来实现自身利益。行政学研究早就指出，政府就其本性而言，具有一种自然扩张的倾向。这种内在扩张性导致政府职能扩展、机构膨胀、人员增加、财政预算规模越来越大。

（2）公共决策失误。科学的公共决策必须以充分可靠的信息为依据。然而信息分散在无数个体行动者之间，信息收集和统计需要投入精力，信息分析需要技术支持，政府不能全面了解市场的真实状况。政府决策容易受到失真信息的误导。政府决策也受制于决策者的偏好、能力和素质。

（3）政策执行低效。即使政府制定了良好的政策，执行环节也存在失灵问题。由于存在利益冲突，政策执行会受到一些目标群体的抵制。缺乏必要的执行资源，执行方法不当，执行人员素质不高，沟通和协调不到位等，也都会影响政策执行效果。

（4）行政成本高。政府活动属于非市场活动，政府部门缺少成本意识，缺少企业那样的成本约束机制，甚至不惜代价去实现政策目标。即使计算成本，政府运行也难以精确化，因为政府干预的社会性收益很难计算。

（5）再分配不公。市场机制导致一次分配收入差距悬殊，然而政府介入仍会导致分配不公的问题。政策过程的参与者都是理性的经济人，政治家、官僚、利益集团和个人都在追求自身利益最大化。利益集团为谋求团体利益，常常与政治家、官僚形成“铁三角”关系，政治家批准项目，官僚实施项目，利益集团从中得利。

（6）政府腐败。也就是政府及其公职人员以权谋私。常见的政府腐败行为主要有经济管制、行政审批、特许经营、配额限制等。

3.3　城市公共产品的供给

3.3.1　城市公共产品的概念

“公共产品”这个词最早在经济学领域普遍运用，现在已经成为公共管理的核心概念。正是借助于公共产品这个概念，公共管理学才能揭示市场失灵问题以及政府存在的必要性，并提出“有限政府”理念。

公共产品是相对于私人产品而言的。私人产品是指通过市场机制向社会提供的满足私人需要的产品。而公共产品是所有成员集体享用的集体消费品，每个人对该产品的消费都不会减少其他社会成员对该产品的消费①。公共选择理论家奥尔森提出，凡是不能适当地将那些没有付费的人排除在消费之外的产品就是公共产品②。城市公共产品的显著特征是：

1. 消费的非竞争性

公共产品被生产出来以后，就具有共同消费的特征，每个人对公共产品的消费都不会影响其他人从对该产品的消费中获得的效益。以城市路灯为例，每增加一个消费者，并不影响原有消费者的利益，也不会带来成本的增加。没有达到拥挤状态的道路、桥梁、公园、广场和互联网等，都具有共同消费的特点。

2. 受益的非排他性

公共产品具有共同受益的特征，它们一旦被提供出来，就不可能阻止不付费者的免费消费行为。对于私人产品来讲，购买者支付了一定货币以后，就可以排斥其他人对该产品的消费。而公共产品则不然，不付费者同样能够享有该产品带来的益处，生产者或者是在技术上无法排斥那些不付费而享用该产品的人，或者因为排斥的成本很高而使排他性行为不经济。

3.3.2　城市公共产品的类型

城市公共产品可分为纯公共产品和准公共产品两类。

1. 纯公共产品

纯公共产品是指能够严格满足非竞争性和非排他性条件的产品。警察和路灯属于典

---

① 萨缪尔森，诺德豪斯. 经济学. 北京：北京经济学院出版社，1996：571.

② 奥尔森. 集体行动的逻辑. 上海：上海三联书店，1995：13.

型的纯公共产品。城市只要建立了警务体系，所有居住在辖区内的居民都将受到公共安全保护。公共道路、路灯路牌、免费公园、城市广场、大众体育设施、公共图书馆、警察、消防、环境保护、规章制度等，都可以称得上纯公共产品。

2. 准公共产品

准公共产品是指仅满足消费的非竞争性和受益的非排他性这两者中的一个特征的产品，它可进一步划分为俱乐部产品（club goods）和公共资源（common resources）。

俱乐部产品是一种在消费上具有非竞争性，但却可以轻易地做到排他的产品①。这类产品的消费者数量通常被界定在一定范围内，类似于各种俱乐部提供的服务，因而被形象地称为俱乐部产品。实行收费制度的高速公路、桥梁、游泳池、公园、水电气设施、动物园、展览馆、电影院、音乐厅、博物馆、娱乐设施、图书馆等，都属于俱乐部产品。这些产品的消费具有共享性质，在没有出现拥挤状况前，每增加一个消费者的边际成本为零。当出现拥挤状况后，每增加一个消费者都会带来新的负面效应，生产成本和消费成本都会增加。因此，俱乐部产品既要实行收费制度，也要限制消费者数量。

公共资源是一种在消费上具有竞争性，但无法有效地做到排他的产品。对于公共资源而言，不付费者不会被排除在消费之外。公共草坪、矿产资源、公共牧场、公共池塘、公共河流、公共渔场等，都属于公共资源。这类资源是公有的，具有向任何人开放的非排他性，但资源总量有限，因此如果在消费过程中不加限制，就会出现过度消费现象。个体理性导致的结果将是集体非理性，这就是所谓的“公地悲剧”。

城市产品的类型如表 3-1 所示。

表 3-1 城市产品的类型划分

竞争性	排他性	
	无 →	有
↓ 无	纯公共产品	俱乐部产品
有	公共资源	私人产品

3.3.3 公共产品的供给机制

1. 城市政府的职能定位

城市政府的职能定位与公共产品的供给机制密切相关。公共产品的消费大多具有非排他性，个人不论付费与否都可以享受公共产品的好处，这就容易使人产生“搭便车”心理，人人都希望别人提供公共产品，而自己坐享其成，因而需要通过一种非市场机制

① BUCHANAN J M. An Economic Theory of Clubs. Economica, New Series, 1965 (32): 1-14.

提供公共产品①。政府正是依据这一公共需要而产生的，其最基本的职能就是组织和执行公共产品供给。它通过强制性的征税权获取财政收入，通过财政支出提供公共产品。市政管理就是一种由市场机制实现私人产品的有效供给，而由公共部门负责公共产品供给的制度安排。

在市场经济体制下，城市政府只能是有限政府而不能是全能政府。市政管理要让市场在资源配置中发挥决定性作用，政府的基本职责在于纠正市场失灵和社会失灵。当前，中国市政管理中仍存在政府既当“裁判员”又当“运动员”的情况。从全能政府走向有限政府的过程，是不断规范行政管理权力的过程。建设有限政府难免会遇到来自政府部门的阻力，从这个意义上讲，城市管理改革需要发挥市场和社会力量的推动作用。

2. 区分供应与生产职能

由于私人部门不愿意提供公共产品，公共部门特别是政府有责任提供公共产品。政府需要“供应”（providing）公共产品，但并不等于政府应当直接“生产”（producing）公共产品。早在1959年，经济学家马斯格雷夫就对公共需求的“供应”与“生产”进行了基本区分②。1961年，文森特·奥斯特罗姆、查尔斯·M. 蒂博特和罗伯特·沃伦进一步指出，公共产品和公共服务的“生产”与“供应”需要区分开来，前者既可以由私人部门承担，也可以由公共部门承担，而在公共服务的生产方面，要允许在生产这些服务的机构之间开展最大限度的竞争③。

在西方学术界，自20世纪六七十年代以来，公共产品的“供应”与“生产”在概念上得到了清晰的界定和区分。“供应”涉及一系列的集体选择行为，包括需要提供什么样的产品和服务；应对什么样的私人活动进行规制，所应用的规章制度是什么；需要筹措的收入数量，如何筹措（税收还是“使用者付费”形式）；需要提供的产品和服务的数量与质量；如何安排产品和服务的生产④。“生产”则是指将资源投入转化为产出的技术性过程，即制造某种产品或提供某种服务。

在实践方面，自20世纪70年代末以来，英国、法国、新西兰等国开始在公共部门引入竞争机制，努力打破政府（公营企业）垄断公共产品生产的局面。英国在撒切尔夫人上台以后，开始对公共部门实施私有化和市场化改革，政府出售国有资产，有意识地培育竞争性市场结构。这一安排充分利用私人领域的专业性、创造性、技术能力和管理运营能力，鼓励私人部门介入公共产品的设计、资金投入、建设和运营。公共部门负责制定计划、制定标准、安排生产以及购买私人部门生产的公共产品，但并不直接介入生产过程。

---

① 早在1740年，大卫·休谟就注意到，提供公共产品对个人来讲并无好处，“各人都在找寻借口，要想使自己省却麻烦和开支，而把全部负担加在他人身上”，但由于公共产品对整个社会是有好处的，因此政府只能通过集体行动来执行。在政府的统一安排下，“桥梁就建成了，海港就开辟了，城墙就修筑了，运河就挖掘了，舰队就装备了，军队就训练了”。休谟. 人性论. 北京：商务印书馆，1980：578.

② MUSGRAVE R A. The Theory of Public Finance：A Study of Public Economy. New York：McGraw-Hill Book Company，1959：15.

③ OSTROM V，TIEBOUT C M，WARREN R. The Organization of Government in Metropolitan Areas：A Theoretical Inquiry. American Political Science Review，1961：838.

④ 奥克森. 治理地方公共经济. 北京：北京大学出版社，2005：9.

3. 公共产品的多中心供给

“供应”与“生产”的概念区分，为公共产品的多中心供给机制提供了理论支持。在市场经济体制下，公共产品的供给安排具有多元化的选择途径。除了政府之外，私人部门、第三部门和国际组织都可以成为公共产品的供给主体。在实践中，公共产品的多中心供给机制正在逐渐取代传统的单中心供给机制。

（1）政府提供公共产品。这包括政府直接生产和间接生产。那些具有纯公共产品属性的物品和服务，如警察、消防、市政设施、图书馆、基础教育、公路系统等，往往由政府直接提供。间接生产则由政府制定政策和服务标准，通过合同外包方式，由私人企业负责生产。20 世纪 70 年代以来，由于面临赤字财政和信任危机，全球范围内掀起了新公共管理运动。其主导理念是：将市场机制引入公共管理，政府职能从“划桨”转向“掌舵”。

（2）私人部门提供公共产品。私人部门提供公共产品需要具有一定的前提条件。首先，它要求公共产品在技术上具有可分割性，能够有效地排他。其次，私人部门提供的公共产品只能是准公共产品。最后，私人部门提供公共产品需要在法律上给予保护。美国大多数中小城市的垃圾收集是由政府与私人部门签订合同，委托私人部门提供的。这些中小城市的家庭住房大多是独栋建筑，每户在室外摆放几个垃圾桶，垃圾清运公司定期收集垃圾，每桶垃圾收费 2～3 美元。私人部门也与社区合作提供社区服务，例如，社区为企业提供场地，企业以较低价格提供社区服务。

（3）第三部门提供公共产品。第三部门主要包括志愿团体、社会组织等。第三部门具有自愿性、自治性、非营利性等特征。20 世纪 70 年代以来，由于市场和政府在提供公共产品上的缺陷、公民意识的觉醒以及通信技术的革命，第三部门发展迅猛，在文化、教育、卫生、医院、诊所、危机防范、社会服务、环境保护、扶贫济困等领域都能看到其活动的身影。第三部门具有贴近基层、灵活、富有弹性和高效的优势，已经成为公共产品提供的重要主体之一。

3.3.4 公共产品供给的具体形式

民营化研究的著名学者萨瓦斯，通过区分“供应”与“生产”，总结了公共产品供给（delivering）的十种不同形式，如表 3-2 所示。其中，生产者和安排者都是公共部门制度安排的只有政府服务和政府间协议两种，其他八种制度安排都不同程度地涉及私人部门。

表 3-2 公共产品供给的制度安排

		安排者	
		公共部门	私人部门
生产者	公共部门	政府服务 政府间协议	政府出售
	私人部门	合同承包 特许经营 政府补助	凭单制 自由市场 志愿服务 自我服务

资料来源：SAVAS E S. Privatization and Public—Private Partnerships. New York：Chatham House Publishers，2000：66.

1. 政府服务

政府服务（government service），即政府同时扮演着公共产品的生产者和安排者的双重角色。一些政府部门通过政府职员，或者设置附属性的企事业单位，指挥生产并提供公共产品和公共服务。当前，中国城市的公立学校、邮政、公园、警务、消防、供水、供气、供电、通信等服务，普遍由政府部门或国有企业生产和提供，服务成本或由政府财政支出，或者由消费者支付。除提供公共产品以外，城市政府还介入了一些私人产品领域，如经营商场、宾馆、房地产、制造业等。

2. 政府间协议

政府间协议（intergovernmental agreement），即政府之间或行政部门之间达成协议，由某个政府或行政部门支付费用，委托或雇用另一个政府或行政部门提供某些公共服务。例如，城市主城区政府与郊区政府达成协议，委托郊区政府提供粪便和污水处理服务。在美国，一些学区由于高中生数量少，常与邻近学区达成协议，把学生送到邻近学区接受教育，并向该学区支付费用；一些市政府通过政府间协议，购买其他市政府提供的消防、医疗保健、公共卫生、精神健康、儿童福利等服务项目；一些市政府通过政府间协议，获取监狱、毒品治疗、图书馆、公共交通等公共服务。

3. 政府出售

政府出售（government vending），是指政府将自身拥有的一些公共产品和资源，通过市场化途径出售给私人部门使用。例如，私人部门可以从政府那里购买土地资源使用权、水资源使用权和矿产资源开发权，私人部门还可以租赁公共部门拥有的建筑物、房地产。在美国，一些市政府甚至出租警员，为私人部门举办大型活动提供安全保卫；市警察局为体育馆、剧院和展览提供安全服务，按小时收取费用。

4. 合同承包

合同承包（contract），是指政府与私人企业、非营利组织签署关于产品和服务的生产合同，将公共产品和服务的生产任务外包出去。在这一安排下，私人部门是生产者，政府是公共产品供给的安排者，它付费给生产者。如政府采购办公设备，购买建筑服务、环卫服务、社区医疗服务。实证研究表明，合同承包往往比政府组织内部生产更有效率。

5. 特许经营

特许经营（franchise），是指政府将垄断性特权给予某个私营企业，让它在特定领域里提供特定服务。特许经营通常由政府实施一定的价格管制。在市政管理领域，出租车、供电、供气、供水、污水处理、废物转化、通信、飞机场、收费道路、收费渡桥、过江隧道、公共汽车等，常常实行特许经营。高速公路沿线、公园、飞机场、体育场等场所的饮食和特色服务，也常常引入特许经营。特许经营与合同承包的区别在于：前者是消费者向生产者支付费用，后者是政府向生产者支付费用。

6. 政府补助

政府补助（grant），是指政府对一些收费性的准公共产品（包括部分私人产品）的消费提供补贴。政府提供补贴是为了鼓励此类产品的消费行为。补助是对生产者的补贴，补助的具体形式包括资金、免税、税收优惠、低息贷款、贷款担保等，也可能在土地使用、审批环节等方面给予优惠。政府对农产品生产、社区医疗服务、公共租赁住房建设、文化艺术团体等给予一定补助，可以降低相关产品和服务面向符合资格的消费者的价格。

7. 凭单制

凭单制（voucher），是指围绕特定产品，针对特定消费者群体的消费行为实施的专门补贴。凭单由消费者自主安排，消费者可自由选择享受补贴的产品和服务。政府面向贫困者发放食品券，面向流动人口子女发放教育券，面向低收入家庭发放经济适用住房购买券、廉租房租赁券等，都属于凭单制的制度安排。企业可手持凭单，到政府相关部门兑换相应数额的货币。有的凭单制对持券者的选择权有所限制，要求在限定的商家范围内做出选择。

8. 自由市场

自由市场（free market），是指政府基本不介入，由消费者自行安排某种服务并选择生产者。尽管自由市场也需要政府制定安全规范和其他标准，但政府并不直接介入交易过程。自由市场的安排者和生产者都是私人部门，它是提供普通服务和收费性产品最普遍的形式。自由市场也可以用于部分准公共产品的供给。一些社区服务，如供水、住房、医疗、健康、休闲、教育、运输等，也可以通过自由市场进行安排。

9. 志愿服务

志愿服务（voluntary service），是指由志愿人员和慈善组织提供的公共服务项目。如邻里协作组织提供志愿巡逻、房屋建设、文艺聚会等服务，社区组织提供小区垃圾清扫、杂物捡拾、幼儿看护、老人照顾、宠物看管、免费体检、信息咨询等服务。宗教机构、慈善组织和基金会通过筹集捐赠，面向社会提供慈善服务，为街头流浪者提供食物和居住帮助，甚至兴办大学、医院等服务项目。

10. 自我服务

自我服务（self service），是指个人通过自我帮助、自给自足的方式提供公共产品。它是公共产品和服务的最原始的供给方式。在公共组织形成以前，人们只能通过这种方式提供服务。在现代社会，自我服务仍是公共产品的供给方式之一。例如，个人自行安装警报器预防火灾、自行锁上房门防止偷盗，家庭自行修建住房，个人进行健康锻炼等。在美国，尽管公立和私立学校都很发达，目前仍有许多中小学生在家庭学校（home schooling）接受教育①。

① FARQUHAR N M. Many Muslims Turn to Home Schooling. New York Times，2008，March 26.

上述十种制度安排属于公共产品供给的单一形式，它们也可混合使用。随着公共产品供给由单中心机制向多中心机制的转变，政府和私人部门会形成公私合作和伙伴关系。萨瓦斯指出，“(公共) 服务提供或安排与服务生产之间的区别十分重要，它是整个民营化概念的核心，是政府角色界定的基础。所谓公共服务的民营化，其实就是表明，对于那些属于政府天职的公共服务，政府应该是个安排者，决定什么应该通过集体去做、为谁而做、做到什么程度和水平、怎样付费等问题。至于公共服务的生产和提供，完全可以通过合同承包、补助、凭单、特许经营等形式，由私人机构或社会机构来完成”①。

3.4　城市管理的理论发展

3.4.1　城市统治权之争

城市统治权是城市政治学研究的核心问题之一，即关注城市权力掌握在谁手中，权力的运作机制和结果是什么。学者们围绕城市统治权的归属问题展开热烈讨论，提出了不同的理论解释，其中，代表性的理论有：

1. 精英主义理论

该理论认为，城市社会结构就像一个金字塔，拥有广泛支配权力的人站在顶端，没有权力的人处于金字塔的底端。弗洛伊德·亨特是城市精英主义理论的代表性学者，他基于对亚特兰大市的实证研究，认为城市社会由工商精英掌握和控制，他们对城市政策过程具有支配性影响力，认为地方代议制民主实际上只是占支配地位的经济利益的幌子而已②。这一论断引发了城市精英主义与城市多元主义的理论之争。

2. 多元主义理论

该理论认为，城市权力实际上是分割和分散的，所有的团体都有一定的资源来表达自身诉求，没有一方力量能够长期主导城市治理③。罗伯特·达尔对纽黑文市进行实证研究，得出结论认为，选举政治并没有糟糕到弗洛伊德·亨特描述的那样，民选决策者仍对城市政策议题的形成起着关键作用，城市仍在民主信条下运行④。

3. 增长机器理论

在该理论看来，主导城市发展的是致力于促进经济增长的各种力量的联盟。增长机

---

① SAVAS E S. Privatization and Public—Private Partnerships. New York：Chatham House Publishers，2000：65.

② HUNTER F. Community Power Structure：A Study of Decision Makers. Chapel Hill：University of North Carolina Press，1953.

③ DAHL R A. Who Governs? Democracy and Power in an American City. New Haven：Yale University Press，1961.

④ POLSBY N W. Community Power and Political Theory. New Haven：Yale University Press，1980：118.

器理论认为，土地资源是城市发展的主导因素，城市增长就要对控制土地进行开发，或者对已利用土地进行再开发。增长机器理论基本上是对精英理论的扩展，它将注意力集中于商界领袖的权力上，认为企业家一直以来都是形成城市系统的关键作用力①。

4. 城市机制理论

该理论认为，城市政治包括广泛的参与者，政治组织、经济组织、社会组织分别掌握不同的资源，任何一方都无法独立地实现发展目标，多元主体之间的"联盟"就成了一种必然选择。埃尔金提出，城市机制形成于市场力量与政治控制之间的动态关系，他将美国城市机制分为多元型、联邦型、企业型三种②。根据城市机制理论，在城市治理中，多元主体需要建立合作关系，共同促成城市发展。

3.4.2 城市治理理论

由于传统城市管理模式存在自身难以克服的问题，学界转而探讨如何构建合理的城市治理体系。城市治理强调政府不应垄断公共事务管理权，主张在多元主体之间构建合作伙伴关系。回顾城市治理研究的理论丛林，学者们从不同的制度环境和价值诉求出发，构建了多中心、新公共管理、自主治理、协同治理、整体治理等理论模式。

1. 多中心理论

文森特·奥斯特罗姆基于民主行政的价值诉求提出多中心理论，发出了公共事务治理研究的先声。他以美国大都市区的公共服务提供为例，论证了多中心体制的合理性③。那里存在许多相互独立的公共机构，包括联邦和州政府的机构、县、市、镇和特区，它们分别履行各自的职能，同时又展开竞争与合作。在多中心体制下，多个自治单位的管辖权互相交叠，它们通过多种制度安排进行协调④。由于存在多个权威，每个机构的权力和能力都有限，同时又可能利用其他机构的权能，结果是，"协作生产"成为公共服务供给的一种制度安排⑤。

2. 新公共管理理论

它主张将企业管理的方法和技术引入公共服务供给之中，以企业精神重塑政府部门。新公共管理理论的基本主张是政府应"多掌舵少划桨"⑥，它在恪守公共管理核心价值的

---

① LOGAN J，MOLOTCH H. Urban Fortunes：The Political Economy of Place. Berkeley：University of California Press，1987：52.

② ELKIN S. City and Regime in the American Republic. Chicago，IL：University of Chicago Press，1987.

③ OSTROM V，CHARLES M T，WARREN R. The Organization of Government in Metropolitan Areas：A Theoretical Inquiry. American Political Science Review，1961（Dec.）：831-842.

④ OSTROM V. The Meaning of American Federalism：Constituting a Self-Governing Society. San Francisco，Calif.：Institute for Contemporary Studies Press，1991：225.

⑤ 奥斯特罗姆. 美国公共行政的思想危机. 上海：上海三联书店，1999：78.

⑥ 奥斯本，盖布勒. 改革政府：企业精神如何改革着公营部门. 上海：上海译文出版社，1996.

同时，吸收了企业管理奉行的顾客至上、绩效管理、目标管理等理念和工具，强调责任制、结果导向和绩效评估。新公共管理理论主张在公共部门与私人部门之间发展伙伴关系，降低行政成本，削减公共支出和服务项目，提升公共服务供给效率。于是，引入市场机制逐渐成为公共服务供给的一种政策选择。

3. 自主治理理论

它以公民权为价值导向，力求将公共行政纳入民主运作的轨道。埃莉诺·奥斯特罗姆基于大量案例研究，提出除了政府与市场机制之外，公共事务还存在第三种治理机制，即自主组织和自主治理，并剖析了自主治理的制度设计原则①。理查德·博克斯提出公民治理理论，主张建立小规模的地方政府，将公共行政纳入民主和服务的轨道②。莱斯特·萨拉蒙对非营利组织进行实证分析，提出了第三方治理理论，展示了活跃的非营利组织运作机制③。

4. 协同治理理论

该理论针对跨越行政部门职能边界的公共事务，提出将利益相关者纳入集体论坛，在“协商”和“一致同意”的基础上进行集体决策，以整合各方面的信息和知识，建立合作伙伴关系，提高治理绩效④。协同治理界定的利益相关者可能是公共部门，也可能是私人部门、公民组织或个人。主张协同治理的学者认为，在公共事务治理中，多部门合作不会自动形成，不论是部门间协作、区域协作，还是公私伙伴关系，都需要构建一定的治理结构或机制⑤。

5. 整体治理理论

这是为了回应行政部门碎片化和分散化管理造成的应对复杂问题效率低下、探寻公共部门整合机制而提出的一种理论建构。整体治理通过构建跨部门、跨领域的协作机制，使不同层级的机构更好地分享信息、协同作战，共同提供整体化的服务⑥。佩里·希克斯认为，整体治理是针对部门碎片化而实施的治理创新，目的在于提升行动主体之间的相互依赖性⑦。整体治理理论主张通过机构重组、流程再造、技术应用等途径，构建政策网络，形成大部门体制，提供“一站式”服务⑧。

---

① 奥斯特罗姆. 公共事务的治理之道. 上海：上海三联书店，2000：144.

② 博克斯. 公民治理：引领21世纪的美国社区. 北京：中国人民大学出版社，2005：18.

③ 萨拉蒙. 公共服务中的伙伴：现代福利国家中政府与非营利组织的关系. 北京：商务印书馆，2008.

④ ANSELL C，GASH A. Collaborative Governance in Theory and Practice. Journal of Public Administration Research and Theory，2007 (18)：543-571.

⑤ EMERSON K，NABATCHIT，BALOGH S. An Integrative Framework for Collaborative Governance. Journal of Public Administration Research and Theory，2011，22 (1)：1-29.

⑥ 戈德史密斯，埃格斯. 网络化治理：公共部门的新形态. 北京：北京大学出版社，2008：13.

⑦ PERRI 6，Leat D.，Seltzer K. & Stoker G. Towards Holistic Government：The New Reform Agenda. New York：Palgrave，2002.

⑧ 胡象明，唐波勇. 整体性治理：公共管理的新范式. 华中师范大学学报（人文社会科学版），2010 (1).

本章小结

城市组织可以划分为私人部门和公共部门两类。私人部门基于市场机制进行活动。市场机制是最有效率的资源配置方式，但也存在失灵问题。市场失灵为公共管理提供了正当性。如市场失灵一样，政府行为也存在失灵问题。政府失灵主要表现为政府部门扩张、公共决策失误、政策执行低效、行政成本高、再分配不公、政府腐败等。

“供应”与“生产”的概念区分为公共产品的多中心供给机制提供了理论支持。公共产品供给的具体制度安排主要有政府服务、政府间协议、政府出售、合同承包、特许经营、政府补助、凭单制、自由市场、志愿服务、自我服务十种。

城市统治权是城市政治学研究的核心问题之一，学者们提出了不同的理论解释。代表性的理论有精英主义理论、多元主义理论、增长机器理论、城市机制理论。城市治理的代表性理论有多中心理论、新公共管理理论、自主治理理论、协同治理理论、整体治理理论等。

关键术语

公共部门　私人部门　市场失灵　公共产品　政府失灵　城市治理

复习思考题

1. 简述公共部门的主要特征。
2. 试论市场失灵的含义和表现。
3. 试论城市公共管理的基本使命。
4. 试论政府失灵的含义和具体表现。
5. 简述城市公共产品的含义和类型。
6. 试论城市公共产品的多中心供给机制。
7. 试论城市公共产品供给的具体制度安排。
8. 试论关于城市统治权的代表性理论。
9. 试论城市公共事务治理的代表性理论。

第4章

国外市政体制

市政体制是城市政府组织结构、职能配置、管理方式和运行机制的总称。研究市政体制，既要从中国国情出发，植根于国内政治和历史环境，总结自身经验，也要具有全球视野，研究国外多样化的治理结构，借鉴国外城市管理的有效制度安排。

重点问题

- 西方国家的城市自治制度
- 西方国家市政体制的类型
- 议会经理制的优缺点分析
- 西方国家市政体制的特点
- 美国市政体制和市政职能
- 大都市区的公共治理变革

4.1 国外市政体制概述

4.1.1 国外城市自治制度

1. 城市政府的政治地位

城市政府的政治地位是指城市政府在国家治理中所处的地位，它反映了城市政府在公共事务治理中的自主程度。城市政府的政治地位受制于国家的结构形式。国家结构形式有单一制和联邦制之分。在不同的制度安排下，城市的政治地位具有很大差异。

在联邦制下，联邦政府与成员政府实行法定分权，成员政府具有相对独立的政治地位。以美国为例，各州政府与联邦政府之间没有隶属关系，它们各自在宪法划定的职权范围内行使权力。联邦政府无权干预各成员政府之下的地方政府。设市是州政府的专有权力，联邦政府不得干涉。不同州政府的制度取向不同，因此，联邦制国家的市政体制具有多样性的特征。

在美国，地方政府由各州设立，联邦政府无权管辖和干预。在州之下设有县（county）、市（municipality）、镇（township）和特区（special district）、学区（school district），地方政府有 87 000 多个①。县、市、镇和特区、学区之间没有行政隶属关系。其中，特区和学区履行相对单一的行政管理功能，它们与其他地方政府的管辖区域交叠。据美国人口调查局（United States Census Bureau）2002 年发布的统计数据，全美总共有 19 429 个城市，其中，超过 10 万人口的城市有 241 个（见表 4-1）。美国城市的管辖区面积都不大，大都市区存在多个市政府。

表 4-1　美国城市人口规模分布表

人口	城市数量
30 万及以上	58
200 000～299 999	30
100 000～199 999	153
50 000～99 999	364
25 000～49 999	643
10 000～24 999	1 436
5 000～9 999	1 637
2 500～4 999	2 070
1 000～2 499	3 677
1 000 以下	9 361
总计	19 429

美国联邦宪法没有涉及地方政府的规定。各州在遵守联邦法律的前提下对地方政府享有全权。各州设置城市的标准不一样。例如，在俄亥俄州，超过 5 000 人的一体化社区就是城市，低于 5 000 人的社区则为村镇。有的州规定 1 000 人以上的一体化社区就可以申请设市。在美国，申请设市须由社区居民提出申请，并经地方公决获得多数居民的同意，由州政府通过立法或特许状形式设立市政府并授予自治权。州政府根据人口规模情况，对人口多的大城市颁发具有更大权力的特许状，小城市的特许权力要相对小些。

在单一制下，地方与中央的关系不是法定分权关系，而是命令和服从关系。地方政府必须接受中央政府的统一领导。由于历史不同，不同的单一制国家，城市政府的政治地位也不相同。英国具有地方自治传统，早在 1835 年，英国议会就通过了《市自治团体法》，以法律形式赋予城市自治权。法国的中央集权特征明显，市镇的自治权相对较小，须接受中央和上级政府的行政控制。在市政府要求扩大自治权的压力下，法国城市的自治权也呈扩大趋势。

① 在美国地方政府体系中，95%的城市人口少于 2.5 万，74%的县人口少于 5 万。

2. 西方城市自治制度的特点

城市自治是指中央（联邦）政府或上级政府依法将城市公共事务的治理权力交给经市民选举产生的自治机关，由该自治机关对城市公共事务实行自主管理。在城市自治制度下，自治机关并不拥有主权地位，其行使权力须有国家授权或依据国家法令，并且必须接受全国和上级政府的监督，但城市自治提升了市政府的民有、民享和民治程度。概括来讲，各国城市自治制度具有以下共同特点：

（1）通过立法形式赋予城市自治机关自治权。

在地方自治制度下，市政府的自治权由宪法和法律规定，非经法律允许，中央政府不得干涉城市自治范围内的事务。西方各国普遍制定有地方自治法律。城市自治不同于城市自决，中央政府保留国家主权（国防和外交）、有权制定全国性经济和社会政策，采取行动确保国家统一和团结；城市政府承担与市民利益关系密切的事项，如教育文化、医疗卫生、住房道路、消防救灾、促进旅游、环境保护、城市规划等。

（2）市自治机关由市民直接选举产生。

在城市自治制度下，市议员由市民直接选举产生。市民参与选举并有权决定城市自治机关人选，这是城市自治的最显著特征。发达国家的市议会和行政机关的规模普遍较小，市议会人数最少的只有几名议员，大城市（如纽约、巴黎）议会的议员也都在 100 人以下。市议员和市长大多经市民直接选举产生，他们对市民负责，政府贴近基层、贴近民众，能够对市民需求及时做出回应。

（3）市政府负有自主治理和执行中央政令的双重职责。

市政府既承担着城市自治范围内的事务，也承担着一部分中央委托的事项。一方面，市自治机关对城市公共事务享有广泛的管理自主权；另一方面，全国性法律同样适用于城市治理，遵守并执行这些法律是市政府的分内职责。城市政府在法律的框架内，并在国家的监督和辅助下，根据当地居民的愿望和要求处理城市公共事务。

（4）市政府有权通过法律手段抵制中央越权干预。

城市自治具有一定的保障机制，市政府可通过法律手段抵制中央干预城市自治范围内的事务。为了保障市政府的自治权力，西方国家在法律上做了一项制度安排，即当城市认为中央干涉其自治事务时，可以向最高法院、专门法院或普通法院申诉，由法院进行裁决。这一安排使市政府可在中央政府面前维护自身合法权限。

（5）不同城市在法律关系上处于平等地位。

不同城市自治机关之间没有行政隶属关系。市政府的自治权限都来源于法律规定，彼此之间在法律关系上处于平等地位。在实践中，由于大城市的公共产品和服务供给经常延伸到周边市镇的管理区域，大城市常常协调、指导并监督周边市镇的管理活动。

4.1.2 国外市政体制的类型

西方国家的市政体制具有多样性，常见的市政体制有议会市长制、市长议会制、市议会制、市委员会制和议会经理制等。

1. 议会市长制

实行议会市长制（council-mayor form）的城市，其议决机构和行政机构分设，市议会在与市长的关系中处于优势地位。市长只有一些礼仪性的职权，包括主持议会会议、出席重要庆典活动、会见重要宾客、授予荣誉称号等。日本各城市都实行这种市政体制。美国有些中小城市和少数大城市（如芝加哥、洛杉矶）采用此制，通常称之为“弱市长制”（weak-mayor form）。德国黑森州的部分城市也采用此制。

以日本为例，议会市长制的基本特征是：（1）市议员和市长分别由市民选举产生，市长不得兼任市议员。（2）市议会拥有不顾市长反对而通过预算、地方性法规和决议的权力。市议会通过这些文件后，如果市长有不同意见可要求复议，但市议会再以超过2/3多数重新通过后，市长必须接受。（3）市议会对市长任免政府部门负责人拥有批准权。（4）市议会对市长和市政府的工作有调查权。市议会行使调查权具有准司法性质，有权要求市长和市政府有关部门提供文件或到场作证。（5）市议会拥有通过不信任案而要求市长辞职的权力。

美国的弱市长制是杰斐逊[①]式民主的产物。在这种民主观看来，如果一个政治家只拥有少量权力并且经常受到检查，他在堕落腐败的时候只能造成较少的损害，而不至于损害到整个城市政府。弱市长制的特征在于：（1）选民分别选举产生市长和市议会。（2）市议会不但掌握着立法权，而且掌握着行政执行权，可以直接任命一些重要部门的行政首长，并对市长委任的官员拥有批准权。（3）市长的权力受到限制，市长与市议会分享权力，有时还得与经选举或任命产生的官员组成的一些委员会（boards/commissions）分享权力。（4）市议会对市政预算拥有基本的控制权，主要通过市议会的预算或财政委员会发挥作用。

议会市长制（弱市长制）的组织结构参见图4-1。

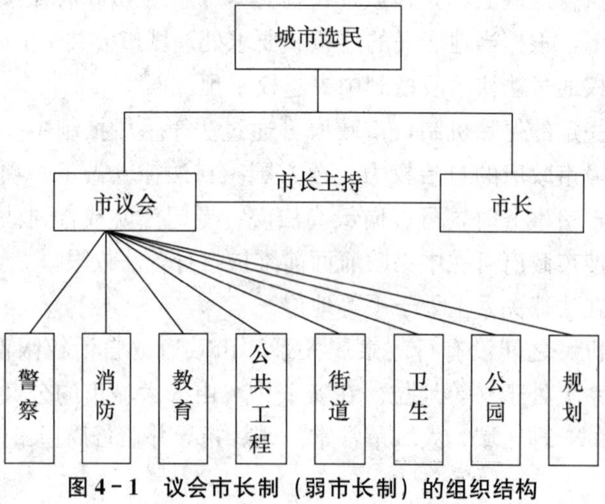

图4-1 议会市长制（弱市长制）的组织结构

资料来源：PELISSERO J P. Cities，Politics and Policy：A Comparative Analysis. Washington，D. C.：CQ Press，2003：15.

① 美国第三任总统，主张地方自治和分权管理。

在弱市长制下，属于市政府工作部门序列的行政机关对市长和市议会双重负责。重要的行政部门负责人由议会直接任命，其他行政部门负责人以及委员会的成员由市长提名，经市议会表决同意后，再由市长任免。行政机关有责任向市议会报告工作。弱市长制是美国建国早期的市政体制设计，当时的城市规模较小，市政管理也比较简单①。弱市长制的优点是有利于市议会监督市政府的工作，其缺点是市议会对市政府工作不适当的监督可能会降低行政效率。

2. 市长议会制

实行市长议会制（mayor-council form）的城市，其议决机构和行政机构分设，市长在与市议会的关系中处于优势地位。法国所有城市都实行市长议会制，市长在每次市议会选举后由议员选举产生，市长不仅是议会的议长，也是中央政府的代理人和代表。市长虽然由议会选出，但市长一旦任职，议会便无权罢免，只有中央政府有权撤销市长的职务。美国多数大城市（如纽约、底特律、波士顿）也实行这一市政体制，人们通常称之为“强市长制”（strong-mayor form）。德国的巴伐利亚州、巴登-符腾堡州的许多城市也采用市长议会制。与其他西方国家相比，法国的市长具有相当高的权威和相当大的权力。在美国的强市长制以及德国的市长议会制中，市长的权力都远远不及法国市长的权力。

以美国的强市长制为例，市长议会制的基本特征是：（1）市长和市议员都由市民选举产生，市长和市政府工作部门的首长不得兼任市议员。市长是城市的行政首脑，拥有全部行政权威，负责有效执行法律以及规章制度。（2）市议会有权制定规章制度和当地法律，制定具体的发展规划，对市政府的各类活动进行拨款。（3）市长有权独立任免市政府各工作部门的首长，这些任命无须得到议会批准，各部门首长只对市长负责。（4）财政预算权主要掌握在市长手中。市长和市政府的财政部门具有预算的起草权和执行权。市议会审议和通过预算，不能增加项目，只能减少项目或数额。（5）市长有一定的立法权，市长和市议会联合制定政策。市长有权向市议会提出立法草案，创制规章制度。市长可以对市议会通过的法规和决定行使一定的否决权（除非议会再次以 2/3 或 3/4 的多数通过）。

市长议会制（强市长制）的组织结构可参见图 4-2。

强市长制要求市长既是一名出色的政治领导者，又是一位精明的行政管理者，但很多市长候选人很难同时具备这两个特征。而且，在城市治理中，市长与议会之间经常会产生冲突。在这种情况下，立法和执行之间就可能存在持续的僵局。如何才能保证城市管理顺利运行呢？在一些实行强市长制的大城市演化出特殊的“首席行政官强市长制”，即由市长任命一位首席行政官（chief administrative officer，CAO），他根据市长的授权，领导市政府日常行政管理工作，只对市长负责，不对议会负责②。首席行政官的职责包

---

① 在美国历史上，议会在城市政府中占据主导地位，但随着城市的成长和治理的日益复杂化，负责行政事务的首席执行官逐渐获得了越来越多的权力。在今天看来，弱市长制已经不太适应大城市的行政管理需要。美国大城市治理的基本趋势是偏爱强市长制。对于小型城市而言，弱市长制仍然很普遍。MORGAN D R，ENGLAND R E，PELISSERO J P. Managing Urban America. Washington，D.C.：CQ Press，2007：68-69.

② MORGAN D R，ENGLAND R E，PELISSERO J P. Managing Urban America. Washington，D.C.：CQ Press，2007：70.

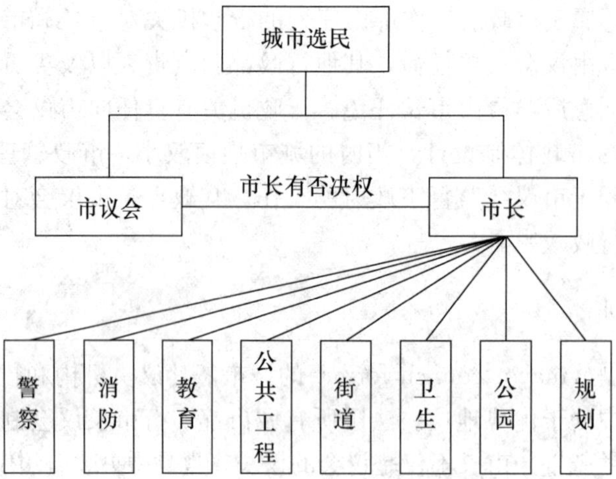

图 4-2　市长议会制（强市长制）的组织结构

资料来源：PELISSERO J P. Cities，Politics and Policy：A Comparative Analysis. Washington，D. C.：CQ Press，2003：15.

括准备财政预算、进行人事安排、协调各部门工作、监督行政部门负责人、向市长提供咨询意见等。在这种市政体制下，市长能够集中精力处理重要问题，如考虑大政方针、从事竞选连任、协调政治关系等。市长议会制的优点是市政府由行政首长进行统一指挥，有利于提高行政效率；缺点是由于市长大权在握，市议会的制约力较弱，容易引起市长专权并激化府会矛盾。

3. 市议会制

市议会制（council form）由市议会兼行议决权和行政权，市议会就是市政府。英国各城市普遍实行这种市政体制，加拿大多数城市也采用市议会制。

以英国为例，市议会制的基本特征是：

（1）由市民直接选举的市议员组成市议会。市议会行使立法权、议决权、人事任免权、政府预算权、监督行政权等。

（2）由议员选举其中一位议员为市议会议长，即市长。议长（市长）任期一年，只有一些礼仪性的职权，包括主持议会会议、出席重要庆典活动、会见重要宾客、授予荣誉称号等。市长在市议会表决时，一般不投票，但在票数相等时，可投决定性一票。市长没有决策和指挥等行政实权。

（3）市议会设立有若干委员会，它们既行使审议议决权又行使行政决策权。

（4）市议会任免若干行政长官，聘任一些行政职员。行政长官及行政职员与议会委员会对口设置，共同行使行政执行权。

市议会制的组织结构可参见图 4-3。

由于市议会设立的委员会由议员组成，他们难以有足够的精力处理城市管理的日常事务，而城市管理存在大量具体事务需要及时处理，因此需要任免若干行政长官和行政职员。行政长官对市议会负责，与议会委员会分工协作，单个市议员无权对行政长官和行政职员发号施令。市议会制的优点是有利于维护市议会的权威性，有利于市

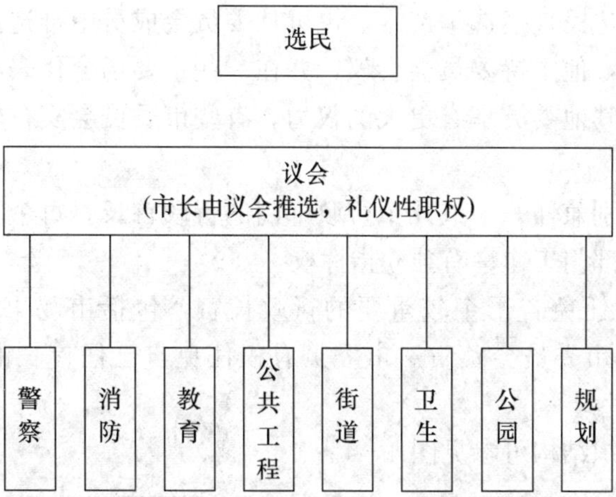

图4-3　市议会制的组织结构

议会对城市管理的监督，有利于减少议决机构与行政机构的矛盾；其缺点是市长没有实权，不能对市政管理实施统一指挥，不利于协调各部门工作，对行政效率也可能产生不利影响。

4. 市委员会制

市委员会制（commission form）类似于市议会制，即由市委员会兼行市政管理的议决权和执行权。市委员会制与市议会制的区别在于：市委员会的成员并非都由市民选举产生，部分成员可能由上层政府任命产生。美国有3%的小城市采用这种体制，人口在25万～50万的城市只有3个采用此制，分别是俄勒冈州的波特兰、明尼苏达州的圣保罗、俄克拉何马州的特尔塞，首都华盛顿-哥伦比亚特区也实行这种市政体制。50万人以上的美国城市则没有采用这种形式的。作为美国地方政府类型之一的特区则普遍采用委员会这种管理体制。

市委员会制由少数委员掌握所有的立法和行政权力，委员们集体履行市议会的职责，通过决议、制定法案、征税和拨款。市委员会制的优点是有利于精简机构和人员，有利于议决权和行政权的统一，缺点是缺乏统一指挥，经常出现协调困难。近年来，美国的市委员会制正在走向衰亡，除承担单一服务功能（水供应、住房和社区发展、卫生、医院、学校、机场、污水处理、公共交通、图书馆、高速公路、自然资源、工业区等等[①]）的特区外，许多原来实行该制的城市都修改了市宪章，转而采用市长议会制或议会市长制。

市委员会制的基本特征是：

（1）由市民选举或上层（州、县）政府（州长、县长、议会）任命产生市委员，组成市委员会。在美国，市委员会的委员通常为5人。委员会实行集体负责制。委员会既制定政策又执行政策，实行集体领导和分工管理。

① BURNS N. The Formation of American Local Governments: Private Values in Public Institutions. New York: Oxford University Press, 1994.

（2）市长既可由选民直接选举产生，也可从委员会成员中推选产生。市长是委员会主席和市政府的代表，他主持委员会会议，并在一些重要场合代表市政府。但市长在立法和管理方面并不比其他委员享有更大的权力。有些市委员会实行轮流主持会议和担任市长的制度。

（3）每个委员分别兼任一个或几个行政部门的行政首长。每个委员就本部门工作对委员会负责，并对本部门工作享有独立指挥权。

（4）委员会表决任免若干个较重要的行政长官，包括市秘书、市司库、市审计、市检察官等，他们对市委员会负责。市委员有权任免自己任首长的工作部门的官员和职员。

市委员会制的组织结构可参见图4-4。

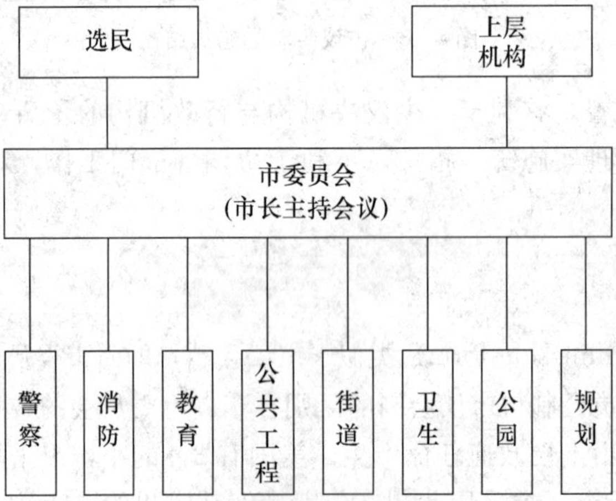

图4-4　市委员会制的组织结构

5. 议会经理制

议会经理制（council-manager form）起源于美国弗吉尼亚州的斯汤顿市，1908年该市议会制定一项法案，决定设立总经理一职[①]。1913年俄亥俄州的代顿市为处理特大洪灾，也采用了议会经理制，成为第一个采用该制的美国大城市。议会经理制是20世纪美国发展最快的市政体制。21世纪初，美国超过2 500人的城市已经有一半实行这种市政体制[②]。该制在组织结构上与私人公司相似，由市议会聘任一位市经理，把行政权授予市经理行使，市经理对城市公共事务进行专业化管理。美国部分中等城市和多数小城市实行这种市政体制。

议会经理制具有以下基本特征：

（1）由市民选举市议员组成市议会，市议会的人数很少，一般为5～7人，而且党派色彩很弱。

（2）市议会负责制定政策、通过法令、选举拨款、监督行政。市议会不直接从事行

---

① NEWELL C. The Effective Local Government Manager. 2nd ed. ICMA，1993：2.

② 罗森布鲁姆，克拉夫丘克．公共行政学：管理、政治和法律的途径．北京：中国人民大学出版社，2002：123.

政管理工作，主要是监管市政府的行政管理活动。

(3) 市议会公开招聘一位专业人士担任市经理，市经理对市议会负责，必须执行市议会通过的地方性法规和决议。作为市政府的行政首长，市经理拥有领导市政府工作所必需的完整权力，包括：任免市政府各部门的负责人，各部门的负责人只对市经理负责；统一指挥和协调市政府各部门的工作；编制预算草案并负责执行；向市议会提交地方性法规和决议的议案；等等。个别市议员无权对市经理发号施令，也无权越过市经理干预市政府工作部门的具体事务。

(4) 市长由市议会选举产生或议长兼任，也可由选民选举产生，市长是荣誉性职务，没有实际行政指挥权力，也无权干预市经理的工作。

议会经理制的组织结构可参见图4-5。

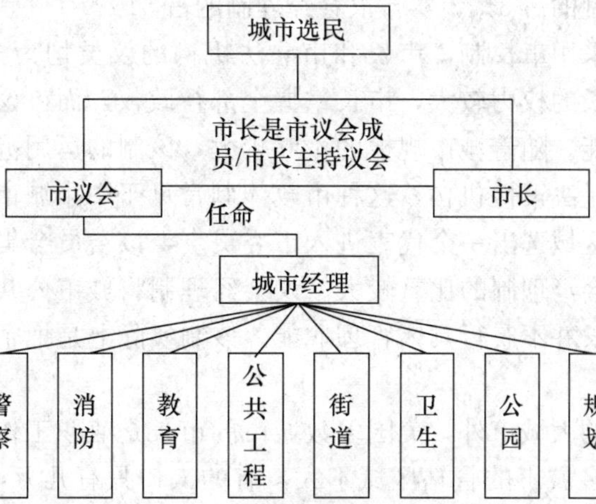

图4-5　议会经理制的组织结构

资料来源：PELISSERO J P. Cities，Politics and Policy：A Comparative Analysis. Washington，D. C.：CQ Press，2003：16.

议会经理制的优点是：(1) 有利于引入市场竞争机制，能够更广泛地招揽优秀专业人才负责市政管理；(2) 将私人部门的企业化运营模式引进市政管理领域，实行权能分立，清除了政治因素对行政工作的影响，有利于实行专业化管理，从而提高城市管理的效率和效益；(3) 有利于节约财政资金，减少纳税人支出；(4) 有利于把政治矛盾与城市管理相对分开，有利于将政府的"掌舵"职能与"划桨"职能分开，市议会负责处理政治矛盾和把握政策方向，而市经理集中精力解决专业和技术问题。

议会经理制的缺点是：(1) 当城市发展和利益冲突导致的各种政治矛盾交织在一起，而市议会不能有效聚合各种利益和正确把握政策方向时，市经理往往无能为力；(2) 尽管从制度设计上讲，市经理不参与政策制定过程，但专职（full-time）工作的城市经理往往会向兼职（part-time）性质的市议会提出相当多的政策建议；(3) 市经理拥有广泛的执行权，但不直接对选民负责，选民只能通过间接途径对政策执行施加影响，这在一定程度上影响政府的回应性。

4.2 国外市政体制举要

4.2.1 美国市政体制

1. 市政体制的类型

美国市政体制主要有市长议会制（强市长制）、议会市长制（弱市长制）、市委员会制和议会经理制四种类型。其中，实行市长制（包括强市长制和弱市长制）的城市约占43%，实行市委员会制的占3%，实行议会经理制的占51%①。

美国大城市普遍采用市长制，市长和市立法机构的议员均为全职并有薪金。其中，强市长制的特点是市长的权力较大，市长掌握全部行政权，而市议会的权力较小，市议会只有立法和代议职能。随着城市规模的不断扩大，该制的运用范围越来越广泛。弱市长制的特点是市议会是决策性机构，这种市政体制常见于中小城市。市委员会制将城市分成几个区域，每个区域选出一个代表进入市委员会，该委员会集决策权和执行权于一身。中小城市采用议会经理制的比重较大。议会经理制将城市公共事务的管理权集中于市经理，市议会和市长并不履行具体管理职能。该制实际上是把企业管理制度运用于市政管理。

除具有一定规模的大城市外，美国多数城市的市长是兼职工作，领取部分薪水，有的甚至不领薪水。许多城市的管辖区域不大，有的人口只有几万，有的甚至不到一万。小城市的市长在自我介绍时，更愿意说自己的职业是教授、律师、医生、企业家等。2005年，在密歇根州的希尔斯代尔市，一名18岁的高中生参加竞选并当选市长，他边上学边当市长②。

2. 城市议会

美国城市议会大多由5～7人组成，少数大城市的议会超过10人。其中，纽约和芝加哥拥有全美规模最大的城市议会。纽约市议会是51人，芝加哥为50人。洛杉矶是美国的第二大城市，市议会却只有14人。统计数据显示，大城市议会平均为7人。其中，弱市长制的议会一般为3～9人，强市长制的议会一般为3～7人，市委员会制的委员会一般为5～7人，议会经理制的议会一般为5～9人。

除大城市外，绝大多数城市议会的成员是兼职的。人口在25万～50万的城市，大约有2/3的市议会实行议员专职制。实行专职议会的城市大多实行市长议会制或议会市长制。在议会经理制下，只有10%的城市实行议员专职制。

---

① PELISSERO J P. Cities, Politics and Policy: A Comparative Analysis. Washington, D.C.: CQ Press, 2003: 15.

② 李经. 18岁少年市长初露锋芒. 新京报, 2005-12-01.

市议员选举有三种方式[①]：第一种是分区选举，即划分选区，每个选区选出一个议员。美国约有15%的市议会实行分区选举。第二种是不分区选举，即在全市范围内选举议员。大约65%的城市实行不分区选举。第三种是混合选举，即部分议员由分区选举产生，部分议员由不分区选举产生。由于分区选举和不分区选举各有利弊，混合选举就产生了。美国有20%左右的市议会实行这种选举方式。一般是，2/3的议员来自分区选举，1/3的议员来自不分区选举[②]。

阅读材料

我在美国当市长助理

山东省实施中青年干部出国培训计划。我前往美国纽黑文市政府实习，实习岗位是市长特别助理。

1. 纽黑文市设立各种委员会以保证政府决策的正确性与行政运作的高效

根据纽黑文城市宪章，纽黑文市不设副市长，城市设各种委员会，不存在你琢磨我、我琢磨你的内耗，行政部门也没有副职。城市的各种委员会，包括公共管理委员会、教育委员会等，既有官员参加，也有专家参加。这些委员会保证了官员决策正确、办事效率高。

约翰市长主持的许多会议有个特点，就是与会者发完言，会议就算开完，他很少做长篇总结，也不形成像我们通常要形成的会议纪要之类的东西。对此，我感到不解。市长向我解释："我是行政首长，要对决策负责。我对许多问题在会前就已经形成了自己的看法，开会只是验证一下我的看法是否正确而已。如果我的看法与大家一致，我就没必要讲了。当然，如果见解不同，我们自然要展开讨论。"他开展工作，形式的东西很少。每年，市政府都要评选最佳警察。在国内，我们通常的做法是开表彰大会，领导讲话、发奖、代表发言。而约翰市长就在办公室，警察局局长带着被评选出的几个警察进来，讲述评选过程后，市长颁发勋章，时间20分钟，没花一分钱。

2. 在城市自治体制下，美国市长对选民和议会负责，总统来了也不接待

有一天，我看新闻得知副总统戈尔到了纽黑文市，但约翰市长却置若罔闻，继续按他的原定日程安排活动，我感到很吃惊。会后我问他："戈尔来了，你怎么不出面？"没想到他更吃惊地反问我："我为什么要出面？美国市长是对下负责，对选民负责，对议会负责，副总统来了也不接待。"当市长助理时间长了，我认识到，在地方自治体制下，美国的地方政府是公共服务型政府。市长主要对下负责，不太对上负责，州长来了，甚至总统来了，他也不必接待。每个城市建立自己的宪章，城市宪章只要符合联邦宪法和州里的宪法就行，市长依据城市宪章开展工作。

---

① MORGAN D R，ENGLAND R E，PELISSERO J P. Managing Urban America. Washington，D.C.：CQ Press，2007：76-77.

② 例如，印第安纳波利斯市议会由29名议员组成，其中25人由分区选举产生，4人由不分区选举产生，参见印第安纳波利斯市议会网站（http://www.indygov.org/eGov/council/home.htm）；印第安纳州的布鲁明顿市议会由9人组成，其中6人由各选区选举产生，3人由全市范围内不分区选举产生（http://bloomington.in.gov/council）。

另外一件事也让我对约翰市长的“对下负责”留下深刻印象。纽黑文市准备修一座桥，要求州里拿钱，但多次向上争取转移支付，都未能如愿。市长给州长写信，对州政府表示强烈不满。他还把记者叫到办公室，发表批评州政府的演说。第二天，他的演说就在政府网站和当地报纸上登了出来。

市政府办公大楼进门处就是市民服务中心。几个担任咨询工作的老太太非常平易近人，市民咨询各种问题，她们都耐心解答。市长每天都要求市民服务中心报一个单子，了解当天哪些市民咨询了哪些问题，处理结果如何。市民如有投诉，他会亲自查。市长经常去学校，组织富人区学校和穷人区学校对接，搞一些联谊活动。防治乳腺癌的活动他也亲自参加。

纽黑文市只有12.4万人，财政支出却高达6亿多美元。在巨额财政支出中，60%是社会保障类，第二是教育支出，第三是利息支出，第四是公共福利支出，公务员工资支出所占比例很小。

3. 政府官员就是雇员，其权力有限且受制约，自由决策的空间很小

纽黑文市的城市宪章规定，决策和审批两项权力都掌握在议会和市长手中。各部门只有执行的权力。政府框架很像企业的管理机制，官员就是雇员，是给政府干活的，与企业雇员一样。官员没有秘书，很不气派，到哪个地方去，都没有什么人来求你。我去过一个水加工企业，根本没有前呼后拥，厂长也没出来接待，只有一个负责公共关系的人出面接待。

有一次，市财政与审计局局长写给约翰市长的一份报告先被送到了我的办公室。内容是这位局长发现有两名警察延长了休假时间，警察局局长批准他们休假3天，可在第4天这两名警察没有按时上班。报告请示：是对这两名警察进行扣罚，还是允许继续休假。我查阅了市里的有关规定，发现警察局局长只有批准警察休假3天的权力，超过3天必须由市长批准。约翰市长问我有什么看法。经过调查，我了解到这两名警察在最近一次执行任务时受过伤。我走访了医院，查看了有关他们的病情记录，并咨询了院方的意见，建议市长批准两名警察继续休假。这件事给我留下的印象很深。在美国的政府组织机制中，无论你的官职多大，手中掌握的权力都是有限的，而且受到制约。在有限的权力中，绝大多数还只是常规性决策，自由决策的空间十分有限。

4. 政府不直接参与经济活动，而是致力于搞好公共服务，间接促进经济发展

约翰市长曾和我谈起有关政府职能的问题。他问我：“你在中国干过市长，与我在工作内容上有什么区别?”我坦诚地说：“最大的区别是你好像不太管经济。”我在山东省当市长期间，主抓经济工作。财政、税收、审计、就业、教育、科技、文化、卫生、计划生育、人事、社会治安、环境保护等当然要管，就连企业上什么项目、农民地里种什么也要去管。而我感到约翰市长更多的是在忙教育、环境、卫生、治安、消防等基本服务的事。

“是不是美国的市长都不太关心经济，在经济上投放的精力不多?”我反问约翰市长。约翰市长回答说：“你问得有道理，但不能说我们的政府不关心经济。不知你注意到没有，美国的500强企业中总部坐落在康涅狄格州的最多，纽黑文也有不少。”“为什么大公司总部愿意设在纽黑文市?因为纽黑文有很好的地理区位和交通优势，特别是有很好的发展环境和居住优势。”约翰市长解释说。

这给了我很大启发，纽黑文市政府通过抓环境建设间接地促进经济发展，而不是直接干预经济活动，直接投资和管理企业运营。相比之下，我们对经济活动的直接干预较多，政府抓经济事无巨细，管了许多不该管的事，操了许多不该操的心，结果还适得其反，吃力不讨好。

5. 公私分明是对政府官员的起码要求，否则纳税人不会答应

经过几个月时间的接触，我和约翰市长结下了友谊。在我的市长助理任期将要结束时，约翰市长说："按照中国的礼仪，我要请你吃顿饭。可是，在外边用公款吃饭不能超过 9 美元。我请你到我家吃顿饭吧。"结果，在市长家里，我吃了一顿西式晚餐。我翻阅过纽黑文的城市宪章和有关法律法规，这个城市的预算是很具体的，小到一杯咖啡、一个图钉都规定得很仔细，职务消费的预算控制尤为严格。一整套良好的制度使得政府官员极难有腐败现象。

在纽黑文市政大楼，我每天都看到市长自己开着私家车来上班，然后停在指定位置，上班后办理公务换用公车，下班时，他又开着私车回家。市政大楼有个停车场，市长停车都是自己交钱。约翰市长说："公私分明，这是对政府官员起码的要求，否则纳税人不会答应。"

资料来源：李群. 我在美国当市长助理. 北京：新华出版社，2004.

4.2.2　英国市政体制

英国是议会民主和地方自治制度的发源地，城市普遍拥有自治权。城市自治并不意味着市议会在所有事务上都有自主权。市议会掌握属于城市自治事务的自由裁量权，也有些城市事务由中央政府设立的派出机构直接管理。这就是说，英国城市自治是在法律范围内的有限自治。根据英国《地方政府法》的规定，市政府的主要职责包括：保障公共安全（警察、消防），提供基础设施，提供公园和休闲场所，维持公共秩序，搞好环境卫生（垃圾收集与处理、环境保护等），制定城市发展规划，发展公用事业，发展城市文化（图书馆、博物馆、美术馆等），提供公共服务。

1. 城市议会

英国城市很早就设有议会，城市议会集立法权和行政权于一身，实行议行合一体制，行政权由议会内部设置的若干行政委员会行使。市议会由选民直接选举产生的议员组成。市议员每届任期 4 年，届满全部改选或改选 1/3。1972 年，英国废止了城市参议员，市议会不再设参议员。议会领导人为议长，由全体议员选举产生，议长通常就是市长。市长任期一年，可连选连任。市长除主持市议会事务外，多数活动是礼仪性的，并不比其他议员拥有更多的权力。

2. 议会委员会

英国市议员均为兼职，并且不领取薪金。城市行政职权由议会授权各委员会行使，

委员会根据议会的授权自行处理主管事务。市议会委员会根据议会决定案制定执行方案。市政事务首先须由议会讨论决定，然后才交给委员会执行，各委员会受议会监督和控制。议会委员会任命一些职员执行行政事务，如市议会秘书、教育官、卫生视察员、测量员等。职员对议会委员会负责并受其监督。

市议会委员会主要有两类：一是法定委员会，即根据法律规定为处理特定事务而设立的委员会，其地位受法律保护。法定委员会的职责范围非常明确。法定委员会主要有警察、财政、卫生、消防、教育等方面的委员会。二是常设委员会，其职责是处理市政日常事务，如公用事业、环境卫生等行政事务。除财政委员会和警察委员会的全体委员均须为议员以外，其他委员会可由议员和非议员共同组成。此外，市议会还设有临时委员会。临时委员会是应临时需要设立的，随着事务的结束而取消。

4.2.3 法国市政体制

法国地方行政建制中，市镇是基层行政单位。根据法律规定，所有的居民共同体不论人口多寡均为市镇，享有市镇的法律地位。市镇拥有公法人资格，具有独立的行政地位，拥有独立的预算和财政体系，对辖区内的行政事务拥有决策权。法国市镇的人口规模不一，最小的市镇不足 100 人，最大的达几百万人。超过 100 万人的城市只有 3 个，分别是巴黎、马赛和里昂。

1. 城市议会

法国《市镇法典》规定，每个市镇政府由市镇议会、市镇长及若干名市镇长助理组成。法国市镇政府的组织结构具有同质性和统一性。

法国市议会由市民普选产生。市议员一般为几人至十几人，除巴黎、马赛和里昂外，各城市议会的议员在 70 人以下。市议员职位没有报酬，也不享有司法豁免权。大城市议员享有一定的职务津贴。法律规定，任何人不得同时兼任两个市议会的议员。担任某些公共职务者，如省长、警察、职业军人等，不得兼任市议员。直系亲属不能同时担任同一市议会的议员（500 人以下的小镇除外）。市议会每季度至少开会一次，会议公开举行。

法国市议会负责设立和组织市行政机构，决定市预算并监督执行，决定公共工程及其实施方式，领导城市建设规划，审议市长签订的合同等。市议会有权创建和组织公共事业。城市公共事业分为强制性公共事业（如基础教育）和自由处置公共事业。对于强制性公共事业，市议会没有选择的自由。对于自由处置公共事业，市议会可根据需要自行决定和做出安排。

2. 市长的角色

市长既是市议会议长，又是城市的行政首脑，全面领导市政管理工作。市长由市议会在其成员中选举产生。市长的任期与市议会相同，在任期内，市议会不得罢免市长。市长对市议会不负有政治责任，如出现市议会的多数议员不支持市长的局面，市长并非必须辞职。中央政府对市长行使监督权，部长会议可颁布法令撤销市长的职务。内政部长根据省长的请求，可发布政令停止市长职务。市长对处分不服，可向行政法院起诉。

市长任职期间没有薪俸，但领取职务津贴。职务津贴由市议会在内政部提出的最高限额内确定，最高限额根据市人口的多寡而变化。城市还设若干名市长助理协助市长工作。市长助理由市议会在其成员中选举产生。市长助理是市长的高级辅助人员，其职权来源于市长的授权，他们与市长共进退。

法国市长具有双重身份：既是城市的最高行政长官，又是中央政府在城市的代理人。作为国家公务人员，市长代表中央政府履行某些职权。这些职权主要包括：在中央和省的领导下，保证法律和法令的公布与执行，领导中央下放的公共事业，组织省议会选举。在履行以上职权时，市长受省长和中央政府的指挥和监督。作为城市行政长官，市长负责执行市议会的决议和城市自治事务。在行使这方面职权时，市长的决策和指挥权受议会控制。

法国市政管理越来越多地实行委托管理和企业化运作。通过签订合同，市政府将市政管理事务委托给公共机构、公共企业或私人企业管理。委托管理精简了行政机构，提高了行政效率，同时也节省了财政开支。市政府对委托管理进行监督。如果被委托的企业经营不善，市政府可以收回经营权。此举使市民可以享受到更好的公共服务。

4.2.4 日本市政体制

日本地方政府均称为地方公共团体，均实行地方自治。日本《地方自治法》规定，地方公共团体是具有法人资格的公法人。现行地方自治体制采用“都、道、府、县”和“市、町、村”两级制，现有都、道、府、县47个（其中1都、1道、2府、43县），市、町、村3 245个。都、道、府、县为同一级行政区划单位，名称不同主要是沿袭历史习惯，在行政地位和行政职能上并无本质差别。市、町、村是设在都、道、府、县内的地方基层组织。都、道、府、县和市、町、村都享有自治地位。

1. 城市分类

日本城市分为四类，分别是政令指定市、核心市、特例市、一般市。政令指定市由中央政府行政命令指定，基本条件是人口达到50万以上；核心市的人口在30万以上；特例市人口超过20万。除上述三类城市外，其他建制市为一般市，基本标准是：人口在5万以上，从事城市业务的人口占全部人口的60%以上。

截至2012年，日本共有20个政令指定市，分别是：札幌市、仙台市、埼玉市、千叶市、川崎市、横滨市、相模原市、新潟市、静冈市、滨松市、名古屋市、京都市、大阪市、堺市、神户市、冈山市、广岛市、北九州市、福冈市、熊本市。凡列为政令指定市者，在事务分配、行政监督、组织和财政方面，享有与都、道、府、县同等的行政地位和权限。城市的规划建设、环境保护、居民生活福利等重大事务均可由市长决定，不必报都、道、府、县审批。行政区划上，政令指定市可以分区并设立区级办事机构，以提高行政管理效率。

2. 城市政府

城市政府由议决机关和执行机关（议会和地方公共团体的行政首脑）组成。市议会是市政府的最高权力机关，由选民直接选举产生。市议员人数依城市人口而变化，大体在30～100名。议员任期4年，不得兼任国会议员、其他地方议员、地方公共团体的常勤职员等职务。议会设有议长和副议长，从议员中选举产生。市议会还设有若干个委员会，实行定期会议制度。

城市政府的执行机关为市长及其工作机构。市长由辖区选民直接选举产生，任期4年。在任期内，市长如得不到议会的信任，会被提前解除职务。市长代表执行机关负责全面领导和处理该市的行政管理事务。在市长之下，设有若干辅助办事和行政执行机构，辅佐市长工作。

4.3 国外市政体制比较

4.3.1 西方市政体制的多样性

西方国家市政体制的组织形式具有多样性，市长和行政机关的职权也有很大差异。英国的市议会就是市政府，市议会总揽决策权和执行权，市长只有名义性和礼仪性的职权。而在法国，市长在执行中央政府的意志和政策时，不受市议会的监督和制约。日本的市长和市议会虽然分别由选举产生，但市议会却有较大的监督行政权。美国市政体制有市长议会制、议会市长制、市委员会制和议会经理制等形式。

西方国家市政体制之所以呈现出多样化特征，其主要原因在于：

（1）各国政治和历史传统不同。英国是号称“议会之母”的国家，议会独揽议决权和行政权。法国素有中央集权的传统，市政体制带有明显的市长集权色彩。日本市政体制是二战后在美国的指导下设计的，其要旨是扩大议会权力，加强市议会对市长和行政机关的监督。

（2）各国国家结构形式不同。在联邦制国家，地方政府是州政府的派生物，联邦政府无权直接干预，各州的地方治理制度不同，多样化的市政体制也就不足为怪了。

（3）各国普遍实行地方自治。市议会在地方自治事务范围内，有权决定市政体制和市长职权，有权决定政府机构设置和公共产品与服务的供给机制。

4.3.2 西方市政体制的共性

西方国家的市政体制形式多样，市长和行政机关的职权也有差异。总结西方发达国家的市政体制，可得出一些共性特征。

1. 城市政府为基层行政单位

发达国家一般以市镇为基层行政单位。美国在州之下的各类地方政府——县、市、镇和学区、特区，彼此之间互不隶属。日本的市、町、村与都、道、府、县之间，也没有领导和被领导关系。除少数大城市外，发达国家的城市普遍不再下辖区和县。一方面，这是由于城市面积普遍不大，没有必要分区；另一方面，随着城市规模的不断扩大，市区人口不断向郊区迁移，导致卫星城镇不断增加，这些卫星城镇达到一定规模以后，就会申请设置自治市。此外，从历史的角度看，西方的县普遍先于市而存在。随着城市化的发展，新市镇在县的辖境内不断出现并要求自治，但县仍然主要代表农村居民的利益，它并不受制于市。

2. 城市政府普遍享有自治权力

发达国家虽然划分有地方行政层级，但主要不是为了层级节制，而是为了方便管理以及更好地提供公共产品（服务）。无论是英美法系国家还是大陆法系国家，地方政府的职责权限都有明确分工，即一级政府所管的事务，另一级政府一般不重复管理。这种纵向分权体制，界定了市政府拥有不同于其他地方政府的治理职能，市政府普遍享有自治权力。它不同于我国从中央到地方各级人民政府所管事务大致相同、层层受到上级节制的模式。在美国，自治宪章是城市自治的法律基础，美国有 40 多个州授予城市制定自治宪章的权力。对于纯粹的城市问题，由城市自治体负责管理，州政府不得制定州法①。

3. 议会在城市管理中扮演重要角色

市议会行使立法权、议决权、重大人事任免权、监督行政权和财政预算权等。市议员由市民直接选举产生，对其所代表的选民负责。市议会对市长和市行政机关的活动进行监督与制约。在不同国家，市议会的政治地位具有一定差别。一般而言，英美法系国家的市议会的主导作用更为突出。英国市议会不仅执掌立法和决策，而且领导行政部门具体执行。大陆法系国家的市议会发挥的作用相对弱些。在意大利，市长在小城镇处于支配地位，议会在中等城市控制局面，行政机关则在大城市把持权力。

4. 实行公共产品的多中心供给体制

20 世纪 80 年代以来，伴随着市场化、私有化和民营化浪潮，西方国家在市政管理领域兴起了新公共管理运动。新公共管理把私人管理和市场机制引入公共管理领域，城市管理更多地依赖私人机构。受新公共管理运动的影响，市政府愈来愈多地利用私人企业和社团组织提供公共产品和服务。私人公司参与包括供水、排水、污水处理、废物收集和处理、供暖、交通、住房、文化、娱乐、体育设施等公共事业。

---

① 例如，加利福尼亚州的宪章规定："市宪章有权规定该市可以制定并执行的有关地方性事务的一切条例与规章，但应符合该宪章所限定的范围；有关其他事务的立法应符合一般性法律。"根据该宪章，下列事务可以在自治宪章中予以规定：（1）市警察的设置与管理；（2）市的全部或部分下属行政机构；（3）市政选举的组织；（4）市公务员的人事管理。苏鹏飞．从伯克利市宪章看美国的地方自治制度．美国研究，1999（3）.

4.4 大都市区治理改革

4.4.1 大都市区的形成和发展

从20世纪50年代开始，发达国家城市的发展模式发生变化。一方面，城市工业和科学技术高度发展，导致人口、资金和技术以更快的速度向大城市及其周围地区集聚；另一方面，随着城乡之间交通的高度发达，城市发展模式由长期的中心集聚转而向多中心和郊区化发展。大城市的周边地区由于交通方便、自然环境优美，成为住宅建设首选地区，许多高收入家庭相继迁往郊区居住。为了减轻城市中心地区的人口、环境和就业压力，一些特大城市也有意识地在郊区规划建设新城。随着郊区住宅区的形成，工业和零售业也出现外迁趋向，造成郊区急剧扩张和市镇化，大城市的边缘地带涌现出许多新城镇。

这种城市集聚和扩散的双向运动，推动着大城市地域迅速扩张和膨胀，与周围的市镇逐渐连接，融为一体。同时，由于城市外迁人口仍在中心城市上班，郊区与中心城市之间形成了稳定的社会经济联系。这样，就形成了中心城市与周边市镇具有内部关联、空间层次、地域分工和连带景观的巨型地域综合体，形成了以大城市为核心，包括周围市镇的大都市区。在经济高度发达地区，多个中心市镇的扩张和合作发展，最终在地域上相互交叉联结，形成了大都市区。其中，美国是世界上大都市区发展水平最高的国家之一，全国共有200多个大都市区。大都市区存在多个互不隶属的地方政治单元，形成一种碎片化的治理结构（见表4-2）。

表4-2 美国大都市区的政治单元

大都市区	县	自治市或镇	地方政府总数	地方政府数量/每10万居民
匹兹堡	6	412	418	17.7
明尼阿波利斯-圣保罗	13	331	344	12.3
圣路易斯	12	300	312	12.2
辛辛那提	13	222	235	12.2
堪萨斯城	11	171	182	10.6
克利夫兰	8	259	267	9.2
费城	14	428	442	7.4
密尔沃基	5	108	113	6.9
芝加哥	13	554	567	6.6
底特律	10	325	335	6.2
波士顿	14	282	296	5.1
达拉斯	12	184	196	4.2
波特兰（俄勒冈州）	8	79	87	4.1
纽约	27	729	756	3.8

续表

大都市区	县	自治市或镇	地方政府总数	地方政府数量/每10万居民
亚特兰大	20	107	127	3.5
丹佛	7	67	74	3.2
休斯敦	8	115	123	2.8
西雅图	6	88	94	2.8
坦帕	4	35	39	1.8
旧金山	10	104	114	1.7
迈阿密	2	55	57	1.6
凤凰城	2	32	34	1.2
洛杉矶	5	177	183	1.2
圣迭戈	1	18	19	0.7
华盛顿-巴尔的摩	33	125	158	2.2

资料来源：ORFIELD M. American Metropolitics：The New Suburban Reality. Washington，D. C.：Brookings Institution Press，2003.

4.4.2 大都市区的治理创新

西方国家的普通城市一般不下辖区，实行市县分治，市政府与周围的乡镇政府也没有辖属关系。随着城市化的高度发展，大都市区存在多个相互独立的市镇。各市镇的管辖区不大，彼此独立行使自治权。州政府对城市行使监督权，一般不干预市镇政府的自治决策。

随着大城市不断扩张，在其边缘地区也会出现行政合并和市政兼并运动。然而，在地方自治制度下，大城市兼并周围的郊区，不仅需要郊区居民投票同意，还要以市议会的同意为基础。在20世纪市政改革运动中，美国大多数大都市区并未成立覆盖整个大都市区的统一的、多职能的政府机构，只是成立了一些履行专门职能的跨越行政管辖区的机构，即通常所说的“特区”。美国未能普遍成立大都市区政府的阻力是多方面的，其中最主要的原因是地方政府具有强烈的地方自治意识。

城市管理出现许多新问题：一部分基础设施和公用事业具有规模经济效益，需要跨越自治市镇的管辖地区提供服务；各市镇也面临一些共同问题，如环境保护、社会治安、公共教育等，需要通过政府间合作进行处理。这些需要跨辖区提供的公共管理和公共服务，与各市镇相互独立的管理体制发生矛盾。地方主义、多中心主义与大都市区横向合作需求的矛盾日益突出，进而影响了城市管理的效果和质量。

阅读材料

美国大都市区政府的发展状况

大都市区政府（metropolitan government）是指在整个大都市区建立的统一的政府体系。在美国，大都市区政府是因反对在一个地区存在着多个互相分立的碎片化的自治市而出现的。由于根深蒂固的草根民主（grassroots rule）和基层自治规则，政府碎片化成为美国大都市区的主要特征。大量的郊区自治市包围着中心城市，尤其是在美国的东北部、中西部地区。另外，还有大量的特别地区，分别提供单一性质的服务，这更是增加了政府单元的数量。

19世纪，一些城市通过地方合并减少了大城市周边的地方政治单元。1854年，费城市吞并了整个费城县。1889年，芝加哥市的面积扩大了四倍。1898年，纽约市与布鲁克林（Brooklyn）、昆斯（Queens）、斯塔滕岛（Staten Island）以及今天的布朗克斯（Bronx）的大部分地区合并，形成了大纽约市。1889年，伊利诺伊州议会确立了芝加哥卫生行政区，授权芝加哥和周边郊区可以采取联合行动解决污水处理问题。1889—1895年，马萨诸塞州议会创设了大都市区的水供应、污水处理和公园行政区，以服务于波士顿市及其周边地区。随着郊区市（suburban municipality）开始吸引越来越多的居民和财富，它们同样能够提供与中心城市相同水平的服务项目。到20世纪早期，郊区居民不再热心于与中心城市合并的提案。郊区自治市的数量迅速增加。这一情形让那些致力于提高政府运行效率的改革者十分吃惊，他们憎恨政府碎片化以及机构设置重叠导致的诸多冲突。诸如全国城市联盟（National Municipal League）、妇女选民联盟（League of Women Voters）等机构以及很多政治学者都支持大都市改革。由于担心中心城市经济衰落，许多商业领袖也联合起来支持大都市改革。

1920—1930年，在圣路易斯、匹兹堡和克利夫兰，政府改革者和商业领袖都致力于建立双层联盟结构（two-tier federative structure）的大都市区治理体系，即由大都市区政府行使一些地区性职能，而各个自治市政府继续保留本地行政职能。但选民反对这种双层联盟配置，他们不断通过投票否决这种联盟计划。这一过程一直持续到第二次世界大战之后。1957年，迈阿密地区的选民批准了一项提案，即将迈阿密市政府的某些职能转移给大都市区的县政府。在20世纪60年代后期，印第安纳州议会为印第安纳波利斯市创设了一种全新的体制，即单一的城市一县治理结构——城市辖区就是县的辖区。同期，明尼苏达州立法机构批准设立了“双城”（Twin Cities）大都市区议会，负责该大都市区的地方规划和协调。上述整合碎片化的努力，只是少数例外性的成功案例，而不是普遍情况。

在20世纪的最后几十年，很多公共选择学者加入反对大都市区改革的队列。他们声称碎片化（fragmentation）具有优越性，认为多个市镇的割据局面能够允许市民根据自身的需求找到合适的地方政府。到20世纪90年代，在新地方主义运动、大都市区合作和经济增长、社会平等的呼声下，新一代的改革者开始重整旗鼓。由于选民不支持大都市区改革，即使是新地方主义者也意识到大都市区双层联盟结构或统一的大都市区政府，在很大程度上只不过是一个不真实的梦想而已。

资料来源：HAMILTON D K. Governing Metropolitan Areas：Response to Growth and Change，New York：Garland，1999；TEAFPRD J C. City and Suburb：The Political Fragmentation of Metropolitan America，1850—1970. Baltimore：Johns Hopkins University Press，1979.

为解决中心城市与周边市镇面临的共同问题，大都市区治理问题被提上政策日程。概括而言，大都市区的治理改革主要有以下三种类型：

1. 成立统一的大都市区政府

少数大都市区在主体区域设立统一的大都市区政府，实行集权化管理体制，市政权力高度集中于市政府层面，由市政府统一负责政策制定，在大都市区内划分二级管辖区，设置区议会和区级行政机构。美国纽约市，法国巴黎市、马赛市和里昂市，日本东京都和政令指定市都设有市辖区。纽约市议会和区议会分别由市民选举产生，市政府负责城市规划、基础设施、交通管理、环境保护和社会治安等大多数公共事务，区级机构负责环境卫生、社区管理、小区绿化等事务。巴黎市共设有20个区，区既是基层行政区划又是选举单位，分别设有区议会和区长①。日本东京都设有23个特别区。特别区具有双重性质，既是行政区，又是自治体，实行准公选制选举区长，即先由居民选举几位区长候选人，然后由区议会选举产生区长，最后经东京都知事委任。

2. 成立松散的大都市区联盟机构

随着大都市区的不断扩张，中心城市与周边市镇面临许多共同问题。为此，一些大都市区开始设立松散的大都市区治理机构。20世纪50年代初，加拿大多伦多就设立了大都市区治理机构。1957年，美国佛罗里达州的迈阿密市与戴德县合并形成了具有双层联盟性质的大都市区治理系统②。市政府负责提供警察、消防、学校等市政服务项目，这些服务由城市税收埋单。市县联盟设立的机构提供应急管理、机场、码头、交通、环境保护、污水处理、固体废弃物处理、公共住房、卫生保健等服务。市县联盟后，除了迈阿密-戴德县这个大都市区联盟实体（包括35个自治市，迈阿密是最大的城市）外，原来的迈阿密市政府仍然继续存在③。1965年，英国成立大伦敦市议会。20世纪70年代，欧洲的大都市区管理机构纷纷成立，如哥本哈根议会、海牙大区协议会。一种较为常见的组织形式是成立都市政府联合会，由各市镇派代表组成，就共同面临的问题进行协商，并有常设机构负责协调工作。

3. 各市镇彼此分立、相互合作

在西方国家，由于根深蒂固的地方自治传统，建立统一的大都市区政府的努力常常遭遇周边市镇的抵制。出于经济利益和行政效率考虑，大城市周边市镇的居民不愿意放弃地方自治，不同意市镇被并入大城市的行政区域。大城市的公共支出很大，市民承担的税负往往高于小市镇的居民。此外，大城市政府管理的地域范围不断扩大，可能导致行政效率和回应性降低。为了满足大都市区的发展需要，同时兼顾各市镇的利益，一些城市转而与周边市镇缔结制度化的合作关系。

---

① 巴黎市民分别选举市议员和区议员，区议会由本区选出的市议员和区议员组成。区议员的选举和市议员的选举同时举行，根据应选名额，获选名单的前几名候选人为市议会成员，后几名为区议会成员。区议会主席兼区长，由区议会在本区的市议员中选举产生。区长既执行区议会的决议，又办理国家和市长委托的事务。区长的行为受巴黎市长监督。潘小娟. 市政管理体制改革：理论与实践. 北京：社会科学文献出版社，1998：291-293.

② RECHELMAN. Cities in the Third Wave：The Technological Transformation of Urban America. Lanham：Rowman & Littlefield Publishers，2007：104.

③ http://en.wikipedia.org/wiki/Miami-Dadi_county,_florida.

大城市与周围市镇开展合作，已经成为大都市区治理改革的主流。具体合作形式有：(1) 签订合作协议。包括交换市政信息、治安侦查合作、防灾支援、签订购买服务合同、协作提供服务等。(2) 行政职能转移。一些市镇保留自治权力，同时把一部分适宜由大城市政府统一提供的服务移交出去，并为此承担相应的税收和财政义务。(3) 成立特别功能服务区。在大都市区，为提高公共服务供给规模和效率，特别服务区（special service district）得到了广泛的运用①。例如，加利福尼亚州的法律授权大城市议会通过与周边市镇议会协商，建立特殊功能服务区，凡是被列入特别功能的服务事项，均由专门成立的特区管理委员会来统一负责。这些特别服务区大多履行单一服务功能，有可能跨越若干个地方政府的辖区。

本章小结

西方国家实行城市自治制度，市议会和市长由选举产生，城市政府负有管理城市公共事务、执行中央（联邦）和上层政府政令的双重职责。城市政府有权通过法律手段抵制中央（联邦）和上层政府的越权干涉，城市政府和其他地方政府在法律关系上处于平等地位。

西方国家市政体制主要有议会市长制、市长议会制、市议会制、市委员会制和议会经理制五种类型。其共性是：城市政府是相对独立的基层行政单位，城市政府普遍享有自治权力，议会在市政管理中扮演重要角色，实行公共产品的多中心供给体制。伴随市场化、私有化和民营化的浪潮，西方国家城市管理兴起了新公共管理运动。

从20世纪50年代开始，一些大城市的郊区急剧扩张和市镇化，这就形成了中心城市与周边市镇具有内部关联、空间层次、地域分工和连带景观的大都市区。美国是世界上大都市区发展水平最高的国家之一。为适应大都市区的发展需要，西方国家纷纷进行大都市区地方治理改革。这些改革措施主要有：成立统一的大都市区政府，成立松散的大都市区联盟机构，各市镇彼此分立、相互合作。

关键术语

市政体制　　议会市长制　　市长议会制　　强市长制　　弱市长制　　市议会制
市委员会制　　议会经理制

复习思考题

1. 西方国家城市自治制度有哪些基本特点？
2. 什么是市议会制？什么是议会经理制？

① CONANT R W, MYERS D J. Toward a More Perfect Union: The Governance of Metropolitan America. San Francisco: Chandler & Sharp Publishers, 2002: 36.

3. 美国市政体制有哪些类型?
4. 简述法国市政体制的基本特点。
5. 西方国家市政体制有哪些共性特征?
6. 简述美国大都市区的政治结构。
7. 西方国家大都市区主要有哪些治理模式?

第5章

当代中国市政体制

除香港、澳门和台湾地区外，中国市政体制具有统一性，即实行人民代表大会制。市人大是城市权力机关，市行政机关、市司法机关由市人大产生，对它负责并受它监督。市人大是市行政权力和司法权力的直接来源，市行政机关和司法机关根据市人大的意志进行活动。在党的领导下，中共市委尤其是其常委会发挥着领导核心作用，是市政管理的权力中心。

重点问题

- 中国市政体制沿革
- 中国城市等级制度
- 中国市政体制的特征
- 市政管理的职能定位
- 市政职能的发展方向
- 市政管理体制改革

5.1　中国市政体制沿革

5.1.1　中国市政体制的创设

中国城市发展具有悠久的历史，但是市建制的出现却相对较晚。直到清朝末年，中国才仿效西方国家的地方治理制度，在行政区划上设立了市建制。1905年，清政府派载泽等五大臣出访北美、西欧和日本，考察西方国家的民主宪政和地方行政制度。1909年

1月，清政府制定并颁布了《城镇乡地方自治章程》，在历史上第一次以法律形式对城镇区域和乡村区域进行了划分。凡府、厅、州、县治城厢为“城”，凡聚居5万人以上的地方为“镇”，城、镇与乡同为县领导下的基层行政建制。城和镇均视为市建制，市政体制以议事会掌立法，董事会掌行政。虽然清末关于市的规定比较粗略，但它标志着中国近代意义上的“市”及城市管理组织的产生。

1914年，袁世凯下令停止地方办自治，市组织被解散。1921年7月，北洋政府颁布了《市自治制》，9月颁布了《市自治制施行细则》，规定市分为特别市和普通市两种。特别市与县同级，除首都受国务院内政总长监督外，其他特别市受省行政长官监督。普通市隶属于县，与乡同级，受县知事监督。1928年7月，中华民国政府制定并颁布了《特别市组织法》和《市组织法》，分别规定了特别市和普通市的组织形式。1930年5月，中华民国政府颁布了新的《市组织法》，将市分为行政院辖市和省辖市两类，二者均为自治单位。1943年，中华民国政府修改《市组织法》，简化了设市标准，“市以下设区，区之内编为保甲”。至此，我国建制市体系基本形成①。

5.1.2 新中国市政体制的演进

1949年新中国成立之初，全国共设131个建制市，其中12个为直辖市②。除直辖市外，其他市均由省、自治区或行署区领导。1950年1月，中央人民政府颁布了《市人民政府组织通则》。它规定：市人民行使政权的机关为市各界人民会议和市人民政府。在市各界人民代表会议闭会期间，市人民政府即为市的行使政权的机关。在军事管制时期，市各界人民代表会议是军管会和市人民政府传达政策、联系群众的协议机关，主要起咨询和建议作用。市人民政府是事实上的一级政权机关，兼行立法和行政职能。市人民政府实行委员会制，市长为委员会主席。另外，中共市委还设有秘书处、组织部、宣传部、政研室等工作机构，并领导市工会、青年团和妇联等群众团体。

1954年9月，第一届全国人民代表大会通过了《中华人民共和国宪法》和《中华人民共和国地方各级人民代表大会和地方各级人民政府组织法》（简称《地方组织法》），对地方各级政权做了明确规定。市人民代表大会是城市的权力机关，市人民委员会即市人民政府，既是市人民代表大会的执行机关，又是市行政机关。1954年12月，我国颁布了《城市街道办事处组织条例》和《城市居民委员会组织条例》。

20世纪50年代初，为了保证城市蔬菜和副食品供应，少数大城市开始实行市领导县体制，如旅大市于1950年管辖了旅顺市（县级）、金县和长山县，本溪县于1952年由辽东省划归本溪市管辖。从1958年起，中央开始推行市领导县体制。1958年1月，上海市实行市领导县体制，领导了11个县。随后北京也管辖4个县，1960年增至9个县。1960年，河北省撤销全部专区，在全省范围内实行市领导县体制。1960年底，全国市领导的县达243个，占县总数的1/8。

---

① 到1947年，国民党统治区共设市69个，其中北平、天津、沈阳、大连、哈尔滨、上海、南京、青岛、汉口、广州、重庆和西安12个城市为院辖市，唐山、太原、包头等57个城市为省辖市。

② 民政部. 中华人民共和国县级以上行政区划沿革（1949—1983）. 北京：测绘出版社，1988.

1961 年，中央决定调整市镇建制，缩小城市郊区，市领导县体制停止推行。当年河北省恢复了全部专区，不再实行市领导县。1962 年，中央调整了市镇建制标准，撤销了 10 万人以下的市建制。至 1965 年底，市由 1961 年的 208 个减少到 168 个，4 年间共减少 40 个，直辖市仍保持两个①，地级市由 80 个减为 76 个，县级市由 126 个减为 90 个②。到 1966 年底，全国只有 25 个市继续实行市领导县体制，总共领导 72 个县。

"文化大革命"时期，各级国家机关受到冲击，市政体制也遭到破坏。"文化大革命"期间，市人大和区人大名存实亡，市政府和市辖区政府被"革命委员会"取代。"革命委员会"由无产阶级革命派代表、领导干部代表和军队代表"三结合"组成。

党的十一届三中全会以后，中国进入了改革开放的历史新时期。1979 年 9 月，全国人大常委会决定，将地方各级革命委员会改为地方各级人民政府。同年，市委和市政府机构开始分署办公。1982 年 12 月，全国人大通过了新的宪法和新的地方组织法，规定市和区设人民代表大会和人民政府。市和区人民代表大会是地方权力机关，市和区人民政府是地方行政机关。市和区人民政府实行首长负责制。市辖区、不设区的市的政府，经上一级政府批准，可以设立街道办事处，作为它的派出机关。

1982 年，中共中央、国务院决定在经济发达地区改革地区行政公署体制，实行地市合并、市领导县体制。当年末，江苏、辽宁两省率先试点，后各地区陆续推开，迅速发展。1983 年，全国已有 126 个市领导 524 个县，辽宁、江苏两省全部取消地区，实行了市领导县体制。进入 20 世纪 90 年代，全国除海南省和台湾地区外，其他各省和自治区都在实施市领导县体制。

5.1.3 建制市的设置现状

截至 2020 年底，我国（不包含港澳台地区）共有 685 个建制市。直辖市的行政地位最高，县级市在城市体系中地位最低，但与县相比，县级市毕竟是"市"，在基础设施建设和公共服务提供上也有一些政策优惠。目前，东部发达地区一些建制镇的经济实力相当于内地的地级市，如东莞的虎门镇、长安镇，中山的小榄镇，但它们并不具有建制市的地位。

我国现行政策对设市标准定得过高，许多县城和建制镇不能获得建制市地位。从国外情况看，不论是欧洲、北美，还是近邻日本和韩国，各国设市标准普遍低于中国。一些欧洲国家人口比中国少得多，但市的数量却比中国多。美国 3 亿人口，全国有 19 000 多个城市。美国设市的权力在州政府，有些州规定居住区人口在 1 000 以上就可以申请设市。加拿大的设市标准更低，全国 3 000 多万人口，却有 1 万多个自治市。

从辖区面积来讲，美国城市更是无法与中国相提并论。美国很多大城市的面积只有我国的市辖区那么大，一些小城市只相当于中国城市的街道辖区。全美国最大城市纽约市由五个区组成：曼哈顿、布鲁克林、布朗克斯、昆斯和斯塔滕岛，纽约市的面积只有

---

① 1958—1966 年，天津市由中央直辖市改为河北省省辖市。

② 民政部．中华人民共和国县级以上行政区划沿革（1949—1983）．北京：测绘出版社，1988.

北京市土地面积的1/20。

在公共政策上，我国长期实行城市偏向政策，赋予大中城市优先发展权，却限制了小城镇的发展。这一政策倾向促使人口大规模流向地级市、省城和大城市。建制市数量少、居民不能就近获取就业机会和公共服务，是大城市拥挤的重要原因之一。

如果没有建制市的地位，小城镇不仅土地使用和开发受限，而且产业投资、公共服务提供、基础设施建设、教育和医疗资源配置等都受到制约。加快城市化步伐有必要降低建制市的设置标准，赋予更多的县和建制镇城市地位。允许具有实力的建制镇撤镇设市，大量增设建制市。这样，农民就近进城就业和定居，相对于到大城市打工，成本和代价要小得多。

5.1.4　城市行政等级制度

1. 建制市的行政级别

根据宪法、法律和有关规定，中国建制市的行政级别具有四个层次：

（1）直辖市。直辖市是直接隶属于中央政府的地方行政建制。直辖市在城市行政区中的地位最高、规模最大。理论上讲，直辖市的行政级别与省和自治区平级。但在实际政治中，其政治地位要高于省和自治区。目前，我国共有4个直辖市，即北京、上海、天津、重庆。直辖市的行政区划体系，在城区为市—区—街道，即“两实一虚”制，在郊区为市—区—乡（镇）三级制，在郊县为市—县—乡（镇）三级制。直辖市政府下辖的区、县政府的行政级别，比一般的区、县政府要高一级，与地级市政府的级别相同。

（2）副省级市。副省级市的行政级别为副省级，但在行政管理上仍受所在的省领导。目前，全国共有15个副省级市，分别为广州、武汉、哈尔滨、沈阳、成都、南京、西安、长春、济南、杭州、大连、青岛、深圳、厦门、宁波①。其中，深圳、大连、青岛、宁波、厦门为计划单列市，其他都是省会城市。计划单列市的市委书记、市人大常委会主任、市长、市政协主席职务列入《中共中央管理的干部职务名称表》，职务任免由省委报中共中央审批。副省级城市的市直工作部门定为副厅级，内设机构为处级；市辖区及其工作部门的级别比照市直机关相应的级别确定；市辖县和代管的县级市的级别仍为处级。

（3）地级市。地级市是指行政级别介于省与县之间，行政地位与地区行署相当的地方行政建制②。地级市在法律上属于省（自治区）辖市的范畴。截至2020年底，我国共有地级市278个，大多为中等城市。经国务院批准的较大的地级市，有权制定地方性法

---

① 副省级市正式施行于1994年，其前身为计划单列市。1994年2月，经中共中央、国务院同意，中央机构编制委员会发文（中编［1994］1号），原14个计划单列市和杭州市、济南市共16个市的政府机构行政级别定为副省级。1995年，中央机构编制委员会印发《关于副省级市若干问题的意见》的通知（中编发［1995］5号），明确将前述16个市定为“副省级市”，但它们仍由所在省的省委、省政府领导。1997年3月，重庆市升格为直辖市后，副省级市减少为15个。

② 1983年，在国务院批复劳动人事部、民政部《关于地市机构改革的几个主要问题的请示报告》中，按行政地位将市分为地级市和县级市，正式使用地级市的名称。

规和规章，在管理上享有较大的自主权。

（4）县级市。县级市属于基础城市，在行政级别上相当于县。县级市接受地级市的领导，不再下设区，下辖有街道和乡镇。伴随着市场化改革的步伐，东部和中部地区一些县级市快速发展起来。县级市是由“撤县设市”而形成的，辖区内有大片农村地区，农业人口所占比重较高。随着大城市扩展发展空间，其周边有的县级市被并入市区，成为市辖区。

2. 建制市的立法权限

根据《立法法》的规定，在我国城市体系中，设区的市具有地方立法权，县级市不具有地方立法权。2015 年修订的《立法法》规定，设区的市人民代表大会及其常务委员会，在不同宪法、法律、行政法规和本省、自治区的地方性法规相抵触的前提下，可以对城乡建设与管理、环境保护、历史文化保护三个方面的事项制定地方性法规。设区的市制定地方性法规，须报省、自治区的人大常委会批准后施行。

《立法法》赋予直辖市、经济特区所在地的市更大的地方立法权。直辖市的人大及其常委会，在不同宪法、法律、行政法规相抵触的前提下，可以就各方面事项制定地方性法规。经济特区所在地的市的人大及其常委会根据全国人民代表大会的授权决定，有权制定法规，在经济特区范围内实施。

《立法法》没有赋予县级市制定地方性法规的权力。

3. 城市规模的划分标准

改革开放以后，中国建制市曾划分为特大城市、大城市、中等城市和小城市四个级别。1980 年，我国对 1955 年国家建委《关于当前城市建设工作的情况和几个问题的报告》中的城市划定标准做出变更，将城市规模分为四个等级：城市人口 100 万以上为特大城市，50 万～100 万为大城市，20 万～50 万为中等城市，20 万以下为小城市。

随着中国城市化快速发展，城市人口规模持续增长，原有的城市规模划定标准已不能适应城市发展的新形势。2014 年，《国务院关于调整城市规模划分标准的通知》重新界定了城市规模的划分标准。新标准将城市划分为五类①：

（1）超大城市。城区常住人口在 1 000 万以上。

（2）特大城市。城区常住人口在 500 万以上 1 000 万以下。

（3）大城市。城区常住人口在 100 万以上 500 万以下，其中 300 万以上 500 万以下的城市为Ⅰ型大城市，100 万以上 300 万以下的城市为Ⅱ型大城市。

（4）中等城市。城区常住人口在 50 万以上 100 万以下。

（5）小城市。城区常住人口在 50 万以下，其中 20 万以上 50 万以下的城市为Ⅰ型小城市，20 万以下的城市为Ⅱ型小城市。

2014 年标准提出了“城区常住人口”概念，是指城市化地区内的常住人口，包括主城区和县城范围内的常住人口，它有别于常见的“辖区人口”“户籍人口”等统计口径。

---

① 根据《国务院关于调整城市规模划分标准的通知》，“以上”包括本数，“以下”不包括本数。

一般来讲，一个城市的“城区人口”与“农村地区人口”的加总，即可视为常住人口。按照现行政策规定，超大城市、特大城市严控人口规模，大城市合理确定落户条件，中等城市有序放开落户限制，小城市全面放开落户限制①。

根据住房和城乡建设部发布的《2019年城市建设统计年鉴》，如表5-1所示，全国有6个城市的城区人口超过了1 000万，包括上海、北京、重庆、广州、深圳、天津，其中上海市人口超过2 000万，北京市和重庆市超过1 500万；全国有10个城市的城区人口达到500万～1 000万，分别为东莞、武汉、成都、杭州、南京、郑州、西安、济南、沈阳、青岛。这表明我国现有6个超大城市、10个特大城市。

表5-1　我国超大城市、特大城市名单

序号	城市名	城区人口（万人）	序号	城市名	城区人口（万人）
1	上海	2 418.14	9	成都	816.97
2	北京	1 865.00	10	杭州	682.21
3	重庆	1 540.00	11	南京	671.35
4	广州	1 352.36	12	郑州	670.41
5	深圳	1 343.88	13	西安	637.81
6	天津	1 303.84	14	济南	595.66
7	东莞	956.08	15	沈阳	569.15
8	武汉	934.78	16	青岛	529.48

资料来源：2019年城市建设统计年鉴. 住房和城乡建设部网站：http://mohurd.gov.cn/xytj/tjzljsxytjgb/jstjnj/index.html.

5.2　中国市政管理体制

5.2.1　市政管理主体

当代中国市政管理主体主要有中共市委、城市政府、准政府组织等。随着市场经济的发展和社会力量的增强，执政党和政府不再全面包揽城市公共事务，社会组织、企业和市民也参与城市管理。根据是否拥有制定和执行城市政策的权力，可将城市管理主体分为两大系统，即权力主体和非权力主体。

1. 权力主体

城市权力主体主要包括执政党和政府两大主体，广义的政府由市委、市人大及其常委会、行政机关和司法机关共同组成。

（1）中共市委。

中国共产党在城市建有完整的组织体系，由市委全面统一领导城市政权和各项事业。市委按照统揽全局、协调各方的原则，全面领导市人大、市政府、市政协以及人民团体

① 国务院关于进一步推进户籍制度改革的意见. 人民日报，2014-07-30.

开展工作。市委委员由市党代会选举产生。市党代会每五年举行一次。市委全体会议选举产生由常务委员、副书记和书记组成的常委会，并报上级党委批准。常委会在市委全体会议闭会期间，行使市委职权。市委设有办公厅（室）、政策研究室、组织部、宣传部、统战部、教育工委、经济工委、政法委员会等工作部门。市纪律检查委员会是维护和执行党的纪律的专责机关，接受市委和上级纪检委双重领导。

（2）城市权力机关。

市人大是城市权力机关。直辖市和设区的市的人民代表大会由下一级人民代表大会选举的代表组成，即通过间接选举产生。不设区的市和市辖区的人大由选民直接选举的代表组成。市和市辖区的人大每届任期五年，每年至少举行一次会议。市人大常委会是市人大的常设机关，是市人大闭会期间行使权力的机关。市人大常委会的组成人员不得担任市行政机关、司法机关的职务。市人大常委会每届任期五年，每两个月至少举行一次会议。

（3）城市行政机关。

市政府是市人大及其常委会的执行机关，是城市行政机关。市政府执行市人大及其常委会的决议，对市人大及其常委会负责并报告工作，接受市人大及其常委会的监督。作为城市行政机关，市政府必须执行上级行政机关的决议和命令，对上级行政机关负责并报告工作，并服从国务院的统一领导。市政府实行行政首长负责制。市长对市政府的全部工作负有全面责任。市人民政府设有若干工作部门。

（4）城市司法机关。

城市司法机关由法院和检察院组成。法院是审判机关，代表国家独立行使审判权。检察院是法律监督机关，代表国家独立行使检察权。市级法院和检察院从属于市人大及其常委会，对其负责，受其监督。同时，市级法院接受上级法院的审判监督，市级检察院接受上级检察院的领导。直辖市设高级人民法院、中级人民法院和基层人民法院，设区的市设中级人民法院和基层人民法院，不设区的市和市辖区设基层人民法院。检察院根据城市行政地位的不同分别设置，其设置情况与法院情况相同。检察院实行双重领导原则，各级检察院既受同级人大及其常委会的领导，又受上级检察院的领导。

2. 非权力主体

城市非权力主体不掌握公权力，但参与城市公共事务决策和政策执行过程，并通过各自的利益表达和聚合机制，将不同群体的利益诉求传递给权力系统。城市非权力主体主要包括：

（1）民主党派和人民政治协商会议。

我国共有八个民主党派，它们在直辖市建有组织体系，在设区的市和一些县级市也有活动。民主党派在城市设有委员会，由主任委员、副主任委员、委员和秘书长组成，并根据需要设立工作部门。民主党派在城市政治生活中的作用是参政议政、献计献策、民主监督、扩大和巩固统一战线。市政治协商会议是统一战线组织，它在中共市委的领导下，促进执政党和民主党派合作，是政治协商和民主监督的重要平台。

（2）人民团体。

人民团体属于群众性政治团体，它们以表达和维护一定阶层群众的具体利益为宗旨，担负着部分社会管理职能。中国城市普遍设有工会、共青团、妇联、科协、侨联、文联等人民团体，它们受中共市委领导，是执政党联系群众的组织依托。人民团体代表各自所联系社会群体的利益，反映社会群体的诉求，维护群众的合法利益；做好所联系社群的思想工作；动员社会成员参加城市建设；参与城市政策过程。

（3）居民委员会。

居民委员会是城市居民自我管理、自我教育、自我服务的基层自治组织，基层政府及其派出机关对居委会开展工作给予指导、支持和帮助。居委会每届任期三年，成员可以连选连任。居委会的设立、撤销和规模调整，由基层政府决定。

（4）企业。

随着市场化改革的加快，尤其是在城市基础设施和公共服务投融资体制改革带动下，企业也可能参与公共产品和服务生产。它们与政府部门开展合作，以合同外包、特许经营、合作生产等方式建立伙伴关系。企业参与城市管理和运营，有利于降低公共服务成本，节约公共财政支出，提高公共服务质量和效率。

（5）社会组织。

伴随着政府职能转变，各种社会组织也在成长之中。社会组织与人民团体的区别在于：前者由民政部门进行管理，后者是执政党联系群众的桥梁和中介，受市委直接领导。发挥社会组织的作用，可以更好地动员社会力量，增加公益服务供给。

（6）广大市民。

市民可启动公众议程，对城市政策过程产生影响；市民可通过信访、投诉、检举等途径，向党政机关表达利益诉求，向政府部门提出意见和要求，促使公共部门关注“民意”，及时回应公众需求。市民可通过私人关系网络，争取有利于自身的行政决策、行政许可行为。

5.2.2　市政职能配置

市政职能是市政府在城市治理中依法履行的各项职责和功能的总称。广义地讲，市政职能包括立法职能、行政职能和司法职能。狭义地讲，市政职能专指城市行政机关承担的职能。这里主要阐述城市行政机关的职能及其发展趋势。

1. 行政职能的主要内容

根据我国地方组织法的规定，市政府承担的行政职能大体包括六个方面：（1）行政执行权。也就是执行市人民代表大会及其常委会的决议，执行国务院和上级政府的决定和命令，执行国民经济和社会发展规划及财政预算。（2）行政领导与管理权。也就是全面管理本行政区域内的各项公共事务。（3）行政制令权。市政府有权规定行政措施，发布决定和命令。（4）行政监督权。市政府有权改变或者撤销所属各行政部门不适当的命令、指示和下级政府不适当的决定、命令。（5）人事行政权。也就是依据法律规定任免、培训、考核和奖惩行政机关工作人员。（6）行政保护权。也就是依法保护各类组织和个人的合法财产与合法权利，保障男女平等、同工同酬和婚姻自由等。

我国城市管理的具体内容十分宽泛，市政府集工业、商业、农业、财税、金融、卫生、教育、科技、文化、体育、环保、规划、城建、民政、公安、司法行政于一体。市政府不仅负责城区经济社会发展，还要规划、管理郊区、辖县各项事业发展。

2. 城市行政职能的发展趋势

我国城市政府的现行职能是在特定历史条件和制度环境下的产物。市场经济的发展，客观上要求改变“政企不分”“政事不分”“政社不分”的问题，改变部门主义、本位主义、互相扯皮和利益冲突问题，扭转全能政府、部门职责不清等问题。

在市场经济体制下，政府的主要职责是弥补市场缺陷，提供市场不能有效提供的公共产品和公共服务。传统上，政府被视为公共产品的唯一供给主体，政府几乎垄断了城市事务中的所有领域。随着市场经济的发展，政府作为公共管理唯一主体的地位受到挑战。除政府之外，企业、社会组织、社区组织和居民也参与城市治理，成为城市服务的行动主体。

在考察发达国家城市管理经验时可以看到，市政府履行城市规划、基础教育、交通运输、基础设施、产业振兴、社会福利、公用事业、公共住宅、环境卫生、治安消防等职责。市政府对工商业的管理，主要表现为依法履行市场监管职能，同时对产品质量、环境、健康等问题进行社会性监管。市政府也会直接投资于一些公用行业，但与私人部门相比，公共部门在公用行业中所占比重较小。

在政府职能转变问题上，中国既要借鉴国外城市治理经验，也要根据具体国情和市情推进改革。概括而言，政府职能转变的基本方向是：（1）减少“划桨”职能。根据政企分开、政社分开的原则，市政府可通过委托经营、特许经营、资产出售等方式，逐渐从竞争性领域退出来，尽可能地减少“划桨”职能。（2）加强“掌舵”职能。在引入市场机制的同时，政府要提升政策学习和创新能力，通过政策创新引领城市发展。（3）加强规制职能。为保障和促进公共利益，市政府需要提升对微观经济的规制能力，强化对安全、环境、健康领域的管理。（4）强化服务职能。市政府不仅负责政策决策、市场规制、社会规制，也要直接提供教育、文化、卫生、交通、大众健身、园林绿化、社会保障等公共服务，保障全体居民均等享有基本公共服务。

5.2.3 中国市政体制的特征

1. 中共市委居于领导核心地位

中共市委的领导核心地位表现在：（1）市委依法确定城市国家机构之间的职权划分；（2）市委常委会讨论决定城市治理中的重大问题；（3）市委向市人大及其常委会推荐市政府、法院和检察院的领导干部候选人；（4）市委通过设在市人大常委会、市政府、市法院和检察院的中共党组织，领导城市国家机构的日常工作；（5）市长兼任市委副书记，从组织上保证直接贯彻市委的决定；（6）市委的若干工作委员会分别对口领导或协调政府相关部门，如政法委员会领导、协调法院、检察院、公安局、安全局和司法局开展工作。

2. 机构设置具有同构性

我国城市管理体制是人民代表大会制在城市的具体表现。市人大及其常委会是城市权力机关，市政府、法院和检察院由市人大及其常委会产生，对市人大及其常委会负责并报告工作。从城市的纵向组织体系看，中共市委全面领导区委和县委的工作，市人大指导区、县人大的工作，市政府领导区、县政府的工作，市法院监督区、县法院的工作，市检察院领导区、县检察院的工作。从府际关系看，市、区两级行政机构设置实行“上下对口，左右对齐”，不同层级之间的职能配置具有高度同构性。

3. 城市权力具有非自治性

根据宪法和地方组织法的规定，我国地方各级政府都是国务院统一领导下的国家行政机关。建制市不是自治实体，而是享有一定自主权的地方行政单位。在西方国家，市是设置在城市化地区的地方行政建制，一般不辖有大片农村地区。目前，我国实行“市领导县”体制，建制市为广域型地方行政建制，其辖区包括大片农村地区，人口总量中农业人口比重较高。

4. 城市建制存在等级性

我国建制市按行政地位分为直辖市、副省级市、地级市和县级市，不同级别的城市享有的权力存在差异性。直辖市直接隶属于中央政府，行政地位相当于省和自治区一级，有权制定地方性法规，而县级市则不具有地方立法权。直辖市、副省级市、地级市下辖区、县。为便于行政管理，市辖区、县级市政府，经上一级政府批准，可设立街道办事处作为派出机关。

5. 市政职能具有广泛性

我国城市政府的职能领域十分广泛，市政府不仅负责城区经济发展和社会事业，还负责郊县发展和农林牧副渔业。政府参与和干预了许多本该由私人部门管理的经济活动。政府在经济和社会领域的微观介入太多。随着市场经济体制的不断完善，市政府需要从大量的微观经济社会事务中摆脱出来，集中精力做好公共管理和公共服务工作。

5.3　城市纵向组织结构

5.3.1　“市区街”管理体制

在城区管理方面，我国地级以上城市普遍实行市—区—街道三级管理体制，简称“市区街”管理体制，即设置市、区两级政府，并在区政府之下设置街道办事处作为派出机关，承担政府交办的各项事务，实行“两级政府，三级管理”。我国《宪法》规定，“直辖市和较大的市分为区、县”。直辖市、副省级市、省会城市、大多数地级市都设有市辖区。

作为一级地方行政建制，市辖区政府属于基层政府，其行政地位相当于县级市。市辖区政府与街道办事处的区别在于：第一，市辖区设置一级政府，而街道不是一级政府。市辖区设置人大、政府、法院和检察院等国家机关，街道不设置国家机关，只设置派出机关，即街道办事处。第二，市辖区拥有法定职权，街道办事处不具有法定职权。市辖区各类国家机关拥有法律赋予的法定权力，街道办事处的职权是法律授予区政府的权力，由区政府委托街道办事处行使。第三，市辖区具有一级独立财政，街道不具有独立的财政权。

20 世纪 90 年代以来，随着城市化快速发展，一些城市通过实施行政区划调整，扩大了部分市辖区的区域面积。例如，2009 年，国务院批复天津滨海新区行政体制改革方案，同意撤销塘沽区、汉沽区、大港区，设立滨海新区，其辖区包括原三个区的全境。同年，国务院批复上海市行政区划调整方案，同意撤销南汇区，将其行政区域并入浦东新区。2010 年，国务院批复北京市行政区划调整方案，同意撤销东城区、崇文区，设立新的东城区；撤销西城区、宣武区，设立新的西城区。

对于不设区的市，其城区管理实行市—街道两级体制，即下设街道办事处作为市政府的派出机关，实行“一级政府，两级管理”，目前，全国地级市中仅有四个城市未设市辖区，分别是广东省东莞市、中山市，海南省三沙市，甘肃省嘉峪关市。县级市一律不设市辖区。

5.3.2 街道-居委会体制

我国城市基层治理实行街道-居委会体制，简称“街居制”，即依靠街道办事处开展城市基层管理工作，居民委员会协助街道办事处开展工作。街道办事处既是城市行政的末梢，也是社区治理的统筹者，既承担政府职能，也统筹协调各类社区服务。

当前，街居制在运作中面临着一些深层矛盾：（1）街道办事处运作缺少法律依据。1954 年，全国人大常委会通过的《城市街道办事处组织条例》规定，街道办事处负责履行政府交办事项、指导居委会工作、反映居民的意见要求三项职能。2009 年，全国人大常委会宣布废止《城市街道办事处组织条例》，这使街居制管理失去了基本的法律依据。（2）街道办事处普遍存在“责大权小”问题。作为派出机关，街道办事处的权力由上级政府授予，主要管理资源和执法权仍由“条条”掌控。（3）街居制与居委会的法定地位存在矛盾。在街居制下，居委会依赖街道办事处获取资源，不得不忙于完成街道办事处交办事项，实际上变成了街道办事处的“腿”。

近年来，铜陵、贵阳、黄石等城市试点撤销街道办事处，探索由区政府直接对接社区的组织体制，引起社会关注和议论。综观发达国家的城市治理，除少数大城市设区之外，普通城市一般只设一级政府，实行高度集权化管理。问题在于，中国城市街道辖区内的人口规模大，普遍在几万人，有的达到几十万人。它相当于欧美国家普通自治市的人口规模。如果不论国情和市情，简单采取制度模仿，撤销街道办事处很可能会有违决策者的初衷。一些城市撤销街道办事处以后，新设立的社区行政服务中心实际上变成了新的街道办事处。

对于大中城市来讲，如果不推进相关配套改革，简单地撤销街道办事处，政府职能部门在基层开展工作将失去落实层，这会削弱基层社会管理和公共服务能力。当前，提升城市基层治理能力，其根本不在于撤销街道办事处，而是要推进议事平台建设，更好地发挥物业企业和业主委员会的作用，让多元主体参与进来，构建基于议事协商的社区自组织体系，提升自主治理和共同治理能力。

5.3.3　市领导县体制

市领导县体制，也称市管县体制，是指由设区的市来领导县的行政区划体制。新中国成立初期，我国就有少数城市实行市领导县体制①。改革开放以后，随着城市和农村经济的迅速发展，1982 年，中共中央发出通知，提出在经济比较发达的地区撤销地区行署，实行市领导县。同年年末首先在江苏试点，1983 年 1 月，国务院批准江苏省撤销所有地区，地区所辖各县划归 11 个市领导。之后，市领导县体制在全国各地全面推开。在广大中西部地区，市领导县体制的推广也很快。

20 世纪 80 年代推行市领导县体制，其目的是想通过市管县沟通城乡经济联系，由经济较为发达的“市”带动县域发展，最终实现城乡协调发展。这一制度设计的初衷很好，它对于加快中心城市发展、培育区域经济增长极起到了重要作用。在运行中，市管县也存在中心城区侵占县域利益的现象。它常通过行政手段截留审批指标、财政资金、工程项目给市区，优先满足城市发展需求，存在着“市压县”“市卡县”“市刮县”等问题②。

城市对农村的经济辐射和带动作用并不必然要求城市在行政上对农村实行领导。21 世纪以来，各省通过实施“扩权强县”、财政“省管县”等改革措施，扩大了县级政府的行政自主权。当前，市县关系仍存在利益矛盾和运作不顺等问题。在讨论市县关系时，有必要将公平与效率结合起来考虑。合理的市县关系不仅要发挥城市对区域经济的带动作用，也要考虑中心城市对外围地区发展的消极作用。赫希曼将增长极对外围地区的积极影响称为涓滴效应，而其消极影响称为极化效应③。在发展的前期阶段，区域经济的极化效应显著，随着时间的推移，增长极对落后地区的涓滴效应不断加强。

随着空间距离的变化，中心城市对县的涓滴效应和极化效应也存在此消彼长的变化。一般而言，中心城市对毗邻城区的县的涓滴效应显著，对远离城区的县的涓滴效应则要

---

① 1949 年新中国成立后，为保证大城市的蔬菜和副食品供应，北京、天津、旅大、本溪、杭州等城市曾经实行市领导县体制。1959 年，全国人大常委会通过了《关于直辖市和较大的市可以领导县、自治县的决定》，第一次大范围地推行市领导县体制。由于“大跃进”等造成国民经济出现严重困难局面，1963 年，中共中央、国务院发出《关于调整市镇建制、缩小城市郊区的指示》。许多城市随即撤销了市领导县体制。

② 谢庆奎，杨宏山．对我国地方行政层级设置的思考．红旗文稿，2004（4）．

③ 赫希曼．经济发展战略．北京：经济科学出版社，1991：169-171．

小得多。这一特征使我们可以提出市县关系的一种复合型格局，即区分周边县和外围县，周边县与中心城市实行一体化管理，而外围县与中心城市实行分治，转而由上一级政府直接管理①。这样，市县关系就存在市县合治和分治两种情况。在实践中，我国市县关系已经形成了两种模式，即“市管县”与“省管县”并存。实行“省管县”改革试点的目的在于矫正中心城市对县域发展的挤压作用。对于远离城区的外围县来讲，中心城市的经济辐射作用要弱得多。随着大城市的中心城区调整产业结构，其对周边县域发展的带动作用增强，为促进周边地区发展，可实施撤县设区，拓展城市发展空间。

阅读材料

市县关系的国际比较

由于政治体制和历史传统不同，各国市与县的法律地位具有较大差异性。这里以美国、德国、日本和韩国为例，对其市县关系进行比较。其中，美国和德国是联邦制国家，日本、韩国是单一制国家。在上述四国，市是在城市化地区设置的行政区划单位，而县（郡）属于广域性行政区划单位，在各类地方政府中的包容性最强。这四个国家的市县关系存在三种类型：

1. 市县分离模式

市县分离模式即市与县在地理空间上互相分离，各自的管辖区不存在交叠关系。市、县完全分离的情况，在世界上并不常见。美国设有县的州中，只有弗吉尼亚州实行市县分离，即县与自治市的管辖区互不交叠，自治市承担了本来由县政府承担的州的委托职能②。日本和德国在一级行政区之下，都不存在市县分离的情况。韩国在一级行政区中，只有道实行市郡分离模式。目前，8个道共设有74个市、80个郡（见表5-2）。

表5-2　韩国道的二级行政区划情况

道名称	市（个）	郡（个）	道名称	市（个）	郡（个）
京畿道	27	4	江原道	7	11
忠清北道	3	8	忠清南道	6	9
全罗北道	6	8	全罗南道	5	17
庆尚北道	10	13	庆尚南道	10	10

在市县分离模式下，市政府面向城市提供公共服务，县政府面向乡镇和村庄提供公共服务。两者的管辖区互相分离，各自的公共服务对象不存在交叠问题。跨区域的基础设施和公共服务供给，往往需要上一层级的政府进行协调。

2. 市县分权模式

市县分权模式即市与县的管辖区存在交叠，市位于县的管辖区之内，主要面向城市

① 杨宏山．“省管县”改革：市县分治还是混合模式．北京行政学院学报，2014（1）．
② 文森特·奥斯特罗姆，比什，埃莉诺·奥斯特罗姆．美国地方政府．北京：北京大学出版社，2004：4．

提供公共服务，而县提供公共服务的对象既包括城市地区，也包括乡村地区。美国和日本的市县关系主要采用这一模式。美国除了弗吉尼亚州外，其他各州都采取市县分权模式。其中，县是州政府的行政管理分支，负责州政府授权的事务，如出生、死亡、结婚登记，法院、选举的组织和实施，法律执行、公共保健的实施等；作为地方政府单位，县也要响应居民的各种服务需求。自治市是满足人口稠密地区的特殊需求而设立的，它们面向城市居民和就业者征税。大多数自治市的管辖区不大，履行的职能也很有限。

日本的县属于一级地方自治体，县之下设有市、町、村，市与县在职责上存在分权关系，市为基础性地方自治体，县为上一层次的地方自治体。截至2007年4月，日本设有782个市、827个町、195个村①。市分为政令指定市、核心市、特例市和一般市。其中，政令指定市由中央政府行政命令指定，基本条件是人口达到50万以上；核心市的人口在30万以上；特例市人口超过20万。除上述三类城市外，其他建制市为一般市。截至2012年，日本共有20个政令指定市，35个核心市、44个特例市、600多个一般市。这四类城市分别从都道府县那里转移出来一定的自治权。其中，政令指定市的自治权最大。

3. 市县一体化模式

这种模式通过市县合并，在大城市及其周边地区形成一体化的政治权力结构。美国、德国、日本和韩国的大都市区都存在这一发展趋势。在美国，为满足大都市区的一体化发展需求，纽约、丹佛、檀香山、费城、旧金山、圣路易斯、印第安纳波利斯等大城市通过市县合并、市县联合等方式，构建了一体化的政府结构。在德国，地方政府由县和乡镇两个层次的自治体组成，乡镇为最基层的政府单位，县是在乡镇之上的地方政府单元。乡镇的组织、人事和财力有限，当地方事务超出乡镇能力之外，县政府就有责任和义务介入。对于达到一定规模的市，其治理则呈现出单一结构特征，即市与县的职能融为一体，德国称之为“城市县”，它同时承担市和县的职能②。德国还有柏林、不来梅和汉堡3个城市州，其辖区内不设有县或乡镇。

日本由于县为一级地方行政区划单位，不存在市县一体化问题。为适应城市及周边地区的一体化发展要求，主要通过市、町、村合并来扩大城市管辖区。韩国的一级行政区有特别市、广域市、道和特别道四种类型。除首尔特别市之外，全国设有6个广域市、8个道和1个特别道（济州）。在广域市之下设有区和郡，由市政府统筹安排城区和郡的发展规划、公共服务。这种在广域市设郡模式，类似于中国的市管县体制。两者的区别在于，韩国广域市设的郡数量少，而中国地级市领导的县数量较多。目前，韩国6个广域市内共设有44个区、5个郡。

通过对四国的市县关系进行比较，可以得出一些基本结论：(1) 市县关系的制度安排具有多样性特征。美国市县关系既存在市县分权模式，也存在市县一体化和市县分离的情况。韩国的市郡关系也存在市郡分离和市郡一体化两种情况。(2) 市县分治并非一

① 礒崎初仁，金井利之，伊藤正次. 日本地方自治. 北京：社会科学文献出版社，2010：3.

② 沃尔曼. 德国地方政府. 北京：北京大学出版社，2005：27.

种普遍性制度安排。相反，市与县的管辖区互相交叠、市县职责异构却是地方治理的常见现象。（3）多样化的市县关系既可满足大城市及周边地区的一体化需求，也有利于在远离城市的边远地区培育新的增长极。

资料来源：杨宏山．“省管县”改革：市县分治还是混合模式．北京行政学院学报，2014（1）．

5.4 市政管理体制改革

5.4.1 我国市政体制的主要问题

新中国成立以来，城市政府和党组织成为城市事务的主要管理主体，它们不仅负责公共产品和服务的供给，而且亲自组织和生产私人产品与服务。改革开放以来，我国实行市场化改革，市场机制发挥着越来越重要的作用。总体来讲，现行城市管理体制仍具有很强的政府主导色彩。在实际运行中，它存在以下问题：

1. 政社不分、政事不分

一般地讲，城市是社会生产力最发达的地方，其市场发育程度较高，社会自组织和管理能力较强。在计划经济体制下，公共领域和私人领域的界限模糊，市场经济和社会自治受到压制，市政府对经济社会活动实行全面管理和控制。城市政府直接介入大量的微观经济社会活动之中，不但决定企业经营的人财物和产供销，而且对居民的生老病死负责，“管了很多不该管、管不好、管不了的事”①。改革开放以来，随着经济改革的深化发展，政企分开取得显著进展，但政社不分、政事不分问题依然严重。政府直接组织并领导大量的事业单位、人民团体、社会组织，政府直接投资的事业单位在非营利部门中所占比重较大。

2. 政府间权责配置不对称

我国现行法律没有对城市政府的职责做出专门规定，城市管理的职责权限与普通地方政府没有显著区别。市政府与区政府、街道办事处的权责分配不合理，基层政府和街道办事处承担大量的社会管理和公共服务职能，但可支配的财政资源有限，街道办事处责任大、权力小，任务多、资源少，难以全面履行自身肩负的社会管理和公共服务职能。一些本该由区政府职能部门管理的事务，职能部门转手交给了街道办事处，但相应的资源配置和财政支出却被截留，街道办事处普遍面临有责无权问题。

3. 政府机构设置较多

20世纪90年代以来，我国城市行政体制改革取得了一些成效，但政府机构设置较

① 邓小平．邓小平文选：第2卷．2版．北京：人民出版社，1994：328．

多、行政职能交叉现象依然严重。目前，直辖市党政机构设70个左右，地级市设60个左右，县级市设40个左右。市政机构设置仍然过于庞大，机构编制管理缺少战略规划，行政权力破碎化现象较为严重。机构设置过多，部门分工过细，导致职能交叉、多头审批、扯皮推诿、效率低下。例如，社会管理涉及政法委、综治办、维稳办、公安局、民政局、信访局、城市管理局、教育局、卫生局等十几个部门，却又缺少牵头机构，有利可图时抢着干，无利可图时互相推诿。为协调部门之间的矛盾和扯皮问题，经常要由市长召集专门会议，耗费了大量时间、精力和财政资源。

4. 公共服务能力有待加强

我国城市管理侧重于经济和社会规制职能，直接提供公共服务的能力有待增强。在基础教育、公共卫生、公共交通、公共安全、园林休闲、环境保护等领域，相关公共服务供给与居民需求之间的缺口较大。各市政部门设置了太多对内服务和自我服务的机构。例如，行政机构内部普遍设有人事、宣传、教育、老干部、工会、团委、机关事务等工作机构，这些机构数量往往超过行政机关内设机构数量的1/3。

5.4.2 城市管理体制改革的方向

1. 转变政府职能，建设服务型政府

发达国家的市政职能以公共服务和社会监管为主，政府的基本职责在于矫正市场失灵，提供公共产品和服务，为市场运行、社会自治提供制度环境。相对而言，我国城市政府肩负着经营城市和发展经济的重要使命。城市管理注重经济发展和社会控制，而在公共服务供给上重视程度不够。借鉴发达国家城市管理经验，要进一步转变政府职能，推进政企分开、政事分开、政社分开，政府主要承担经济调节、市场监管、社会管理和公共服务职能。要培育非营利组织，支持社会组织参与社会服务供给。

2. 精简党政机构，推进大部制改革

发达国家的市政机构一般保持在10个左右。例如，日本东京都在知事之下设10个机构，德国科隆市政府设置了9个工作部门，法国巴黎市政府设有13个机构。比较而言，我国城市党政机构要庞大得多①。党的十七大报告提出推进大部制改革，为机构改革指明了方向。根据大部制的要求，有必要对市政机构设置进行战略规划，对同类职能机构进行裁减撤并，减少党政机构数量，同时，强化公共安全、环境保护、食品药品监管、质量技术监督、教育、文化、卫生、体育、交通、园林等方面的职能。

---

① 我国城市行政辖区内有大片农村地区，市政府设有若干与农业和农村工作相关的机构；市政府与上级政府存在行政隶属关系，市政府承担了许多中央和上级政府安排的任务，不得不设立相应的机构来履行这些职责。西方国家市政府不下辖乡村地区，不必设立管理乡村事务的机构。同时，西方国家实行城市自治，中央和上级政府的职责由其设在市的分支机构承担，无须城市政府额外承担。

3. 推进权力下放，建设回应型政府

随着经济社会发展，城市政府承担的公共管理和公共服务任务日益繁重，行政放权和强化基层已是城市发展的必然选择，在财政支出和机构编制上，需要给予区政府更大的权力。同时，区政府也要强化社区管理和公共服务供给。作为基层政府的派出机关，当前，街道办事处是社区公共事务管理的主要承担者，负责统筹社区公共产品和服务的供给，有必要在人力和财力上获取更大支持。区政府各职能部门也要贴近基层、贴近社区，及时回应市民的公共服务需求。

4. 推进城市法治，建设法治城市

城市法治是城市管理现代化的重要标志之一。推进城市法治，就要把政府机关的职能、机构、编制、工作程序纳入法治轨道。发达国家普遍实行城市自治。由于国情和政治体制不同，迄今，我国城市并不拥有自治权。为了推进城市法治，需要加快城市管理法规建设，做到有法可依、有章可循、依法管理。为此，一方面，在国家立法层面，有必要针对城市公共事务制定专门法律法规；另一方面，在城市治理层面，需要扩大城市立法权，健全城市管理的地方性规章，明确行政程序，推进城市管理制度化、规范化。

本章小结

中国城市发展具有悠久的历史，但直到 20 世纪初才出现市建制。当前，中国建制市分为直辖市、副省级市、地级市、县级市四个层级。中国市政体制的特点是中共市委居于领导核心地位、机构设置具有同构性、城市权力具有非自治性、城市建制存在等级性、市政职能具有广泛性。

在纵向组织结构上，中国地级以上城市普遍实行“两级政府，三级管理”，街道办事处既是城市行政的末梢，也是社区治理的统筹者，既承担政府职能，也统筹协调各类社区服务。市领导县体制存在“市压县”的现象，导致市县之间出现利益冲突。改革市领导县体制，关键在于对远离中心城市的外围县给予必要的政治和财政支持。当前，我国市县关系存在两种模式，大多数地方实行“市管县”模式，少数试点地区实行“省管县”模式。

中国城市管理体制的主要问题在于：政社不分、政事不分，政府间权责配置不对称，政府机构设置较多，公共服务能力有待加强。提高城市管理水平，需要建设服务型政府，推进大部制改革，推进权力下放，推进城市法治。

关键术语

直辖市　副省级城市　地级市　县级市　街居制　市领导县体制　省领导县体制

复习思考题

1. 当代中国市政体制的基本特征有哪些?
2. 中国城市行政级别存在几个层次? 哪些城市属于副省级城市?
3. 简述建制市立法权限的差异性。
4. 简述中国城市规模的划分标准。
5. 简述中国城市管理的公权力系统。
6. 什么是市辖区体制? 什么是街居制?
7. 试论市领导县体制存在的问题。
8. 简述街居体制存在的问题及街道办事处改革的主要观点。
9. 简述中国城市管理体制存在的问题和解决对策。

第6章

城市政策过程

城市公共政策是城市管理的重要途径和工具。城市管理需要借助政策手段来实现对经济和社会的有效调控。改进城市治理，需要了解城市政策过程，掌握政策分析和评估技术，将权力和知识更好地结合起来。

重点问题

- 城市政策的含义
- 城市政策的本质
- 城市政策的过程
- 政策决策的理论模型
- 政策创新的影响因素
- 政策扩散的动力

6.1 城市政策的含义

6.1.1 公共政策的概念

学者们分别从不同的研究视角出发，对公共政策概念进行了界定。托马斯·戴伊认为，“公共政策是政府选择要做的事，或者它选择不去做的任何事”①。戴维·伊斯顿认为，公共政策“是对一个社会进行的权威性价值分配”，“一项政策的实质在于通过那项

① DYE T R. Understanding Public Policy. 9th ed. NJ：Prentice Hall，1998：2-4.

政策不让一部分人享有某些东西而允许另一部分人占有它们”①。

概而言之，公共政策是经由一定的政治过程制定的集体行动规则。俗话说，没有规矩不成方圆，公共政策是对社会成员的利益诉求进行政治决策的结果，是社会行动的共同规则。由于存在市场失灵和社会失灵问题，社会成员追求个人效用最大化的行为需要在一定的激励和约束条件下进行。这些激励和约束条件就是经由政治过程制定的公共政策。如果没有公共政策，人人追求效用最大化将会导致社会失序，直至陷入混乱状态。

6.1.2 城市政策的本质

城市公共政策包括规范城市运行和发展的各项法律、法规和规范性文件，它们提供了一系列正式规则及实施机制，界定了人们的行为空间，可减少社会环境的不确定性，降低交易费用，促进社会合作与发展。

在多层级治理结构下，城市政策既包括城市自身的公共政策，也包括上级政府制定的有关城市事务的公共政策。其中，中央政府制定的城市政策提供了城市管理的基础性制度；城市在不违背上级政策的前提下，就公共事务出台具体规定②。

从本质上讲，城市公共政策是对城市社会价值的权威性分配。戴维·伊斯顿指出，公共政策是政治系统的输出结果，制定公共政策的目的是权威地分配社会价值。社会价值的分配是一个动态过程，它包括利益选择、利益综合、利益分配和利益落实几个环节③。政府的利益选择具有倾向性，政府依赖于某一利益群体，在政策制定时就会偏向于该群体，政府重视某个领域，就会投入更多资源。城市治理也要考虑不同群体的诉求，维护社会和谐与稳定。

城市政策创新对国家政策创新具有先导性影响。以美国纽约市政研究局推动的预算改革为例，在20世纪初，美国城市治理腐败问题严重。为改进城市治理，一些改革倡导者提出以市政预算改革为切入口。预算是一种制度，它以复杂的技术和精确的数据告诉公众，政府打算做什么、正在做什么以及做了些什么。1906年，威廉·艾伦等学者创建了美国纽约市政研究局，引领了最早的市政预算改革运动。由于成效显著，市政预算改革很快从纽约市走向纽约州，最终走向全国。1921年，美国国会通过《预算与会计法案》，这场行政预算改革运动成为全国性公共政策。

6.1.3 城市政策的过程

政策过程是指某一公共政策在其整个“生命周期”中所经历的功能性阶段。通过分析政策过程，可改进城市治理对知识和信息的应用，促进政府善治④。

城市政策的完整过程可分解为以下十个环节，构成政策过程的生命周期模型。如图

---

① 伊斯顿．政治体系：政治学状况研究．北京：商务印书馆，1993：123.
② 叶海平，陶希东．大都市公共政策．北京：北京大学出版社，2007：101-132.
③ 陈庆云．公共政策分析．北京：中国经济出版社，1996：6.
④ 萨巴蒂尔．政策过程理论．北京：生活·读书·新知三联书店，2004：24.

6－1所示。

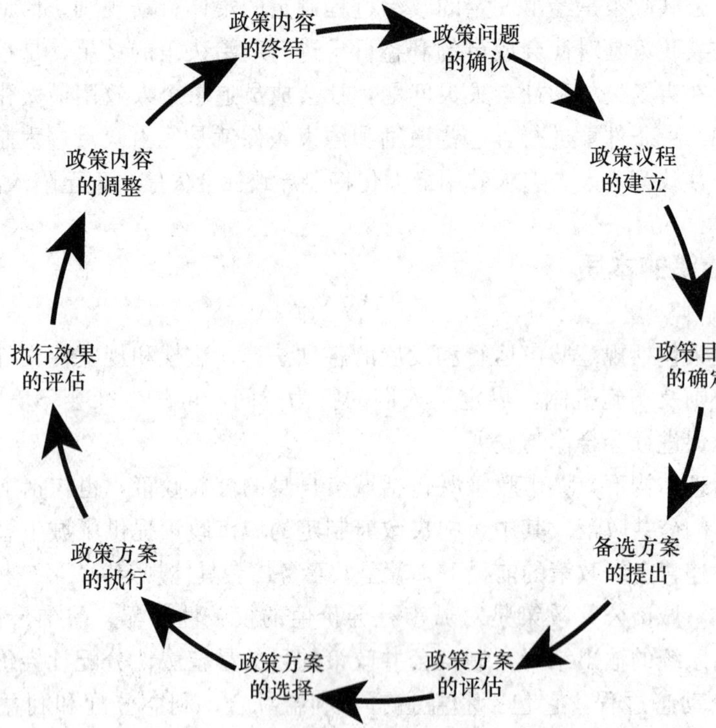

图6－1　政策过程的生命周期模型

（1）政策问题的确认。在城市运行中，难免会出现这样那样的社会问题，它们对城市运行和个人权益造成侵害。往往旧问题尚未解决，新问题又接踵而至。由于政府的精力和能力有限，并非所有社会问题都能引起关注。只有引起政府重视、政府着手解决的社会问题，才能转化为政策问题。这就是说，政策问题是从大量社会问题中筛选出来的。至于哪些社会问题能成为政策问题，则取决于政府的行动偏好、问题属性和严重程度、公众参与状况等变量。

（2）政策议程的建立。这是社会问题转化为政策问题的关键环节。政策议程可分为公众议程和政府议程两种形式。公众议程是公众参与的过程，即社会问题引起社会公众关注，他们向政府提出政策诉求，要求政府采取措施加以解决。政府议程是指社会问题已经引起决策者关注，决策者感到有必要采取行动，并把社会问题列入议事日程。

（3）政策目标的确定。经由一定的政策议程，相关政策主体对政策问题进行诊断，在讨论、协商的基础上，就政策目标达成一致。确定政策目标需要对政策问题进行认真的调查分析。就像医生给病人看病，只有知道城市患了什么病，政府才能确定政策目标和治理方案。

（4）备选方案的提出。在确定了政策目标以后，接下来的工作是设计政策方案。通常的做法是提出若干个备选方案，并对每一个备选方案的具体内容予以详细阐述。

（5）政策方案的评估。也就是对备选方案的利弊得失进行全面评价，对技术可行性、经济可行性、政治可行性和行政可行性进行分析论证。政策方案的评估也被称为“前评估”，它主要是对备选方案的后果进行预测。

（6）政策方案的选择。根据政策方案评估的结果，从多个备选方案中择优确定正式的政策内容。在对政策方案做出选择以后，还需经由政策合法化程序，使政策方案成为具有权威性的公共政策。所谓“政策合法化”，就是使政策具有正当性和权威性，从而获得社会公众的自愿认同、服从和支持，减少政策执行成本。

（7）政策方案的执行。政策方案一经采纳就要进入政策执行阶段。政策执行是把政策方案的内容转化为客观现实的过程。在此过程中，执行者需动用各种资源，建立必要的组织结构，利用多种政策工具和技术手段，使政策从观念转化为实际结果。

（8）执行效果的评估。也称为“后评估”，它通过收集相关信息和数据，对政策执行的实际结果进行客观评价。

（9）政策内容的调整。通过对政策执行进行评估，如果发现公共政策的某些内容不宜继续执行，就要做出政策调整。在渐进决策理论者看来，世界上没有一劳永逸的公共政策，各种政策都是在执行中不断调适才逐渐完善的。

（10）政策内容的终结。通过执行评估，如果发现某项政策已经达到了预期效果，或发现其执行并不成功，就需要用新政策取代旧政策。政策创新意味着旧政策的终结，政策过程也进入了新的周期。

上述十个阶段并非单向的线性递进系统，而是多向的综合反馈系统。当某一个步骤出现问题时，政策过程可能退回到前项步骤，甚至直接返回起点。在政策系统运行顺利的情况下，政策过程也可能跳越其中的某个阶段。

6.2 政策制定的模型

6.2.1 城市政策制定的主体

城市政策制定的主体，可分为官方政策主体和非官方政策主体。

西方国家城市政策制定的官方主体包括议会、行政机关和司法机关，非官方主体主要有政党、利益集团、大众传媒、智库、公众。西方国家的政党属于非官方决策者，主要发挥利益聚合的功能，并向城市政府输送政治精英。随着社会多元化发展，利益集团成为城市政策过程的重要主体。大众传媒也是利益表达的有效工具。智库由专业人员组成，它们为政府决策提供咨询。公民参与也会对政府决策施加影响。

在我国城市政策制定中，官方政策主体有执政党、权力机关、行政机关、司法机关、国有企事业单位。其中，中共市委是城市各项事业的领导核心，在政策过程中居于主导地位。根据执政党的政策倡议，权力机关、行政机关制定具体政策。中国城市政策制定中的非官方主体，主要包括非公所有制企业、民办社会组织、中介组织、公民等。

6.2.2 政策决策的理论模型

决策在城市政策过程中居于核心地位。这里介绍几种有代表性的政策决策理论。

1. 理性决策模型

理性决策模型以“经济人”假设为前提，以最优决策为目标诉求。该模型认为，任何决策都具有目标导向，达到目标存在多种途径和手段，理性的决策者会在多种备选方案中做出最优选择。理性决策的基本步骤包括：（1）认定政策问题；（2）收集事实信息；（3）确定决策目标；（4）提出备选方案，分析和评估备选方案；（5）排序选择最优方案。在这一理论看来，通过全面收集事实信息和进行政策分析，能够形成最佳方案，从而提升决策质量。

在城市政策实践中，很多决策者偏好于通过理性决策途径制定战略规划。在问题复杂、信息匮乏、时间紧迫、利益相关者高度关注并采取竞争性行动的情况下，采取理性决策模式就会存在困难。赫伯特·西蒙认为，由于种种条件的限制，决策者的理性是有限的，大多数决策都致力于发现满意方案，只有在很特殊的情况下才会追求最优方案。理性决策模型的缺点在于：第一，并非所有决策都能获得充分信息，有些决策只能在信息不充分的情况下做出抉择；第二，它过于相信人类的理性认识，实际上任何政策分析都不可能穷尽所有备选方案；第三，理性决策需要花费大量时间，成本过于昂贵；第四，在决策过程中，事实和价值不能截然分开。

2. 渐进决策模型

在批判理性决策模型的基础上，美国学者查尔斯·林德布鲁姆提出了渐进决策模型。他认为，政策制定并非完全理性的过程，它实际上是根据以往的经验对现有方案进行渐进调适的①。决策者需要根据环境的变化情况，不断地对以往政策进行局部调整、补充和修正，逐渐把一项旧政策转变为一项新政策。渐进决策模型具有以下特征：首先，决策者以现行政策为基础，着眼于发现现行政策存在的问题和缺陷；其次，决策者通常只考虑有限数量的备选方案；最后，备选方案立足于对现行政策进行修改与补充，以适应环境变化，弥补政策缺陷，而不是全盘代替现行方案。

渐进决策过程实际上是不断学习、试验、反馈和调整的过程。这一决策路径缩减了政策调整的幅度，降低了综合评估的系统性要求。在林德布鲁姆看来，公共政策是一个惯性很大的系统，越是严重的错误越难以完全纠正。在政策制定中，步子要迈得小一些，这样发现了问题就能及时纠正，迈大步往往意味着重大变革，这样做可能会在决策层内部引起紧张和冲突。渐进决策模型也有局限性：作为多元利益博弈和妥协的结果，渐进决策必然反映强势群体的利益，弱势群体的利益诉求难以充分体现；渐进主义缺少明确的组织创新和变革方向，难以推动重大和根本性改革。

3. 精英决策模型

精英决策模型将公共政策视为把握统治权的政治精英们的价值偏好。主要观点是：社会分化成掌权的少数人和无权的多数人，少数人掌握社会价值的分配权，属于精英阶

---

① LINDBLOM C E，MUDDLING S. Not Yet Through. Public Administration Review，1979（39）：517-526.

层；占统治地位的政治精英把握着政策制定权，公共政策由他们做出决定，然后由行政官员及行政机构加以执行；在决策过程中，公众是完全被动的，其诉求及行动对政策输出不会产生决定性作用。

精英决策理论认为，精英集团对基本价值观和社会规则具有共识，对社会制度的延续看法一致，在非精英阶层中，只有那些接受精英阶层共同观念的人，才可能被允许进入统治精英的行列。政策方案只有反映了精英群体的核心价值观，才能进入政策议程，得到决策者的认真考虑。当然，精英集团的成员之间也存在意见分歧，也会就一些问题出现争论。以罗伯特·达尔为代表的多元民主论者对精英决策模型提出批评，他们认为在美国政治体制下，公共政策制定是多元社会团体相互博弈的结果，任何利益集团都无法垄断政策决定权。

4. 多源流决策模型

在特定时间内，是什么因素促使政府内部关注某些社会问题并采取行动呢？约翰·金登在垃圾桶决策模型的基础上，提出了多源流决策模型，为理解政策制定提供了新的路径①。金登认为，决策理论提出的各种偶然因素和事件可分为三股力量，即问题流、政策流和政治流，在特殊条件下，这三股源流将会汇合，此时，政策制定的机会之窗就会打开。其中，问题流是指对需要政府采取应对措施的社会问题的觉察。觉察可能由社会危机、焦点事件引起，也可能由公众参与引起。问题流通过阐释问题引起相关方的注意。政策流是指政策建议产生、讨论、重新设计以及受到重视的过程。这个过程需要有专业研究、评估和分析人员参与，专家们利用各种机会发表自己对特定问题的看法，提出政策建议，力争政策制定者采纳。政治流是指对问题解决产生影响的政治过程。政治流由公众情绪、社会行动、选举结果、政府变更等因素构成。

金登提出，这些源流只有汇集在一起，才能推动政策决策，这个汇集的过程就是所谓的“政策之窗”。“政策之窗”是推动政策制定的难得机会，它具有稍纵即逝的特征。例如，一次有毒食品曝光事件可能带来对城市食品安全问题的关注。一些“政策之窗”可以预测，如年度财政预算安排、年度议会议程，一些则无法预测，如台风、地质灾害等。

6.3 政策创新与扩散

6.3.1 城市政策创新

1. 政策创新的含义

政策创新研究兴起于 20 世纪 60 年代，迄今已积累了大量研究文献。在通常理解中，

① 金登. 议程、备选方案与公共政策. 北京：中国人民大学出版社，2004.

创新是指新事物第一次被创造出来。在政策创新文献中，主流观点则是区分“创新”（innovation）与“创造”（invention），政策创新被理解为新观念、新方案在某个政府中第一次付诸实施，而不论其是否被其他政府采用过①。创新不仅要有新观念，而且要制定新目标，并将观念付诸实践。作为公共权力机构，政府采取的政策创新活动也要创造公共价值②，维护和增进公共利益。因此，政策创新需要具备三个要素：新观念、新实践、新价值。

政策创新是有目的的行动过程，是政府为了解决现实问题而实施的新举措。创新理论最早由熊彼特提出，他从技术和经济相结合的角度，提出创新就是生产要素的重新组合③。熊彼特认为先有发明，后有创新，发明是新工具或新方法的发现，而创新是将发明付诸应用。政策创新研究继承了熊彼特的逻辑，其关注点并非政策理念的原创性，而在于政策采纳的首次性。某项政策只要对采纳它的政府来讲是新的，并在实践中增进了公共利益，就属于政策创新。

2. 政策创新的影响因素

城市政策创新的影响因素包括内部因素和外部因素两个方面④。

内部因素是指城市自身的激励和促进因素。一般认为，经济资源是促进政策创新的重要因素。政策创新需要增加财政支出，而其收益具有滞后效应，因此财政支持是政府推进政策创新的先决条件。研究发现，经济发展水平、工业化水平、城市化程度较高的地方政府更倾向于创新⑤。除经济资源外，城市领导者的创新精神、政府学习能力也是影响创新能力的重要因素。

外部因素是指城市政府之间、城市与上级政府之间的互动交流对创新具有重要影响。当一个城市的政策创新取得成效，会吸引其他城市开展政策学习，借鉴成功经验。城市之间存在竞争关系，这种竞争压力迫使各地采纳已被广泛应用的新政策。另外，城市政策创新也可能是由于感受到本地民众的不满情绪或舆论压力，当其他城市实施新政策增进了社会福利时，本地居民就会要求政府采取类似行动。中央政府的认可和支持也是城市政策创新的外部影响因素。

城市采纳一项新政策，可能是基于自身因素（政治、经济和社会条件）的自主创新，也可能是对其他城市的政策创新进行回应的结果。

6.3.2 城市政策扩散

政策扩散通常是指政策创新的扩散（diffusion of innovation），即一项政策创新在空

① WALKER J L. The Diffusion of Innovations among the American States. The American Political Science Review，1969，63（3）：880-899.

② LIGHT P C. Sustaining Innovation：Creating Nonprofit and Government Organizations that Innovate Naturally. San Francisco：Jossey-Bass，1998.

③ SCHUMPETER J A. Business Cycles. NY：McGraw-Hill，1939.

④ 贝瑞. 政策研究中的创新和传播模型//萨巴蒂尔. 政策过程理论. 北京：生活·读书·新知三联书店，2004.

⑤ 同①.

间上发生了转移，被其他政府采纳的过程。随着时间的推移，政府创新会通过某种渠道在地方政府之间形成沟通机制，中央与地方之间也会就新项目及其成效进行交流。

政策创新的扩散过程具有以下基本规律：（1）扩散过程的S形曲线发展趋势。在一项有效的新政策扩散的早期阶段，采纳该政策的城市数量增长较为缓慢；在中间阶段，有效的新政策会快速扩散；在后期阶段，采纳新政策的城市数量又呈缓慢增加趋势。（2）政策扩散在空间转移上的“邻近效应”。城市治理的一项新政策向外扩散，首先接受的往往是邻近的城市。（3）创新扩散的“领导者—追随者”效应。在一项新政策的扩散过程中，多个城市之间存在先行者和借鉴者的角色差异，前者扮演领导者的角色，后者扮演追随者的角色①。

一项新政策是如何实现跨城市的“旅行”的呢？是何种动力促使一个城市采取另一个城市的公共政策呢？主要动力可能来自以下方面：一是主动学习的结果，一个城市看到了新政策的优势，可能会主动学习，从而实现政策扩散；二是外部压力的结果，某个城市在外部压力之下，可能会被迫接受一项新政策；三是道义责任的结果，政策扩散的发生也可能出于某种义务，促使一个城市接受了某项新政策②。

根据上级政府发挥的作用，城市政策扩散可分为三种模式：

（1）自主学习型扩散。这是指一项新的城市政策获得成功后，经由一定的信息交流途径，引起其他城市关注，在城市间学习的基础上，新政策开始向其他城市扩散。从扩散的动因看，自主学习型扩散是地方政府受到启迪主动采取的学习行为，上级政府并未积极介入其中。

（2）上级认可型扩散。这是指某个城市率先实施某项新政策后，得到上级政府的关注和认可，并通过组织专题性会议、经验介绍会等形式，在更大范围内推行这一典型经验。在这一扩散模式下，上级对城市的政策创新予以认可，将其选择为“典型经验”，提供交流和讨论平台，增进创新城市与其他城市的相互交流，动员其他城市学习并采纳新政策。

（3）上级指令型扩散。这是指一个城市出台新政策后，不仅得到上级政府的充分肯定，还通过行政指令的形式，要求其他城市也要实施这一政策。上级指令型扩散存在两种情况：一是指定某些城市进行新政策试点，在更大范围内检测新政策的成效；二是制定和颁布政策法规，将一个城市的政策创新上升为更高层次的公共政策，所有城市都要执行。

6.4　政策执行与评估

6.4.1　政策执行的程序

政策过程在完成了政策制定之后，就进入了政策执行阶段。早期的政策科学研究主

---

① BROWN L A，COX K R. Empirical Regularities in the Diffusion of Innovation. Annals of the Association of American Geographers，1971（61）.

② DOLOWITZ D，MARSH D. Who Learns from Whom：A Review of the Policy Transfer Literature. Political Studies，1996，44（2）：343-351.

要聚焦于政策制定，政策执行并没有引起重视。20世纪70年代以后，一些政策学者开始关注政策执行问题。1973年，普雷斯曼和威尔达夫斯基的著作《执行：华盛顿的伟大期望为何在奥克兰市落空》出版，对推进政策执行研究发挥了重要作用①。

政策执行是政策过程中的重要环节，是指通过各种措施和手段作用于政策对象，将政策目标转化为现实结果的行动过程。为了实现政策目标，政策执行需要建立一定的组织结构，运用各种资源，采取解释、宣传、实验、实施、协调与监控等方式和手段，把政策内容转变为现实结果。政策目标是政策执行的出发点和归宿。

政策执行的理论研究经历了三个阶段②：第一代研究采取自上而下的路径，探讨有效的政策执行应具备的前提条件；第二代研究对自上而下的路径持批评态度，提出了自下而上的分析路径，强调政策制定者需考虑执行面临的环境，执行者应具有自由裁量权；第三代研究提出了整合性分析框架，强调多元主体和联合行动的重要性。

近年来，我国在政策执行领域也形成了一些原创性成果。一些学者关注到政策执行中的“变通”现象③，即执行者在未得到决策者正式准许的情况下，自行改变原政策的某些内容，推行经过调整的政策安排。有学者关注到激励因素对政策执行的重要作用，通过区分政治激励和经济激励两类因素，提出了四种政策执行模式：实动（政治激励高、经济激励高）、暗动（政治激励低、经济激励高）、伪动（政治激励高、经济激励低）、缓动（政治激励低、经济激励低）④。

政策执行需要制定实施细则，明确权责分工，及时化解阻滞政策执行的障碍因素。对于法治国家来讲，政策执行必须以法律为依据，不得违反法律的精神和目的。政策执行的环节主要有：

（1）政策颁布。颁布方式主要有两种：一是用内部文件形式下发到有关机关，二是通过大众传媒或政府公报、政报等形式公之于众。

（2）实施准备。在政策颁布之后，需要做好组织准备、思想准备、物质准备、政策细化等一系列准备工作。组织准备包括机构设置和人员配置；思想准备主要是学习政策内容，把握政策目标、措施适用范围和条件等；物质准备包括经费、技术和设备准备；政策细化即分解政策目标及阶段性任务。

（3）政策宣传。通过媒体宣传、专题学习、培训班、宣讲会、专家导读等方式，对政策内容进行解读。

（4）政策试验。在全面实施某项公共政策之前，选择有代表性的地区进行试点，总结经验教训，然后再全面推行。政策试验可发现偏差，修正和完善政策。

（5）全面推行。这是政策执行的最后一个阶段，也是政策执行过程中最重要的节点。政策执行的涉及面广，要及时纠正偏差，确保取得成功。

---

① PRESSMAN J L，WILDAVSKY A B. Implementation：How Great Expectation in Washington Are Dashed in Oakland. 3rd ed. Berkeley：University of California Press，1984.

② 希尔，休普. 执行公共政策. 北京：商务印书馆，2011：58-115.

③ 制度与结构变迁研究课题组. 作为制度运作和制度变迁方式的变通. 中国社会科学季刊（香港），1997（冬季卷）.

④ 陈玲，林泽梁，薛澜. 双重激励下地方政府发展：新兴产业的动机与策略研究. 经济理论与经济管理，2010（9）.

6.4.2　政策有效执行的前提

有效执行公共政策，需要具备一定的前提条件。这些前提条件主要包括：

（1）高质量的公共政策。政策有效执行首先受制于公共政策本身的质量。高质量的公共政策具有合法性、合理性、协调性、公平性和可行性。如果政策本身存在缺陷，得不到目标群体的认同、支持和配合，在执行中就容易陷入困境。

（2）必要的组织保障。政策执行需要依托一定的组织机构和执行人员，以及相应的权力结构、人事管理、领导模式、指挥方式和信息沟通等。

（3）必要的执行资源。政策执行需要拥有一定的物质、信息和技术资源，以及合法性资源、权威性资源、社会资本、人格魅力、公信力等。

（4）恰当的执行工具。执行工具是指执行机构、执行人员在实施政策时所采取的方法和手段。按照政府的介入程度，政策执行工具可划分为十大类，如图6-2所示[1]，在执行政策时，需要选择恰当的执行方法。

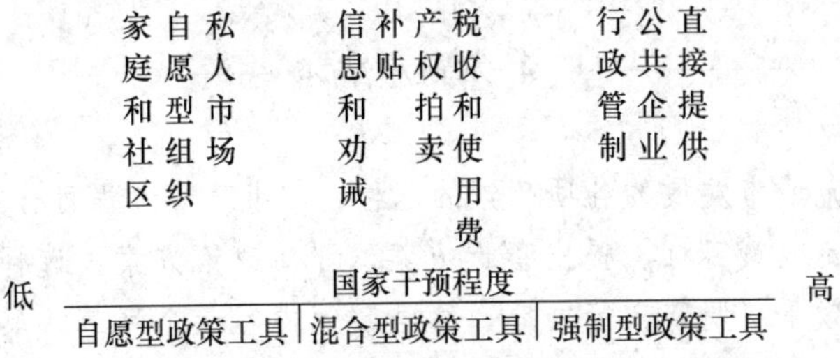

图6-2　政策执行工具图谱

资料来源：豪利特，拉米什. 公共政策研究：政策循环与政策子系统. 北京：生活·读书·新知三联书店，2006：142.

（5）有效的沟通和协调。政策执行涉及社会利益格局和利益关系的调整。有效的沟通和协调，可以增强执行机构和执行人员之间、执行者和目标群体之间的信息联系，能够统一认识，消除误解，争取目标群体的认同、服从和参与，增进合作，提高执行效率，保证政策目标的顺利实现。

（6）有效的监督控制。由于受到各种内部和外部因素的影响，政策执行有可能会出现偏差。为了提高执行效率，需要加强监督和控制。

6.4.3　政策评估的内涵

政策评估是对已经付诸实施的公共政策的结果进行测评，以判断政策执行效果及其带来的影响。政策执行和评估常常交叠在一起，在执行的同时也会对效果进行评估，并根据评估结果调整政策内容。正是在不断的政策执行、评估、调整、再执行、再评估过

① SALAMON L M. Beyond Privatization：The Tools of Government Action. Washington，D. C.：Urban Institute，1989：41.

程中，公共政策不断完善并走向成熟。

从评估活动的组织者看，政策评估分为内部评估和外部评估。内部评估是由政府内部人员实施的评估，其优势在于，容易得到被评估对象的配合，能够获得执行结果的第一手资料，缺点在于评估者的地位不独立，容易影响评估的客观性和公正性。外部评估由政府之外的评估者完成，优势在于评估者与执行者没有直接的利益关联，能够做到客观公正，但在获取真实的执行结果信息方面存在一定困难。

从评估活动的组织形式看，政策评估分为正式评估和非正式评估。正式评估指事先制定完整的评估方案，由专门的评估者进行评估。正式评估具有专业性，评估方法较为规范，评估内容较为全面。正式评估的结论常常成为评价政策执行情况的主要依据。非正式评估对评估者、评估形式、评估方法等没有严格规定，它根据有限信息对政策执行结果做出评价，具有灵活性和及时性，缺点是获取信息有限，评估结论可能以偏概全。

通过对城市政策进行评估，将政策执行情况及存在的问题反馈给决策者，可以及时调整和优化政策方案。在对某项政策进行评估后，决策者认为没有必要继续执行，则会终结该项政策。

本章小结

城市政策是规范城市发展的各项政策的总称。城市政策过程可分解为确认政策问题、建立政策议程、确定政策目标、提出备选方案、评估政策方案、选择政策方案、执行政策方案、评估执行效果、调整政策内容、终结政策内容十个环节。其中，决策在城市政策过程中居于核心地位。本章介绍了几种影响较大的公共决策模型，主要包括理性决策模型、渐进决策模型、精英决策模型、多源流决策模型。

城市政策创新是政府为解决城市问题而实施的新项目、新方案，它实际上就是政府创新。政策创新需要具备新观念、新实践、新价值三个要素。政策创新可能来自系统内部的激励和促进因素，也可能是地方政府之间、地方政府与上级政府之间相互交流的结果。政策执行是将政策目标转化为现实结果的行动过程。政策执行是一个动态的过程，它常常与政策评估相互交织。

关键术语

公共政策　政策过程　政策议程　理性决策模型　精英决策模型　渐进决策模型　多源流决策模型　政策创新　政策扩散

复习思考题

1. 什么是公共政策？
2. 简述城市政策的本质。
3. 简述政策过程的主要流程。

4. 中国城市政策制定主要有哪些政策主体?
5. 试论政策制定的主要理论模型。
6. 简述渐进决策模型的含义。
7. 简述垃圾桶决策模型的内容。
8. 简述多源流决策模型的内容。
9. 试述政策创新的概念及影响因素。
10. 简述政策扩散的主要模式。
11. 政策执行有哪些主要环节?
12. 简述中国城市政策执行的几种理论模型。

第7章

城市规划管理

城市规划既是一门涉及多学科知识的综合科学，也是一项引导城市建设的政府行为，还是一种鼓励公民参与的社会运动。城市规划通过确立城市的性质、规模和发展方向，为合理利用土地与资源、协调城市空间布局和基础设施建设提供总体框架。科学合理的城市规划能为城市建设和发展带来综合效益。

重点问题

- 近代城市规划的背景
- 城市规划中的利益分析
- 近现代城市规划理论
- 城市规划的编制和实施
- 城市规划的挑战与变革
- 城市规划师的职业伦理

7.1 城市规划的含义与作用

7.1.1 城市规划的含义

1. 城市规划的概念

规划是进行合理的选择和对未来活动加以控制的行为。城市规划是对城市的性质、规模、发展方向以及各项建设进行的权威性目标选择和综合部署。它涉及经济、政治、生活、环境、教育、文化、科学、建筑等多个领域，是一项复杂的系统工程，具有综合性特征。

城市规划是城市管理的重要手段之一，它通过调控城市空间资源，指导城市发展和建设，促进公共利益最大化，保障公共安全和社会公平，提升城市发展和市民福利水平。城市规划的目的在于弥补市场缺陷。市场机制能够推动经济发展和城市化，但解决不了环境保护、公共卫生等问题；市场机制能够带来经济的繁荣和城区的扩大，但也造成了城市分散化、城市中心衰落、土地使用浪费。城市政府对解决这些问题负有责任，政府解决问题的基本工具之一就是城市规划。

2. 城市规划的发展

城市规划具有悠久的历史，有了城市就有了城市规划。早期的城市规划内含于建筑学之中，主要针对城市物质形态进行规划。伴随着城市规模扩大，城市规划经历了从简单到复杂、从平面到立体、从粗略到精细的发展过程。唐朝的都城长安，已经有了较为详细的城市规划，并初步考虑到城市布局的功能分区。随着工业革命的到来，城市的工厂数量和人口规模急剧增加，城市规划成为改进城市管理和实现功能分区的重要手段。

近现代城市规划理论是城市卫生防疫、环境保护、城市美化这三大运动催生的结果①。

（1）城市卫生防疫运动。工业革命促进了生产力发展，使人类居住模式从分散转向集聚，人与人之间接触和交流的频度大大提高，但人口高度集聚导致清洁水供应不足，城市垃圾和污水不能及时处理，肠胃感染、鼠疫、霍乱等疾病蔓延。一批医生和社会工作者提出，城市建设要有规划，要建设下水道、清洁供水和垃圾处理设施，现代城市规划思想开始萌发。1875年，第一部涉及城市规划的法律《公共卫生法》在英国诞生。

（2）环境保护运动。工业革命促进了城市经济的发展，也导致废渣、废水、废气（“三废”）大量排放，城市环境受到严重污染。一些有识之士提出改造城市环境。英国社会学者罗伯特·欧文提出并践行“工人村运动”“新城运动”，在工厂旁边建立工人住宅村，里面有庭院、草地、林荫道。1898年，英国社会活动家霍华德提出“田园城市”的概念，主张把城市分成若干个组团，每个组团5万～6万人，不超过10万人，由3～5个这样的组团组成一个城市群，每个组团有工厂、住宅、花园、医疗设施，组团与组团之间以田野、森林、河流、湖泊进行分隔，通过便捷的交通进行连接②。

（3）城市美化运动。工业革命以后，大量农民涌入城市，城市越来越拥挤，污染越来越严重。富裕的中产阶层选择移居到郊外。交通工具的改进，使在郊区居住的市民既能享受城市便利，又能享受优美风景。与此同时，租房的穷人却住逐渐变得陈旧的城市中心③。

---

① 仇保兴. 城市经营、管治和城市规划变革. 城市规划，2004（2）.

② 霍华德. 明日的田园城市. 北京：商务印书馆，2000.

③ 西方国家普遍建立财产税制度，个人拥有房产就得纳税，当经济萧条时，一些房主因付不起财产税，不得不放弃对住房的所有权。20世纪初期，美国许多大城市出现房主弃房现象，市中心的一些住房出现年久失修问题。

于是，一些人提出进行城市美化运动。美国联邦政府为此还设立了专门基金。城市政府提出改造计划，经审查批准后，联邦政府给予一定资金支持。一些市政府把市中心的土地收购回来，拆除破旧房屋，建设城市公园、高层住宅、商业设施。城市美化运动对城市规划发展具有重要推动作用。

3. 城市规划立法

1909 年，英国制定了世界上第一部城市规划法。此后，德国、瑞典、日本等国也相继制定城市规划法案，并成立专门的管理机构。1933 年，国际现代建筑协会在希腊首都雅典集会，制定了第一个世界性的城市规划大纲——《雅典宪章》，把城市功能分为四个方面，即居住、工作、游憩和交通。城市规划的目的是保证这四大功能的充分发挥。二战结束后，随着城市化的快速推进，城市规划得到了长足发展。传统城市规划主要关注用地规划和建筑布局，而当代城市规划侧重于城市生态、经济和社会发展。1989 年，中国制定并颁布《城市规划法》，城市规划管理被纳入法治化道路。

7.1.2 城市规划的特征

城市规划涉及社会学、心理学、建筑学、经济学和政治学等多学科知识[①]，现代城市规划是一项系统而复杂的工作，具有以下基本特征：

1. 综合性

城市规划须对经济发展、产业布局、生态环境、基础设施、建筑风格、文化遗产、市民生活等各个子系统进行统筹考虑。在对城市的空间结构、建筑风格、产业布局进行规划时，必须考虑经济发展、人文地理等因素。

2. 权威性

城市规划涉及市民的切身利益，具有明显的公共性和外部性特征。城市规划方案一经制定并颁布，就具有权威性和法律效力，所有单位和市民都必须遵守。

3. 前瞻性

城市规划既要解决城市现实问题，又要考虑到长远发展的要求。由于人的理性是有限的，预测城市的未来发展具有一定难度。

4. 阶段性

城市规划不是一劳永逸或固定不变的，需要根据情况和发展需求的变化，适时对城市规划进行修改。

---

① 在美国，大学本科一般不设城市规划专业。政治学、经济学、地理学、工程技术学，甚至是医学专业的本科生，都可以报考城市规划专业的硕士研究生。张庭伟．美国城市规划教学的若干特点．城市规划汇刊，1991 (1).

7.1.3 城市规划的作用

1. 有利于合理利用土地资源

城市规划是建设和管理城市的基本依据。科学的城市规划有利于减少各种资源的浪费，提高城市综合经济效益。我国城市人口密集，土地资源紧张，通过实施“紧凑型”城市发展政策，可提高土地利用效率。

2. 有利于促进城市合理布局

城市规划根据经济社会发展目标和生产力布局要求，通过研究城市的自然、经济、社会和区域发展的条件，确定城市性质，预测城市发展规模，选择城市用地的发展方向，可以防止城市“摊大饼”式发展。

3. 有利于提高城市综合效益

城市规划对妨碍城市整体功能和公共利益的行为进行约束，对改善城市基础设施和空间布局的行为给予激励，对各种利益冲突进行裁决和协调，对公共产品、基础设施的供给给予优先考虑，能够引导经济社会活动与城市发展目标相适应。

4. 有利于保护城市生态环境

如果工厂过度集聚，建筑过分密集，人口过分集中，交通过分拥挤，就会导致环境污染、生态失调、水资源和能源紧张。城市规划对于保护生态环境具有重要作用。

5. 有利于保障城市交通畅通

道路交通系统的分布与安排在城市布局中占据重要地位。发展多中心、分散式、放射状、小街区的交通布局，规划和建设城市快速通道，有利于解决城市交通拥挤的问题。

6. 有利于塑造城市特色形象

城市规划通过规划和建设标志性建筑，对河流绿地进行保护，有利于形成城市的独特风貌。它对历史文化遗产的保护、继承和创新，有利于塑造城市的特色形象。

7.2 城市规划的理论发展

7.2.1 城市规划的理论演进

自古代城市形成以后，人类就开始了城市规划的实践探索。城市规划理论来源于实践，又指导着新的实践活动。城市规划的理论发展主要经历了以下几个阶段：

1. 古代城市规划理论

古希腊和古罗马是西方古代城市发展的早春时期，它们给后世留下了雅典卫城、古罗马城等精美绝伦的建筑文化遗产，这些遗产迄今依然闪烁着不可磨灭的艺术光辉。公元前 5 世纪，古希腊建筑师希波丹姆提出，把城市分为圣地、公共活动中心和住宅区。这是世界上最早的城市功能分区思想之一。他规划的米列特城（Miletus）和普南城（Priene）采用方格形道路网络，追求几何图形上的和谐有序。古罗马建筑师维特鲁威在《建筑十书》中论述了城市选址、地段划分和广场规模等问题。

欧洲的中世纪是神学主导的时代。在神权至上的思想控制下，神权和等级成为城市规划的主要理念。教堂和市政厅成为城市的中心，城市的房屋密集，街道狭小。在城市之外的乡村，封建领主和贵族在环境优美的地方修建庄园和城堡。神学政治和封建领主经济使中世纪城市发展经历了漫长的停滞时期。

15—16 世纪的文艺复兴运动，冲破了神权的精神枷锁，将人文主义理念引入城市规划之中。从此以后，人性取代了神性。威尼斯的圣马可广场是文艺复兴时期将人文主义理念运用到城市规划中的杰出代表。

2. 近代城市规划理论

工业革命使大量乡村人口迁往城市工作，形成了城市化的第一波浪潮。随着城市化快速发展，城市出现交通拥挤、环境恶化、空气浑浊等“城市病”。为了改善生态环境，19 世纪 50 年代，城市规划提出建造大片公园绿地的理念。1859 年，美国建筑师欧姆斯特在纽约曼哈顿中心设计了中央公园。之后，他又设计了布法罗、底特律、芝加哥和波士顿等城市的公园系统。城市公园打破了市区总是布满密集房屋，园林属于皇室贵族、不对公众开放的旧格局，大大改善了市区生态环境。之后，城市规划还兴起了用绿化带分隔市区的观念。

1882 年，西班牙工程师索里亚·马塔提出沿铁路干线建设“带形城市”的理论，为沿交通线发展城市提供了理论依据。马塔认为，带形城市具有下列优点：（1）带形城市沿着交通线路而建设，干线一侧为工业区，另一侧为居民区，可以互不干扰；（2）大部分居民日常活动往来于干线两侧，可以节约时间；（3）带形城市由于横向宽度有限，便于城市与乡村的沟通与联系；（4）带形城市将原来的城市社区连接起来，从而形成城市网络体系。带形城市理论对以后的西欧城市规划产生了较大的影响。

19 世纪末 20 世纪初，霍华德提出把城市和乡村结合起来的“田园城市”规划理念。在《明日的田园城市》中，霍华德提出建设没有工业喧闹、人口规模不大、低密度、接近大自然的田园城市设想。其要点是：城市以不超过 10 万人为宜；城市应有相当面积的绿地，维持生态平衡；合理利用土地；制定城市规划并严格实施。“田园城市”规划理念对西方国家的城市规划产生了很大影响。英国的谢菲尔德、澳大利亚的堪培拉等城市的规划就体现了“田园城市”理念。

3. 现代城市规划理论

20 世纪初的城市规划理论突出地表现为功能主义理念的兴起。19 世纪下半叶和 20

世纪初是科技大发明的时代。钢结构应用于房屋建筑（1870年），使高层建筑成为可能；电话的发明（1876年）改变了信息沟通和社会交往方式；电灯的发明（1879年）改进了城市照明系统；电车的出现（1881年）、伦敦地铁的建成（1863年）、纽约电梯的使用（1889年）、汽车的投产（1907年）等，大大缩小了人们的时空距离，改变了城市的空间结构，同时也改变了城市规划理念。

1910年，法国建筑师托利·戛纳尔在进行城市规划时，第一次系统地对城市功能进行了分区，他把工业区、港口、铁路、居住区严格区分开来。1915年，英国学者格迪斯在其出版的《进化中的城市》中，第一次从区域经济出发考察城市规划，提出城市规划应遵循“调查—分析—制定规划方案”的基本程序。

1922年，瑞士籍法国人、著名建筑师柯布西耶在《明日之城市》中，针对大城市中心区域的拥挤局面，提出通过建造摩天大楼和发展高层建筑来减少建筑密度，通过发展立体交通来改善交通条件，通过增加绿地来改善市区生活环境。1925年，他还为巴黎市中心的改造提出“伏埃森方案”，主张用高层建筑改造市中心区。对于历史名城来讲，他的这套方案未被接受，但柯布西耶的理论对二战后西方大城市的重建起了很大作用。

为疏散伦敦市区人口，1922年，英国伦敦规划委员会总顾问昂温提出建设城市新城（卫星城）的理论。该理论有利于克服大城市市区过分拥挤、结构老化和环境恶化等问题。在该理论的影响下，英国、法国、美国、日本、苏联以及北欧、东欧等地区的大城市周围，建起了不少新城（卫星城）。

1929年，美国规划师佩里提出“邻里单位”理论，主张汽车不要穿越居住区，这一理论成为规划居住小区的指导思想。“邻里单位”理论主张以城市干道包围的区域为邻里单位，邻里单位的规划原则是：（1）以小学生上学不穿越交通干道为邻里单位和用地规模的标准；（2）邻里单位内配置各类居民生活必需的服务设施；（3）邻里单位内部采取终端式道路系统，限制外部车辆穿越；（4）居住房屋的布局应有最佳朝向和合理间距。

1933年，德国地理学家克里斯泰勒提出“中心地”理论，率先论证了城市体系对城市规划的影响。所谓“中心地”，是指在城市体系中，大城市、中等城市和小城市都有各自的市场作用空间，城市规划既要看到本城市的经济活动空间，也要看到与其他城市的分工协作关系。“中心地”理论揭示了城市体系中不同等级城市的地位和作用，中心地的等级越高，其功能和影响越强，人口就越多；越是低级的中心地，其数量越多，相互间隔越近，服务的地域也越小。

20世纪30年代的《雅典宪章》把城市功能分为居住、工作、游憩和交通四个方面，认为居住区是城市最主要的生活区域，住宅应安排在城市最好的地区。《雅典宪章》还提出，在人口密度较高的居住区域，可建造间距较远的高层住宅，并留出必要的空地，配置公共娱乐设施和停车场所；必须使城市规划成为法律，依靠法律手段保障城市规划的贯彻实施。

20世纪30年代以来，城市规划理论提出建设步行商业街和步行商业区，至今仍被许多城市采纳。此外，城市公园理念得到普及和传播。

1942年，芬兰建筑师沙里宁在《城市：它的生长、衰退和未来》一书中提出城市“有机疏散论”。“有机疏散论”既不同于“田园城市”规划理念，也不同于柯布西耶的城市集中发展理论，它主张在城市中心过分拥挤或衰败的地区，按照“有机秩序”原则加以疏散和更新，把大工业疏散到城市周边和郊区去，使城市中心区和郊区得到有机协调发展。一些大城市采用了该理论，向周边地区扩散城市人口和产业，出现了人口和产业郊区化的发展新趋势。

4. 当代城市规划理论

1955年，法国经济学家佩鲁提出城市“增长极核”理论，揭示了大城市具有巨大的经济集聚功能，对区域经济发展具有增长极核效应，对于中小城镇和农村经济发展具有广泛影响。根据“增长极核”理论，落后地区要制定大城市发展规划，扶持区域经济增长极核。

20世纪60年代，城市规划者认识到仅仅依靠技术条件并不能够解决城市面临的种种难题，只有配以相应的经济政策和社会政策，才能实现城市协调发展。面对郊区化导致市区衰落、基础设施陈旧、住房失修等问题，美国制定了市区复兴计划，政府提供贴息贷款，减轻市区税率，吸引企业返回市区投资，防止了大城市中心区衰落。

20世纪60年代以来，城市规划理念的发展还表现为重视保护历史纪念物和历史文化遗产。1964年，第二届历史古迹建筑师及技师国际会议（ICOM）通过了《保护文物建筑及历史地段的国际宪章》（《威尼斯宪章》）。该宪章总结了文物保护的理论和经验，提出既要将文物建筑当作历史见证物，又要将它当作艺术品。该宪章还提出，要保护文物建筑的全部历史信息，从平面、立面到室内的装饰、雕刻、绘画，保存多个时代的叠加物；修复文物时添加的部分须与整体保持一致，同时与原来部分相区别①。

1977年，国际现代建筑协会在秘鲁首都利马召开会议，通过了《马丘比丘宪章》。该宪章旨在回答城市规划面临的新情况和新问题，提出：（1）城市的功能分区是相对的，同时要考虑发挥城市各功能之间的联系，要注重发挥城市整体功能；（2）城市的每座建筑都要与其他建筑进行对话，从而完善自身的形象；（3）城市交通政策要使私人汽车从属于公共交通；（4）在城市的急剧发展中，要处理好城市建设、自然环境与人文环境的关系，保护城市历史遗产，保护有价值的人文景观。

7.2.2 中国城市规划的发展历程

中国古代的城市规划最早可以追溯到《考工记》，其中有关营国的制度就是西周国都的城市规划设计。根据《考工记》记述，“匠人营国，方九里，旁三门。国中九经九纬，经涂九轨。左祖右社，面朝后市，市朝一夫”。该书也规定了各个诸侯国国都的规模，其形制与尺度必须小于首都，不得逾越。《考工记》对我国古代都城建设影响巨大。这种城市规划理念体现了专制时代国君至高无上、唯我独尊的思想。

从实践上看，中国古代城市规划经历了从里坊制到街巷制的转变②。里坊制大约形成于东周时期，一直延续到唐朝末期。以都城的规划为例，皇宫居中偏北，东西集中分

---

① 清华大学建筑与城市研究所．城市规划：理论、方法与实践．北京：地震出版社，1992：153.

② 鲍世行．城市规划新概念新方法．北京：商务印书馆，1993：5.

列两市。城市居民区被坊墙分割成许多里坊，里坊内部有井字形道路系统，四周筑有高墙，实行宵禁。坊内居民实行“连保制度”，便于统治和管理。随着城市手工业和商业的发展，唐朝末年，开始出现坊内设店和拆坊墙开店的现象，但这种情况尚不普遍，且被认为是破坏祖宗法制的行为。到了北宋，包括都城汴京（今开封）在内的许多城市撤除了坊墙，使街坊直接面向街道，沿街道开设店铺，并沿着通往街道的小巷设居民点。这种开放型城市布局，对后来的城市发展产生了深远影响。

受近代资本主义的影响，19世纪中期以后，上海、天津、青岛、大连、长春等城市率先开始近代化建设，引进了近代城市规划理论。半殖民地状态下的城市规划和建设为培养城市规划、建筑和管理人才做了一些工作，但难以改变总体落后局面。1939年，国民党政府颁布了《都市计划法》，先后制定了上海市和南京市的城市规划。由于政局不稳，这些立法和规划没有真正得到执行。

新中国成立后，1952年9月召开的全国城市建设座谈会提出要重视城市规划工作。1953年3月，建筑工程部城市建设局成立规划处，聘请苏联专家对一批重要城市进行规划。“一五”计划期间，我国完成了对苏联援建的156个项目的选址论证工作。国家开始建立城市规划机构并开展学术研究，培养城市规划和建设人才。

由于受到美国的军事封锁以及面临着特殊的国际环境，新中国对西方城市规划理念、方法、技术知之甚少。“一五”时期的城市规划照搬苏联模式，形成了以集中性、行政性、福利性为特征的工业城市规划模式。1958年国家实施“超英赶美”和“大跃进”运动，城市规划部门经常草率、快速规划。由于“大跃进”导致经济出现混乱局面，1960年，中央宣布“三年不搞城市规划”。从1960年到1976年，全国只有攀枝花和唐山两个城市制定了城市规划。前者是由于发现了优质铁矿，后者是由于发生了地震灾害。

改革开放以来，我国现代化建设全面展开。1989年12月，全国人大常委会颁布了《城市规划法》，这是新中国第一部城市规划基本法律。在总结经验的基础上，2007年10月，全国人大常委会制定了新的《城乡规划法》，确立了城乡统筹、以人为本的规划理念。

与1989年的《城市规划法》相比，2007年的《城乡规划法》改变了原来的城乡分治管理体系，转而实行城乡统筹发展体系。新法强调把公共利益放在核心位置，提出城市建设和发展应优先安排基础设施和公共服务设施项目。新法规定城市规划分为总体规划和详细规划，取消了原有的分区规划，明确了各类规划的审批层次和程序。

7.3 城市规划的编制和实施

7.3.1 城市规划的编制原则

1. 协调原则

城市规划以协调城市空间布局、改善人居环境、促进经济社会全面协调发展为使命。

制定城市规划须综合考察自然环境、资源条件、人文环境、生产力水平、社会文化发展状况以及与周边地区的联系性，做到统筹兼顾、合理安排、综合部署、协调发展。

2. 效益原则

城市规划应有利于发挥城市的综合效益，更好地为经济建设和人民生活服务。科学的城市规划不仅在整体布局方面具有美学价值，而且能够产生巨大的经济和社会效益。

3. 节约原则

我国的人地矛盾突出，人均耕地面积在世界上排名靠后。城市用地紧张是我国城市建设长期面临的基本问题。城市规划须贯彻合理布局、节约土地、集约发展和“先规划后建设”的原则。

4. 人文原则

人文原则即坚持以人为本。城市规划要注意保护历史文化遗产，保护具有人文历史、地方特色和纪念意义的建筑物与古树名木。

5. 生态原则

环境污染损害市民健康，降低经济效益，损害城市形象，具有很强的负外部效应。城市规划要注意保护和改善生态环境，防止污染和其他公害。

7.3.2 城市规划的分类

根据《城乡规划法》的规定，城市规划分为总体规划和详细规划，详细规划又分为控制性详细规划和修建性详细规划。

1. 城市总体规划

城市总体规划是指导城市建设的纲领性文件，是城市详细规划的基础，是规划管理的法律依据。城市总体规划、镇总体规划的规划期限一般为20年。城市总体规划还应对城市更长远的发展做出预测。

城市总体规划的内容主要包括：城市的发展布局，功能分区，用地布局，综合交通体系，禁止、限制和适宜建设的地域范围，各类专项规划等。《城乡规划法》规定，规划区范围、规划区内建设用地规模、基础设施和公共服务设施用地、水源地和水系、基本农田和绿化用地、环境保护、自然与历史文化遗产保护以及防灾减灾等，应当作为城市总体规划的强制性内容。首都的总体规划还要统筹考虑中央国家机关用地布局和空间安排的需要。

2. 城市详细规划

城市详细规划是对近期建设区域内各项具体建设的具体规划，是城市总体规划的具体化。确定建设用地的性质是制定详细规划的核心内容。城市详细规划以总体规划为基础，详细规定建设用地的各项控制指标，直接对局部地区的建设做出安排。

详细规划分为控制性详细规划和修建性详细规划。控制性详细规划的作用在于控制建设用地性质、使用强度和空间环境，为城市规划管理提供依据。修建性详细规划在控制性详细规划的基础上，对建设地块的各项建筑和工程设施的设计、施工进行规划。

7.3.3 城市规划的制定和修改

1. 城市规划的管理机构

我国《城乡规划法》规定，国务院城乡规划主管部门负责全国的城市规划管理工作。县级以上地方政府城乡规划主管部门负责本行政区域的城市规划管理工作。国务院城乡规划主管部门会同有关部门组织编制全国城镇体系规划，报国务院审批。省、自治区政府组织编制省域城镇体系规划，报国务院审批。

（1）总体规划的管理机构。

城市政府组织编制城市总体规划。城市总体规划实行分级审批：直辖市的城市总体规划由市政府报国务院审批；省、自治区政府所在地的城市、人口在100万以上的城市以及国务院确定的城市的总体规划，由省、自治区政府审查同意后，报国务院审批；其他城市的总体规划，由市政府报省、自治区政府审批；县政府组织编制县政府所在地镇的总体规划，报上一级政府审批；其他镇的总体规划由镇政府组织编制，报上一级政府审批。

（2）详细规划的管理机构。

城市规划主管部门负责组织编制控制性详细规划，经本级政府批准后，报本级人大常委会和上一级政府备案。镇政府负责组织编制镇的控制性详细规划，报上一级政府备案。县政府所在地镇的控制性详细规划由本县城乡规划主管部门组织编制，报县政府批准后，报本级人大常委会和上一级政府备案。市、县政府规划主管部门和镇政府，可以组织编制重要地块的修建性详细规划。

2. 城市规划的编制程序

城市规划的编制和管理经费纳入本级政府的财政预算。城市总体规划的编制程序，一般分为以下步骤：

（1）勘察、收集和分析城市基础资料。基础资料包括：城市自然条件和历史资料、城市经济技术资料、城市建设现状资料、城市环境资料等。

（2）编制城市总体规划纲要。根据实际需要，在编制城市总体规划前，可以编制城市总体规划纲要，研究城市总体规划的重大原则。

（3）起草城市总体规划。城市总体规划应当委托具有相应资质等级的单位承担具体编制工作。

（4）公告城市总体规划草案，征求专家学者和公众的意见。城市规划在报送审批前，应当依法将规划草案予以公布，并采取论证会、听证会等方式，征求专家和公众的意见。

（5）市政府全体会议讨论，并通过城市总体规划草案。

（6）市人大审议和通过城市总体规划。城市总体规划在报上一级政府审批前，要先经本级人大常委会审议。

（7）上一级政府审查、批准城市总体规划。法律规定，城市总体规划被批准前，应当由审批机关组织专家和有关部门进行审查。

城市详细规划的编制程序相对简单，在组织编制完成后，由本级政府批准，报本级人大常委会和上一级政府备案。

3. 城市规划的修改程序

经依法批准的城市规划是城市建设和规划管理的依据，未经法定程序不得修改。根据经济和社会发展的需要，经评估确需修改的，市政府可按照法定权限和程序，对城市总体规划、详细规划进行修改。修改后的城市总体规划要按照总体规划的审批程序报批。

对于控制性详细规划的修改，组织编制机关要对修改的必要性进行论证，征求规划地段内利害关系人的意见，并向原审批机关提出专题报告，经原审批机关同意后，方可编制修改方案。修改后的控制性详细规划要按照规定的审批程序报批。

经依法审定的修建性详细规划、建设工程设计方案的总平面图不得随意修改。确需修改的，城市规划主管部门应当采取听证会等形式，听取利害关系人的意见。因修改给利害关系人合法权益造成损失的，应依法给予补偿。

7.3.4 城市规划的实施

城市规划经制定和依法批准后，就成了公共政策的组成部分，具有法律约束力，城市政府应当及时公布，依法实施。城市规划是城市建设和管理的基本依据，城市规划区内的土地利用和各项建设都要遵守城市规划，服从规划管理。

城市规划实施要根据当地经济社会发展水平，有计划、分步骤地组织推进。城市建设和发展要优先安排基础设施、公共服务设施建设，妥善处理新区开发和旧城改造的关系，妥善处理改造与保护的关系，合理确定拆迁和建设规模，有计划地对危房集中、基础设施落后的地段进行改建。城市新区开发要合理确定建设规模和时序，遵循“先地下后地上”的建设程序，严格保护自然资源和生态环境。

根据法律规定，我国城市规划管理的基本制度主要有：

1. 土地用途管理制度

城市规划确定的铁路、公路、港口、机场、道路、绿地、输配电设施及输电线路走廊、通信设施、广播电视设施、管道设施、河道、水库、水源地、自然保护区、防汛通道、消防通道、核电站、垃圾填埋场及焚烧厂、污水处理厂用地、公共服务设施用地，禁止擅自改变用途。

2. 建设用地规划许可证制度

城市规划区内的建设项目，不论是以划拨还是以出让的方式获得土地使用权，都需要领取建设用地规划许可证，方可进行项目建设。以划拨方式获得土地使用权的建设项目，建设单位在取得建设用地规划许可证后，方可向政府土地主管部门申请用地。以出让方式获得土地使用权的建设项目，在签订国有土地使用权出让合同后，建设单位应当持建设项目的批准、核准、备案文件和国有土地使用权出让合同，向城乡规划主管部门领取建设用地规划许可证。

3. 建设工程规划许可证制度

在城市、镇规划区内进行建筑物、道路、管线和其他工程建设的，建设单位应向城乡规划主管部门申请办理建设工程规划许可证。需要编制修建性详细规划的建设项目，建设单位还应当提交修建性详细规划。

4. 监督检查和责任追究制度

法律规定，城市政府及规划主管部门要加强对城市规划编制、审批、实施、修改的监督检查。监督检查情况和处理结果应当公开，供公众查阅和监督。发现违法行为，城市规划主管部门可处以责令停止建设、限期整改、罚款、限期拆除、没收违法收入等强制措施。

7.4 城市规划管理变革

7.4.1 中国城市规划面临的挑战

我国正处于快速城市化阶段，城市规划面临一系列难题和挑战①：

1. 城市发展存在过度蔓延的问题

目前，不少城市政府热衷于行政区划调整，认为只要把市辖县改为市辖区，就可以推进城市发展，结果造成城市“摊大饼”式发展。城市过度蔓延导致基础设施和市政设施投资分散，居住区和工厂发展到哪里，就要把给排水管网、公共交通、医院和学校等配套到哪里。“摊大饼”式发展占用了大量耕地，付出了很高的生态成本。

2. 城市建筑缺乏个性特色

城市建设存在互相克隆现象，形成了“千城一面”的景象，城市建筑缺乏地方特色。就连拉萨也存在这样的问题。拉萨原来的城市建设以布达拉宫为中心，整体布局优美。

---

① 仇保兴. 城市经营、管治和城市规划变革. 城市规划，2004 (2).

但改革开放以后，拉萨市的新建筑与其他城市区别不大，布达拉宫被包围在现代建筑中。后来，国务院要求相关专家对拉萨城市规划进行修订，新修订的城市规划强调新建建筑须尊重藏式建筑特色，对藏式旧建筑进行保护性整修。

阅读材料

云南丽江的城市规划

1999 年 6 月，第 20 届世界建筑师大会在北京召开，100 多个国家的 5 000 名建筑师到会，大会签署了《北京宪章》。许多外国建筑师来华之前，认为中国城市建筑充满了东方艺术美，但在实际参观中，他们对中国很多城市的现代建筑感到有些失望。其后在参观了丽江古城、平遥古城以后，他们又感受到了中国建筑的特殊魅力。故宫、颐和园以及苏州老城更让他们流连忘返。当年的丽江大地震对古建筑破坏很严重，丽江市委市政府研究灾后重建时，有人提出“新丽江”要展示现代美，要把原来的三条河填平，把弯弯曲曲的道路改成笔直大道，道路两侧建多层建筑。丽江当时正在申报世界文化遗产，有一批规划建筑专家在那里工作，他们提出丽江应当按照原貌修复古城，否则，申报世界文化遗产和向上级争取修复资金都有困难。最后，丽江市政府采纳了专家的意见，结果不仅丽江古城被列入世界文化遗产名录，当地商业和旅游业也得到了发展。

3. 旧城改造中断历史文脉

历史文化遗产对于提升城市品质具有重要作用，城市规划应对历史文化遗产负责，把不同时代的代表性文化建筑保留下来。位于法国巴黎塞纳河上的西岱岛有座建于 800 多年前的建筑——巴黎圣母院。从巴黎古城到香榭丽舍大街上的凯旋门，再到拉德芳斯新区，整个城市的历史脉络非常清晰。我国有很多历史文化名城，如果能多保留原来的古建筑，可以让人缅怀历史、追忆历史。问题是，许多城市在老城改造上存在认知误区，许多城市的建设者热衷于大拆大建。把老城全都推倒，很容易造成历史文脉中断。

4. 城市交通拥堵问题严重

由于小轿车进入家庭，机动车大幅增加，北京、上海等大城市的交通拥堵问题严重。一些城市的机场、火车站、港口、客运、地铁、轻轨、公交相互衔接不好，不便换乘。城市空间布局须考虑新区、开发区和老城区的有机联系。一些城市的开发区就是开发区，居住区就是居住区。由于房地产项目的利润高，开发商在城郊新建了居住型商品住宅，形成功能单一的“卧城”，导致“钟摆式”交通问题。

5. 城市房地产存在泡沫问题

未来，每年将有 1 000 多万人移居城市。这些进城人口支撑了房地产业的发展。从短期看，城市商品住房价格上升幅度过大，已经引起了社会广泛关注。除家庭自住购房外，投资性购房增长也很快。部分城市的房地产市场存在泡沫危机。

6. 城市环境面临生态问题

城市环境污染严重，已经成为我国城市治理面临的严峻问题。目前，许多城市被垃圾包围，垃圾堆埋场不符合标准，渗滤液污染地下水。有机类垃圾分解中产生的沼气没法及时排出，已经成为城市安全隐患。城市污水处理设施建设滞后于污水排放量的增加，一些城市的河流水质污染严重。

7. 4. 2　城市规划中的利益博弈

传统上，城市规划被看作城市物质空间的社会工程设计方案，规划师主要关注如何改善物质空间环境。然而，规划师苦心设计的空间规划却常常被政治家和企业家"解构"得支离破碎。城市规划需要关注社会中多元主体及其利益诉求。

1. 城市政府的利益诉求

规范地讲，作为公共管理主体，城市政府应以促进公共利益为目标导向。实际上，除公共利益以外，政府也具有自身的利益诉求。在我国分税制下，好的税源总是层层上收，城市政府事权和财权不对称，在财政上面临很大压力。为了维持财政运转，政府不得不在税收之外寻找新的收入来源。于是，土地出让变成了一座金矿。政府通过征收农用地，不仅为城市开发提供了新的土地资源，而且可以通过出让土地使用权获取丰厚收益。

2. 政府官员的利益诉求

政府官员既是公职人员，同时也是社会成员。作为公职人员，他们是公共利益的代表，同时，他们也是单位（部门）利益和个人利益的代表。在公共利益和单位或个人利益不相冲突时，公职身份和职业伦理会促使政府官员维护与促进公共利益。当公共利益和单位利益、个人利益发生矛盾时，在缺少外在约束的条件下，很多人往往不是以公共利益为重，而是以小团体利益和个人利益为重。

3. 城市规划师的利益诉求

城市规划师是从事城市规划业务工作的专业技术人员。他们生活在社会现实之中，关注自身工作和收入状况，同时也具有一定的社会责任感。规划师具有自己的专业背景，他们重视书本知识和权威意见，在道义上同情弱势群体，但在实际工作中却往往照章行事。有些规划师为了谋求自身利益而依附于强势集团或资本力量。

4. 开发商的利益诉求

开发商是城市发展的投资者和财富创造者，他们利用资本优势提升在城市发展中的话语权。在他们眼里，规划师是具有职业素养和专业技能的从业者，但土地规划必须经过一定的政策过程和经济较量。他们认为应由政治家和开发商共同决定城市规划，然后再由规划师在技术上予以论证，在图纸上予以体现。一些开发商以利益回报为诱饵，游说政府官员和规划师，谋求自身利益。

5. 普通市民的利益诉求

城市规划的目的在于维护和促进公共利益，普通市民期望通过城市规划提升自身福利水平。随着公民权利意识的觉醒，市民对城市规划表现出越来越强的参与愿望。基于程序民主理论，既然公共权力的合法性来源于人民，城市规划就不应将普通市民排斥在外。公众参与城市规划过程，有利于纠正规划部门和规划师滥用职权的现象，更好地保障和维护公共利益。

阅读材料

城市规划中的公共利益问题

城市规划应维护公共利益，但在实际操作中，在不少情况下，城市规划却是为了一定的商业目的。迄今，我国城市规划以土地利用和空间问题为研究的核心，主流理论仍然是以“空间规划”为城市规划的旗帜，而对空间背后的利益关系不感兴趣。规划师们把主要精力花在研究空间规律上，但是，在政治需要和市场利益面前，他们煞费苦心经营起来的空间秩序却不堪一击。

要实现城市规划的科学化，必须研究土地利用、空间秩序背后的利益机制。如果人为地剥离城市规划与社会、经济过程之间的内在联系，城市规划就摆脱不了“纸上画画，墙上挂挂”的悲剧。

随着市场经济体制的建立，一方面，经济运行的主体由原先单一的公有制主体，变成了包括多种经济成分的主体。政府投资不再是城市建设投资的主要来源，社会投资所占比重越来越大。另一方面，各种经济主体在追求自身利益最大化的过程中也会碰触公共利益。以城市拆迁为例，一些商业开发行为损害了拆迁户的利益，引发了上访和恶性事件。对于拆迁户的正当利益，政府须予以维护和保障。

城市规划能否体现公共利益，并不仅仅取决于城市规划师，还取决于整个规划过程，特别是做出规划决策的政治过程。在我国目前的城市规划决策程序中，起决定作用的是权力和资本。如何让居民平等地参与到城市规划的过程中来，而不仅仅由权力精英、技术精英、资本精英支配城市规划，是城市规划管理必须思考的重要问题。

资料来源：石楠. 试论城市规划中的公共利益. 城市规划，2004（6）.

7.4.3 城市规划管理的制度变革

1. 扩大公众参与渠道

城市规划需要兼顾市民、开发商和政府的利益，构建多方参与的对话平台，增进协商民主。城市规划编制既不能以政府利益最大化为诉求，也不能一味地偏袒开发商，需要倾听多元主体的声音，识别多元利益诉求，寻求最大公约数。

2. 推行“四条线”管制方法

“四条线”管制方法具体包括：(1) 绿线管制，即城市的绿地系统管制。绿线一经确定，任何人都不得侵犯。(2) 紫线管制，即历史保护区管制。历史保护区包含完整的历史信息，应当将点和片结合起来进行保护①。在紫线范围内，只能通过整治的办法进行保护性维修，古建筑修复要遵循“修旧如旧”原则。(3) 蓝线管制，即城市水系管制。把水系整治保护好，有利于改善生态环境。(4) 黄线管制，即城市基础设施用地规划管制。应预先通过规划把城市快速交通干线、标志性大道、地铁、轻轨周边的土地控制好。

3. 引入理性预期收益管理

通过城市规划预先对重大建设项目的周边土地进行管制，更好地经营城市资产。比如，一所大学要在郊区建设新校区，规划部门先把周边的土地控制好，新校区投入运营后，周边土地就会增值，政府通过公开拍卖土地就能收回前期的基础设施投入。如今，美国斯坦福大学周边的地价和房价都很贵。但在100多年前，该地块是偏僻的农场，一位农场主将部分土地捐给斯坦福大学。随着斯坦福大学的建立，周边土地大幅升值，农场主变成了富翁。

4. 推行城市规划委员会制度

目前，我国很多城市的规划修编决策权集中在书记、市长和规划专家手中。有的城市决策者为了搞“换届工程”“形象工程”“政绩工程”，热衷于修编城市规划。为了减少城市规划的随意性，有必要完善城市规划委员会制度。在城市规划委员会中，专家、学者、人大代表、政协委员应占相当比例。

5. 加强对规划管理机构的监督

在城市规划过程中，规划管理机构拥有较大自由裁量权。规划管理为开发商提供了寻租机会，在利益诱惑下，规划部门官员有可能以权谋私，致使城市规划偏离公共利益。加强对规划机构的监督主要有三种途径：一是政治监督，完善人大监督、司法监督和纪检监察监督；二是社会监督，让公众参与监督；三是行政监督，强化审计等内部监督机制。

7.4.4 城市规划师的职业伦理

20世纪90年代以来，城市规划在我国逐渐成为一门显学。在媒体和社会的关注下，

---

① 上海新天地改建的时候，有人建议把中共一大会址衬托出来，把其他房子拆掉，搞个绿地环绕，会址被聚光灯聚焦。聚光灯一打，照在中共一大会址上，就像中国共产党诞生的纪念碑一样，多辉煌啊！实际上，当时中国共产党需要找不引人注目、较有隐蔽性的场所进行活动。会址旁边绿草如茵的做法不能反映历史的真实场景。仇保兴. 城市经营、管治和城市规划变革. 城市规划，2004 (2).

规划师的社会地位也在上升。美国加州伯克利市前规划局局长指出，“虽然并不期望规划师成为全社会的最佳榜样，但是当一个职业的权威性和影响力上升时，公众对于该职业的期待也会上升”①。公众对规划师的信任，把更多责任加到规划师身上，人们期望规划师成为职业行为的楷模。

1. 城市规划行业面临的批评

近年来，公众对规划行业提出了很多批评，意见主要集中在土地批租、动迁改造和规划管理上。一些人认为，规划师更多的是为开发商服务，在土地批租、拆迁民房等城市建设上，规划师和开发商站在一起，而忽视普通百姓的利益。规划师也存在以权谋私、以权谋利的现象。对于社会的批评和指责，规划师们感到冤枉，他们认为规划师没有决策权只有执行权，这些问题和规划师的职业道德关系不大。

规划师的职业道德问题不仅在中国存在争议，在美国等很多国家也受到公众关注。美国持证规划师学会（AICP）和美国规划院校联合会（ACSP）都很重视规划师的职业价值标准。例如，AICP 在审核规划师资格时，要求规划师以签字的形式承诺忠于“职业道德准则”。规划师生活在现实社会之中，也面对着工作职位、经济收入、人际关系等现实问题，需要在职业操守和现实生活之间寻求平衡。

2. 城市规划师的三重身份

城市规划师具有三种社会身份②。

（1）普通社会人身份。规划师的价值观和处理事情的方式，在很大程度上受到社会大环境的影响。作为社会人，城市规划师不再是“铁饭碗”，他们必须努力保住工作职位。规划师关注自身收入状况，倾向于和强势群体拉关系，以便在必要时“留个方便”。

（2）知识分子身份。作为受过高等教育的知识分子，城市规划师的行为和观点又区别于普通老百姓。作为“读书人”，他们对弱势阶层具有同情心，在情感上对社会底层民众具有“救世”心理。

（3）规划专家身份。规划师具有自己的专业性，他们愿意学习和运用西方建筑的手法，喜欢新风格和“戏剧效果”。为了获得工作成就感，他们支持大规模的城市建设项目。

3. 城市规划师的职业价值观

城市规划师不仅需要具备专业知识和技能，而且要遵守职业价值观。ACSP 在评估规划院校的教育质量时，就提出了知识、技能和价值观三个方面的要求。其中，价值观教育的目的是“培养学生成为具有职业道德的规划师，并对此承担责任”③。

概括而言，规划师的职业价值观主要包括五个要点。

（1）体现社会公正、公平。规划师的工作必须体现社会公平、增进市民经济福利，

---

① BARRETT C. Everyday Ethics for Practicing Planners. San Francisco：APA Planners Press，2001.

② 张庭伟. 转型期间中国规划师的三重身份及职业道德问题. 城市规划，2004（3）.

③ 同①.

在使用资源时讲究效率，促进资源、能源节约和综合利用。

（2）尊重和保障公民参与。规划师应理解并接受民主社会的运行规则，把自身看作利益相关者之间的中间人，经常与外界保持沟通。

（3）尊重多元利益诉求。现代社会是多元利益并存的社会，规划师要尊重多元利益主体的偏好和诉求。

（4）接受批评和改正错误。规划师应能够参照新信息来调整自己的行动，应该有勇气接受与本人意见相违背但符合公共利益的决策，或者否决不公平的决策。

（5）保护自然资源和历史文化遗产。城市规划要保护自然资源，保持地方特色和传统风貌，防止污染和其他公害。

发达国家很多城市都设有总规划师或首席规划师。首席规划师制度将某个时期的城市规划和建设与首席规划师的个人荣誉紧密联系在一起，它有利于激发首席规划师的敬业和创新精神。职业价值观促使首席规划师对自身行为承担责任。在首席规划师制度下，城市建设项目安排、历史街区美化、古建筑改造、新城规划等必须经首席规划师签字批准，然后再提交市长或城市规划委员会批准。

4. 维护规划师职业伦理的手段

（1）发挥规划师行业组织的作用。规划师职业伦理是行业规则，规划师的行业组织应该成为规则的制定者、解释者和促进者。

（2）强化城市规划行业管制工作。作为负责一个地区规划工作的领导机构，规划委员会和规划局需要营造遵守职业道德的氛围，支持在具体工作中维护职业伦理，组织规划师进行职业伦理培训。

（3）依靠规划师的自身修养。规划师要通过学习和培训，不断提高自身的职业道德水平。

（4）与社会共同进步。随着社会伦理的进步，全社会都在提倡诚信、正直、敬业、理解、宽容的品质，这也会提升规划师的职业伦理标准。

本章小结

城市规划是对城市未来发展的空间布局和环境形态所做的合理选择与艺术安排。我国城市规划分为总体规划和详细规划，详细规划分为控制性详细规划和修建性详细规划。我国实施城市规划的制度安排主要有：依法实施城市规划管理，分步实施、统筹兼顾，旧城改造与新区开发相结合，建设土地用途管理制度、建设用地规划许可证制度、建设工程规划许可证制度以及监督检查和责任追究制度。

我国城市规划面临的挑战主要有：城市发展存在过度蔓延的问题、城市建筑缺乏个性特色、旧城改造中断历史文脉、城市交通拥堵问题严重、城市房地产存在泡沫问题、城市环境面临生态问题。社会利益格局的复杂性从客观方面要求城市规划要正视政府、官员、规划师、开发商、市民的多元利益诉求及博弈。城市规划需要引入新制度：扩大公众参与渠道、推行“四条线”管制方法、引入理性预期收益管理、推行城市规划委员会制度、加强对规划管理机构的监督。近年来，公众对规划行业提出了很多批评。城市规划师兼有普通社会人、知识分子、规划专家三种社会身份。城市规划师不仅要具有专业知识和技能，也要遵守职业道德准则。

关键术语

城市规划　田园城市　邻里单位　中心地理论　城市总体规划　城市详细规划　旧城改造　规划师

复习思考题

1. 什么是城市规划？它有哪些基本特征？
2. 近代城市规划发展的直接动因有哪些？
3. 简述城市规划的主要作用。
4. 近现代城市规划的主要理论有哪些？
5. 城市规划的编制应遵循哪些主要原则？
6. 简述中国城市规划的分类和审批机构。
7. 简述城市总体规划的编制程序。
8. 我国城市规划实施主要有哪些制度？
9. 试论中国城市规划面临的挑战和制度变革。
10. 试论如何提高城市规划师的职业道德水平。

第8章

城市公共经济管理

由于存在市场失灵问题，城市政府需要介入公共经济活动。本章在对城市公共财政的收入和支出进行概述的基础上，重点阐述城市政府的经济规制职能，并就自然垄断和信息不对称问题的规制政策进行具体分析。

重点问题

- 城市财政收入的来源
- 城市财政支出的分类
- 政府规制的含义和作用
- 政府规制的理论流派
- 政府规制的发展趋势
- 自然垄断行业的规制方式

8.1 城市公共财政管理

8.1.1 城市公共财政概述

1. 城市公共财政的含义

城市公共财政是指城市政府为实现公共管理职能，参与社会产品分配和再分配的活动。城市公共财政具有资源配置、收入分配、促进经济增长三大职能。城市通过公共财政活动提供基础设施，提供公共产品和服务，调节收入分配，对市场机制的初次分配进行“校正”，保障弱势群体和落后地区也能享受发展成果。城市公共财政还可引导产业发展，对战略性新兴产业提供政策支持。

在计划经济时代，城市政府收入全部上缴中央，由中央统筹安排地方财政开支。在这种“统收统支”体制下，城市政府没有财政自主权。从 1980 年开始，中央在大多数地区实行财政包干体制，它调动了地方政府的积极性，也刺激了地方本位和条条本位现象，导致地区封锁、部门保护和重复建设等问题。在财政包干体制下，中央财政所占比重不断下降。为了提高中央财政所占比重，中国于 1994 年实施分税制改革，把各种税种划分为中央固定收入、地方固定收入、中央与地方共享收入，明确中央与地方政府各自的收入范围。

2. 城市财政收入

城市财政收入亦称城市政府收入，是城市政府为履行其职能，保证公共支出需要而依法取得的收入。城市财政收入具有公共性、强制性、规范性、稳定性等特征。城市财政收入的获取要有法可依。

城市财政收入的来源主要有税收收入、转移支付收入、国有资产收入、公共收费收入、债务收入等。税收收入是城市财政最基本、最稳定的来源。转移支付收入是上级政府为平衡地区发展，而对城市政府提供的财政补助资金。国有资产收入是政府经营或支配国有资产获取的财产收入，目前，国有土地使用权出让已经成为我国城市财政收入的重要来源。公共收费收入分为行政性收费收入、事业性收费收入和经营性收费收入，实行“谁受益，谁付费”原则。债务收入也是城市财政收入的来源之一，它是政府凭借自身信用，依法向企业或者个人有偿借债而形成的收入。

3. 城市财政支出

城市财政支出又称城市政府支出，是以城市政府为主体、以政府承担的事权为依据进行的货币资金支出活动。财政支出体现了政府活动的方向和范围。市场机制是一种富有效率的资源配置方式，但市场并不是万能的，它在运行中经常会出现失灵现象。为了克服市场失灵问题，需要通过非市场化的政府支出进行资源配置。

城市财政支出追求公共利益最大化，不能被特殊利益集团和强势群体所支配。公共支出和项目投资要进行成本-收益分析。同时，财政支出也要加强对资金使用情况的监督管理。

按照一定的标准，可以对城市财政支出进行以下分类：

（1）根据政府职能的不同，财政支出可分为维持性支出、经济性支出和社会性支出。维持性支出以行政管理支出为主，经济性支出以政府投资支出为主，社会性支出以教育、文化、卫生、社会保障、环境保护等公共服务支出为主。当前，在我国城市财政支出中，维持性支出所占比重较大，行政管理成本较高。

（2）根据财政支出性质的不同，可分为购买性支出和转移性支出。购买性支出是政府按照等价交换原则购买商品和劳务的支出，包括政府管理和提供公共服务的经费支出，以及政府用于各种公共投资的支出。转移性支出是把一部分收入无偿转移出去的支出，包括财政补贴支出和社会保障支出等。

在政府财政支出总额中，如果购买性支出所占比重较大，说明政府直接配置的资源较多，对生产和就业的影响较大；如果转移性支出所占比重较大，则说明政府收入分配的职能较强。西方国家城市政府较少直接参与生产活动，转移性支出所占的比重较大，社会福利水平较高；在发展中国家，城市政府直接参与生产活动较多，购买性支出所占份额较大。

8.1.2 城市财政收入比较

城市政府提供公共产品和服务具有成本，包括一次性的固定投入以及经常性的维持成本。政府满足公共需求，需要通过一定的“收费”机制获取稳定的财政收入。城市政府的收入来源及获取方式对其行为模式具有显著影响。这里对中国和美国城市财政收入来源进行比较分析，以透视两种不同制度安排下的政府职能导向。

1. 土地财政与发展型政府

我国《预算法》规定：地方各级预算按照量入为出、收支平衡的原则编制，除本法另有规定外，不列赤字。城市政府无权发行债券，这极大地制约了城市政府通过举债方式进行基础设施建设的行为。20 世纪 80 年代末实施的国有土地有偿使用制度，为城市基础设施建设投融资提供了重要途径。20 世纪 90 年代以来，地方政府以土地使用权流转为突破口，依靠土地使用权拍卖显著拓展了政府收入来源。

当前，中国城市政府主要依靠企业税收和国有土地出让金获取财政收入，居民纳税在地方财政收入中所占比重很小。一些城市的土地出让收入甚至超过了地方税收收入。例如，2010 年北京市的地方税收收入为 1 500 亿元，而土地出让金总额达 1 639 亿元。土地出让收入不属于一般预算内收入，列入地方政府基金进行管理。地方政府的预算具有统筹属性，当预算内收入出现缺口时，也会用预算外收入来弥补。

这一财政收入结构决定了城市政府偏好于发展导向，优先考虑开发商和企业家的公共服务需求。为了筹集基础设施建设所需资金，城市政府积极支持房地产开发，依靠土地使用权的出让获得一次性收入。为了吸引投资，获取经常性的税收收入，城市政府主动降低工业用地转让成本，以远低于商品房用地的价格转让工业用地。结果是，城市工业土地和商品住房土地采取完全不同的定价方式。

发展型政府在经济效率上具有优势，而在面向居民的公共服务领域欠账较多。为扭转这一局面，近年来，中央政府强调各级政府要全面履行职能，在继续搞好经济发展的同时，要更加注重履行公共服务职能。

2. 不动产税与服务型政府

在西方发达国家，不动产税在城市税收中所占比重较大。不动产税也称“物业税”“财产税”“房地产税”，主要针对房屋、其他建筑物、土地等不动产进行征税。市场经济国家大多征收不动产税，将其作为地方政府的主体税种。

以美国为例，联邦政府开征的税种以个人所得税、社会保障税、公司所得税为主，辅之以遗产税和赠与税、消费税和关税；州政府开征的税种以销售税、个人所得税为主，辅之以公司所得税、消费税、财产税、遗产税和赠与税、资源税和社会保障税；地方政府开征的税种以财产税为主体，辅之以销售税、消费税、个人所得税、公司所得税、其他税种以及规费。2001财年，财产税约占州政府财政收入的1%，占地方政府财政收入的24%①。由于联邦政府不征收财产税，州政府所征财产税所占比重很小，财产税主要是指地方政府的财产税②。

阅读材料

美国地方政府的财产税

美国地方政府包括市、县、镇、学区和特区。地方政府的征税权来自州立法机关的授权，它们只能在州税法的约束下征税。长期以来，州政府大多只赋予地方政府征收财产税的权力。除财产税以外，一些地方政府还根据州议会授权开征销售税、消费税、个人所得税和公司所得税，但它们在地方财政收入中所占比重很小。销售税和消费税约占地方财政收入的6%，个人所得税和公司所得税占地方财政收入的比重仅为2%。2005—2006年，财产税占地方政府税收收入的72%，占地方政府财政收入的24.69%。

财产税主要以不动产价值为计税依据，它既不像所得税那样容易受企业、人口流动的影响，也不像销售税、增值税那样与经济结构、经济周期高度相关，能给地方政府提供稳定可靠的收入来源。这些特点奠定了财产税作为地方性主体税种的地位。

美国的财产税制度具有以下特点：

(1) 主要针对不动产征税。财产可分为不动产、动产两大类。不动产包括土地及土地上的建筑物和构筑物，动产包括车船、游艇等有形财产及股票、债券等金融资产。不动产具有无法隐藏的特性，很难对征税者隐瞒价值。美国各州都对不动产征收财产税，大多数州也对机动车、游艇等动产征税。其中，对住宅物业和商业物业征税占了财产税的绝大部分。

(2) 基于财产的评估价值征税。财产税立基于比较全面的财产登记与估价制度。它按照财产市场价值的一定比例确定评估价值，再乘以税率得出应缴税款。财产税评估主要采用三种基本方法：1) 比照销售法，即根据实际销售的数据和财产性能来估算未售出财产的价值；2) 成本法，即在历史成本的基础上根据折旧予以调整；3) 收入法，根据财产未来产生的净收入现值来估算财产价值。由于多年积累，税务机关对辖区内的财产状况较为熟悉。每处房产完成价值评估后都要公布，个人可自由查询。若纳税人对评估价值有异议，可申请复议。

(3) 按“量出为入”原则确定税率。地方政府在州法确定的税率范围内，依照“量出为入”原则确定具体税率。20世纪70年代以来，由于房地产价格上涨，居民的财产税

---

① 王德祥，袁建国．美国财产税制度变革及其启示．世界经济研究，2010 (5).

② 财政部税收制度国际比较课题组．美国税制．北京：中国财政经济出版社，2000：8.

负担加重，社会对财产税的批评很多。迫于公众压力，各州纷纷出台财产税限制措施。目前，各州加总的财产税率普遍在市场价值的 2.5%以内。2008 年，全美居民住宅平均付税 1 897 美元，住宅财产税占家庭收入的比例为 2.9%。

(4) 对特定财产和特殊人群实行税收优惠。并非所有的不动产都要纳税，各州普遍对政府、宗教团体、慈善机构，以及学校和图书馆等非营利机构的不动产免征财产税，对老年人、残疾人、退伍军人的不动产实行税收减免。另外，有的州对符合条件的纳税人实行固定免征额，即对一定数额的住宅房价免于课税；有的州规定财产税占收入的最高比例，如果纳税人的财产税超过该比例，政府就会将超额部分抵免所得税或直接返还。政府对农场用地进行专项评估，限制农场土地的财产税负担。如果农业用地改变用途，则要按照土地的完全价值补缴税款。

资料来源：杨宏山. 美国地方政府的财产税及其启示. 理论视野，2011 (11).

美国城市政府之所以重视公共服务，与其税收制度设计有直接联系。美国城市政府的税收收入主要来自不动产征税。不动产税是一种存量税，它不像所得税、销售税、消费税那样具有流动性。与其他税种相比，不动产税在透明度上具有优势，拥有者不易隐瞒其财产，很难逃税。不动产税强化了公共服务与地方财政收入的联系，构成了服务型政府的税收基础。市政府改进了道路交通、治安、消防、教育、公园、绿化等基础设施和公共服务后，各类不动产会随之升值。地方政府的公共服务越好，就越能吸引居民前来购房，不动产的价值随之提升，不动产税收入也会相应增加。相反，公共服务水平下降，居民倾向外迁，不动产的市价就会降低，政府收入也随之减少。

3. 城市财税制度改革

当前，中国城市治理面临的一个现实问题是缺少主体税种和稳定税源。1994 年分税制改革确立了中央与省级政府之间的收入分配关系，但并未明确省级以下的财政关系，致使市、县的预算内财政捉襟见肘。为解决预算问题，市政府不得不依靠土地财政弥补财政收支差额。为促使地方政府更好地为辖区居民服务，必须为其提供稳定可靠的税收保障。美国地方治理的实践表明，房地产税是一种有效的地方税①，可促使地方政府更好地建设服务型政府。

征收房地产税有助于化解我国城市治理的一些难题：第一，房地产税可推动城市政府加快职能转变。当城市财政收入主要来自企业税时，城市会选择优先为企业服务。把房地产税列为市政府的主体性税源，有助于抑制地方性“投资冲动”。征收房地产税以后，市政府改善了公共服务，房地产增值，政府收入随之增加。相应地，政府间的竞争会从招商引资竞争转向公共服务竞争。第二，房地产税有利于打破与户籍制度挂钩的公共服务安排。当前，很多城市依据本地户籍来识别公共服务的对象。征收房地产税之后，居住权将成为享受地方性公共服务的重要依据。第三，房地产税有利于提高土地利用率、降低住宅闲置率。房地产税将房地产持有作为课税前提，以房地产估值为计税依据，持

① 奥茨. 财产税与地方政府财政. 北京：中国税务出版社，2005：15.

有者每年都要缴纳税款。征收房地产税后，闲置的土地资源和住宅必须纳税。这就迫使业主必须计算闲置资源的成本，促使他们要么出租，要么转让。

房地产税改革并不意味着要对所有房屋收费。为保障税收公平，征收房地产税需坚持能力原则，对征收的对象和范围、税基、税率等进行科学设计，同时建立相应的税收减免、扣除和优惠机制，确保房地产税不至于增加低收入群体的负担。

8.2 城市政府采购管理

8.2.1 城市政府采购的特点

1. 政府采购的概念

政府采购（government procurement）是指政府及其他受政府控制的企事业单位，为实现政府职能和公共利益，在财政监督下使用公共资金，从国内外市场购买所需商品、工程和服务的行为。政府采购属于财政支出的范畴，它在财政支出中占有很大份额。在美国各级政府的总支出中，约 2/3 用于购买，1/3 用于再分配①。为了加强公共支出管理，现代国家普遍建立了政府采购制度。

2. 城市政府采购的特点

与私人部门采购相比较，政府采购具有以下特点：

(1) 采购资金的公共性。政府采购的主体是行政部门及公营企事业单位，政府采购所支出的资金是公共资金，即财政拨款和需要财政偿还的公共借款。这些资金最终来源于税收收入、国有资产收入和公共服务收费。而私人采购资金主要来源于私有资金。

(2) 采购对象的广泛性。政府采购的对象包罗万象，几乎涉及所有社会产品。国际上通常按性质将政府采购对象分为三大类，即货物、工程和服务。

(3) 采购的非营利性。政府采购是为了实现政府职能和公共利益，它不具有商业采购的特点。政府采购不以营利为目标，不是为了卖而买，没有私人采购的营利动机。

(4) 采购的公开性。政府采购具有较高的透明度，所有信息都要尽可能地公开。采购过程也应公开。一切采购活动都要公开招标，并且保留记录，备案待查。

3. 城市政府采购的意义

城市政府采购的意义在于：

(1) 有利于加强对财政支出的管理和监督。政府采购一般采用公开招标的方式，它具有明确的程序规定性，并按照合同支付货款，能够有效规范采购行为，防止项目决算超过项目预算。

---

① 斯蒂格利茨．政府为什么干预经济．北京：中国物资出版社，1998：102.

（2）有利于提高财政支出效率。政府采购把各个行政事业单位需要采购的物品集中起来，由专业执行机构组织实施，可以形成规模经济优势。通过公开招标和批量采购，能够节约财政资金，提高采购物品的质量，保证满足使用部门的要求。

（3）有利于加强经济调控能力。合宜的政府采购政策能够调节市场需求状况，调整产业结构，有效配置经济资源，保护地方产业，扶持中小企业，促进技术转让和推广，支持产业结构优化升级。

（4）有利于促进政府廉政建设。政府采购的公开透明机制被称作“金鱼缸中的交易”，可以有效地防止分散采购的暗箱操作和幕后交易行为，防止供应商与采购主体之间暗中串通的行为，遏制权钱交易等腐败行为。

8.2.2　城市政府采购原则

政府采购制度起源于18世纪，发端于西方国家，迄今已有200多年的历史。20世纪30年代以来，随着政府干预经济的逐渐加强，政府采购的范围迅速扩大。今天，政府采购已经成为公共支出管理的有效手段。

城市政府采购遵循的基本原则主要包括：

（1）公开性原则。也称透明原则，是指政府采购的政策、程序和活动要对社会公开，实行“阳光下的交易”。贯彻公开性原则，要求公开发布采购项目和合同条件，投标人资格预审情况和评价投标的标准也应公之于众。

（2）公平性原则。参加竞争的所有投标商拥有平等的竞争机会，采购机构向投标人提供信息时应一视同仁，不得采取歧视性策略。

（3）公正性原则。政府采购管理机关站在公允、超然的立场上，保证采购规则在执行中不偏不倚，对每个当事人一视同仁。

（4）有效竞争原则。有效竞争要求及时发布竞争采购公告，邀请多家供应商参与招投标活动，提高政府采购的经济性和有效性。

8.2.3　城市政府采购方式

根据不同的分类标准，可以区分出不同的政府采购方式：根据采购物资的集中程度，可以将政府采购分为集中采购和分散采购；根据采购对象的性质，可以将政府采购划分为货物采购、工程采购和服务采购；根据供应商所在地域，可分为国际采购和国内采购；根据采购的公开程度，可分为公开招标采购、邀请招标采购、竞争性谈判采购、询价采购和单一来源采购；等等。

这里介绍几种主要的政府采购方式。

（1）集中采购，是指城市政府机关及其附属单位的一切货物、工程或服务，都由专门设立的采购执行机构统一采购的管理形式。集中采购可以降低采购价格，减少采购成本。

（2）分散采购，是指由城市政府各消费或使用单位以货币形式直接采购所需货物、工程或服务的采购形式。分散采购的优点是采购灵活、自主，手续简便，有利于缩短采购时间，迅速解决具体问题。其弊端在于监管难度大，容易出现重复采购、管理不规范等问题。

（3）公开招标采购，是指政府有关采购方以招标公告的形式邀请不确定的供应商投标的采购方式。它要求招标程序公开，即公开发布投标邀请，公开开标，公开中标结果。公开招标采购具有竞争性，是最能促进竞争和提高采购效益的方法，它可使招标者以合理价格获得所需物资，防止徇私舞弊行为。缺点是程序和手续复杂，对采购急需物资难以适用。

（4）邀请招标采购，也称选择性招标，是指政府采购方以投标邀请书的形式直接邀请有限数目的供应商、承包商参加投标的采购方式。只有收到了采购机构投标邀请的供应商、承包商，才可以参加投标。邀请招标采购主要适用于技术复杂或专门性的货物、工程或服务，研究和评审标书需要时间和费用，采购实体只能通过限制投标人数来达到经济和效益目标。

（5）询价采购，也称"货比三家"，是指城市政府向几个供应商发出询价单，让其报价，然后对报价进行比较，进而确定合格供应商的采购方式。它主要适用于招标后没有供应商投标或者没有合格标的、出现不可预见的急需采购、投标文件的准备需要较长时间、对高新技术含量有特别要求等情况。

（6）单一来源采购，是指政府采购中心向单一供应商征求建议或报价而进行的采购，这是一种没有竞争的采购方式。单一来源采购致使采购方处于不利的地位，会增加采购成本，容易滋生腐败现象。尽管如此，在特殊情况下，如涉及国家安全等，它又是不得已的选择。

（7）征求建议采购，是指城市采购实体与少数的供应商接洽，让它们提出建议书，与之谈判有无可能对建议书的实质内容做出更改，再从中提出"最佳和最后建议"。通过对供应商的建议进行评价和比较，有可能选出最能满足采购实体需求的供应商。

（8）谈判采购，是指采购和销售双方就交易的条件达成一项双方都满意的协议的过程。谈判采购是私营领域的常用采购方法。在公共领域中，谈判采购主要用于国防和服务采购。

8.3 城市政府规制管理

8.3.1 政府规制的基本含义

1. 政府规制的概念

规制（regulation）是个外来词，也有学者译为"管制"。其中，"规制"强调它是在法治背景下进行的一种有规可依的控制活动，而"管制"并不一定具有法律依据，有些管制行为可能是自由裁量的任意行为。政府规制是在法治的制度框架下，政府有关部门为矫正市场失灵和维护社会多元利益平衡，对微观经济和社会主体实行的直接干预和控制行为①。

政府规制离不开一定的管制活动，但规制与管制又有区别。政府规制的特点在于：(1) 政府规制以市场经济体制为制度前提。在市场经济体制下，私有产权和公共产权受到同等保护。(2) 政府规制必须具有明确的法律依据。(3) 政府规制具有明确的程序规定性。要求做到公开透明，被规制者拥有知情权和参与权。(4) 政府规制具有法定的救济途径和纠错机制。这相当于对规制者进行规制，纠正政府的非理性行为，保障被规制者的正当权益。

2. 政府规制的种类

城市政府规制可分为经济性规制和社会性规制两类。

经济性规制是指政府为了保障公平竞争、防止资源配置低效和确保市民的使用权利，通过许可或认可的方式，对企业的市场进入和退出、产品的价格、服务的数量和质量等进行限制。经济性规制主要是针对自然垄断行业和公用事业。

社会性规制是指政府以保障劳动者和消费者的安全、健康、卫生，保护环境，保护未成年人，增进社会福利为目的，通过制定一定的标准去禁止和限制特定的企业行为。社会性规制涉及环境规制、交通规制、教育规制、文化规制等领域。无论是竞争性产业还是垄断性行业，政府都要对它们进行社会性规制。

8.3.2 政府规制的作用

1. 城市政府规制的积极意义

(1) 有利于防止过度竞争。在城市基础设施和自然垄断等领域，由于存在规模经济效应，在市场需求没有达到一定规模之前，单个企业生产比由多个企业同时生产更有效率。如果放任自由竞争，就会导致资源浪费。政府对这些行业实施价格规制，可以防止企业利用垄断地位谋取超额利润。

(2) 有利于维护交易公平。在某些城市产业部门，虽然存在竞争性市场，但由于信息不对称问题，生产者、销售者和消费者之间常常是一方处于信息优势地位，另一方处于信息劣势地位，信息优势的一方可以利用优势地位进行不公平交易，使另一方的利益受损。为此，政府需要制定政策，规范市场交易行为。

(3) 有利于提高社会福利水平。在市场交易中，各种利益主体基于利益最大化原则进行活动。在缺少外在约束的情况下，环境污染、生产假冒伪劣产品等具有负外部效应的活动容易增多。

2. 过度规制的负面影响

过度规制也会带来负面问题。

---

① 陈富良. 放松规制与强化规制：论转型经济中的政府规制改革. 上海：上海三联书店，2001：2.

（1）引发企业“寻租”和政府腐败。“寻租”行为是通过非生产性途径获取特殊利润的行为。市场准入规制为受规制企业扫除了市场竞争压力，价格规制为企业获得稳定的经营回报。这使已进入某些产业领域的企业乐于接受政府规制，并通过输送利益鼓励政府维系规制政策。

（2）抑制组织创新。过度规制减轻了潜在竞争者对现有企业的竞争压力。市场准入规制和价格规制还会诱使被规制的企业通过价格联盟获取利润。

（3）增加行政成本。政府规制不是免费提供的，任何政府规制项目的创设和执行，都需要投入财政经费。大量设置规制机构，会增加公共财政负担。

8.3.3 政府规制的理论演化

政府规制的理论发展经历了从强化规制走向放松规制、重建规制的演化过程。

1. 公共利益理论

长期以来，公共利益理论一直是主张强化政府规制的最重要理论依据。它以福利经济学为基础，认为政府规制之所以发生，是由于存在市场失灵问题，需要通过政府规制提高资源配置效率，实现社会福利最大化。在公共利益理论看来，市场是脆弱的，如果放任自流就会导致不公平和低效率，政府规制的目的在于防止受规制企业对消费者滥用权力①。公共利益理论认为，政府可以代表公众对市场做出理性的计算，并使市场规制符合帕累托最优法则，从而保护消费者免受垄断厂商的侵害。由于实证研究结果与规范分析并不一致，甚至得出相反的结论，该理论也遭到了质疑②。

2. 规制俘虏理论

一些实证研究发现，政府规制与市场失灵之间没有很强的关系。相反，政府规制往往朝着有利于生产者的方向发展，规制提高了产业内厂商的利润。这一现象导致了规制俘虏理论（capture theory of regulation）的产生。规制俘虏理论认为，政府对企业行为的规制，是为了满足产业对规制的需要而产生的，规制的最初发动者往往并不是政府，而是产业组织，政府规制的实质是规制者和立法者被产业组织所俘虏与控制。在产业组织的游说下，不仅政策制定机构会被俘虏，行政执法者也会被俘虏。

美国经济学家施蒂格勒对政府规制俘虏现象进行了开创性研究③。其结论是：规制由产业谋取，规制结果有利于生产者，受政府规制的产业并不比无规制的产业具有更高的效率和更低的价格。规制立法总是对那些组织良好的利益集团有利，因为它们能够更有效地获得政治支持，并愿意花费资源来取得政治支持。规制俘虏理论也受到了一些批

---

① 植草益．微观规制经济学．北京：中国发展出版社，1992：19.

② STIGLER G J，FRIEDLAND C．What Can The Regulation Regulate：The Case of Electricity．Journal of Law and Economics，1962，（5）：2；POSNER R A．Theories of Economic Regulation．Bell Journal of Economics，1974（Autumn）：5.

③ STIGLER G J．The Theory of Economic Regulation．Bell Journal of Economics，1971，2（Spring）：3-21.

评。一些学者举证在现实中存在很多不被产业支持的规制，有些产业的利润水平由于政府规制而下降。

3. 放松规制理论

由于过度规制抑制了市场竞争，不利于提高经济效率，20 世纪五六十年代，西方国家反对政府规制的呼声高涨。20 世纪 70 年代以来，发达国家纷纷进行规制改革，开始放松规制（deregulation）和重建规制（reregulation）。放松规制主要发生在经济领域，而社会性规制则表现出强化的趋势。支持放松政府规制的理论主要有政府失灵理论和可竞争市场理论。

公共选择学者布坎南指出，公共部门在提供公共产品时总是趋向于浪费和滥用资源，致使公共支出成本规模过大①。如同市场失灵一样，政府同样存在失灵问题。人们必须破除政府会一心一意为公众谋利益的观念。政府由政治家和公务员组成，他们也是“经济人”，以追求自身利益最大化为行动准则。可竞争市场理论认为，只要取消人为的进入和退出壁垒，同时依靠科技进步尽量消除沉淀成本，就可以在自然垄断行业形成可竞争市场，在进入和退出完全自由的市场中，不可能存在超额利润②。

4. 激励性规制理论

放松规制理论虽然为自然垄断行业的规制改革提供了理论依据，但放松规制并不等于取消政府规制。由于市场失灵问题，有些经济领域必须保留政府规制。例如，对于那些存在市场进入障碍的强自然垄断产业，为防止企业操纵价格谋求垄断利益，政府部门必须介入并实行规制措施。在规制俘虏理论和放松规制理论的影响下，为了提高规制效力、降低规制成本，激励性规制（incentive regulation）理论应运而生。

由于信息不对称，在政府规制过程中，企业行为存在逆向选择和道德风险问题。政府制定有效率的规制政策，必须尽可能地获得企业的真实经营信息，而企业则倾向于隐藏信息（商业机密）。激励性规制理论侧重于研究如何设计激励机制和设置诱因，鼓励企业显露真实的经营信息，实现以最小成本获得规制信息，并刺激企业提高生产和经营效率。在实践中，激励性规制的实施机制主要有特许投标竞争、区域间比较竞争、价格上限规制、社会契约规制等。

8.3.4 政府规制的发展趋势

1. 维护多元利益平衡

政府规制涉及企业、消费者、政府等多方利益主体，需要兼顾投资人、企业和消费

---

① 坎南. 自由、市场与国家. 北京：北京经济学院出版社，1988.

② 美国经济学家鲍莫尔认为，潜在竞争压力的存在，将迫使现存企业只能遵循可维持定价原则和保持高效率的生产组织。因为如果有超额利润的话，潜在竞争者就会迅速进入。于是，价格规制就成为多余的事情了。BAUMOL W J. Contestable Markets：A Uprising in the Theory of Industry Structure. American Economics Review，1982（72）：1-15.

者的利益，维护社会公平正义。政府规制既不能以行政部门的利益最大化为诉求，也不能偏袒强势利益集团，需要在多元利益要求中寻求均衡，促进包容性发展。为此，需要建立包括生产者、消费者、专家学者和官员共同参与的协商机制。

2. 放松经济性规制

自20世纪80年代以来，发达国家进行政府规制改革，放松了市场准入和价格管制。具体途径主要有：（1）引入竞争。也就是培育新的竞争对手，或对原垄断企业进行业务拆分，允许更多企业进入垄断行业领域。（2）民营化。具体方式包括合同承包、特许经营、政府补助、法律授权、政府撤资等。（3）激励性规制。也就是设置激励机制（诱因），促使厂商降低成本，优化生产要素配置。（4）非对称规制。是指在同一个垄断行业中，对在位企业和新进入企业实行不同的规制政策，防止企业之间的不正当竞争。

3. 强化社会性规制

随着生活水平的提高，人们会更加注重环境、健康和安全。加强社会性规制的措施主要有：制定技术标准，提高社会性规制的规范性；重组社会性规制机构，强化职能配置；扩大公民参与，强化社会监督。

4. 实施成本-收益分析

政府规制是政府提供的一种公共产品，它是有成本的，需要耗费一定的行政和财政资源，同时带来一定的社会收益。政府规制需要考虑边际收益情况，只有当预期收益超过成本时，行政机构才能实施规制。我国许多政府规制行为花费了巨额成本，但其收益却并不明显。一些政府部门在经济管制过程中，还存在社会收益部门化、部门收益单位化等问题。

5. 加强对规制者的规制

在规制管理中，行政机构集准立法权、执行权、自由裁量权和准司法权于一身。对于在位企业而言，规制管理提供了寻租机会，即通过游说政府获得非生产性利益。在企业的利益输送下，规制者很容易成为受规制者的俘虏，从而偏离公共利益和社会福利目标。加强对规制者的规制主要有三种途径：一是以政治权力制约规制权力，如强化人大和司法部门的监督；二是以公民权利制约规制权力，即保障公民知情权和参与权；三是以行政改革促进规制改革，即规范规制机构运行。

8.4 城市自然垄断管理

8.4.1 垄断与自然垄断

自然垄断是一种比较特殊的城市经济现象。探讨自然垄断问题，首先要从垄断现象讲起。

1. 垄断的含义

垄断是指排他性控制和独占某种经济资源、产品、技术或市场。这种排他性的控制，既可能对经济增长和经济效率产生负面影响，也可能是经济秩序的基本支撑点。譬如，产权就具有排他性，即A拥有一套房子的产权，就排斥了B的占有权；城市行政权也由政府独占。失去了产权和行政权，社会就会失序，经济增长和社会秩序就无从谈起。

2. 垄断的类型

从形成原因看，垄断现象大体包括五种类型：

(1) 资源性垄断。这是根据资源的独特禀赋和属性形成的垄断。比如，浙江的龙井茶、山东莱阳的梨、吐鲁番的葡萄等。

(2) 技术性垄断。这是指通过发明和创新掌握某种专利技术、特殊工艺、产品秘方而形成的垄断。例如，可口可乐由于其饮料秘方无法仿制，从而长期保持世界饮料业销量第一的地位。政府如果不保护专利和商业秘密，发明和创新的供给就会不足。新技术一旦被研发出来，整个社会都会受益。

(3) 经营性垄断。企业凭借实力和策略进行市场扩张，或多家企业通过结成经营联盟，在竞争中占据市场主要份额，将竞争对手挤出市场。

(4) 强制性垄断。依靠政府或其他强制性力量，通过非经济性手段清除竞争对手，形成对市场的排他性独占。这种强制可以是高度非制度化的，如欺行霸市、强买强卖；也可以是高度制度化的，如行政性垄断、政府授权独家经营。

(5) 自然垄断。一些产业具有规模经济效应，在一定的区域内只能由一家企业经营。若两家企业进入的话，就可能导致两败俱伤。城市基础设施和公用事业领域中，凡是要进行大规模管道或网络建设的，如供电、供气、供热、铁路等，都属于自然垄断行业。

3. 垄断的影响

不同性质的垄断现象，对经济和社会发展具有不同的影响。为探讨垄断的经济影响，可将垄断分为产权排他性垄断和强制禁止性垄断两类。前者是从产权的排他属性中派生出来的垄断，后者是基于强制性禁止而产生的垄断。资源性垄断、技术性垄断、经营性垄断和自然垄断都属于产权排他性垄断。产权是市场机制有效发挥作用的前提，保护产权就是保护产权主体对于自身拥有资源的排他性支配权利。

传统经济理论认为，垄断现象使厂商可以通过控制产量来提高价格，获取垄断利润。由于独家控制市场，厂商缺少提高产品和服务质量的动机。但在市场经济条件下，产权排他性垄断并不必然对经济效率产生不利影响。只有当强制性垄断限制甚至禁止市场准入，从而消除潜在竞争对手时，才会妨碍技术进步，对经济效率产生不利影响。

(1) 资源性垄断并不能够持续控制价格。在市场环境下，大多数资源性垄断产品有可替代品。龙井茶的替代品有毛尖、乌龙、毛峰等，可口可乐的替代品有百事可乐、北冰洋等。独特资源如果要价太高，等于是帮助替代品获取市场份额。

（2）技术性垄断也不能一劳永逸。商场如战场，既然有了“周瑜”，就可能出个“诸葛亮”。政府保护创新专利，同时也会鼓励各路豪杰加快发明创新。

（3）经营性垄断难以持久保持。胜利者赢得市场优势之后有可能减量提价，但此举等于是在补贴潜在的竞争对手。

（4）强制性垄断会妨碍技术进步。反垄断首先要反强制性垄断，尤其是行政性垄断。

（5）自然垄断达到一定规模后同样可以引入市场竞争机制。正是由于多家运营商相互竞争，移动电话套餐价格才会不断调整。

政府如果不分青红皂白，笼统地反对一切垄断现象，那就容易演变成反对产权、反对竞争、反对专利。为了保护产权，保护技术创新，政府应尽可能地撤除妨碍市场竞争的行政性壁垒。

8.4.2 自然垄断行业的特点

1. 自然垄断行业的经济特征

自然垄断行业具有以下经济特征：

（1）规模经济效应明显。自然垄断行业最显著的特征是具有成本弱增性，其产品平均成本随着产量的增加而降低。企业生产规模越大，产品的平均生产成本就越小。为了实现规模经济，需要对自然垄断行业实行进入管制。

（2）投资成本具有沉淀性。自然垄断产业的投资规模大，回报周期长，沉淀成本大，资金一旦投入就难以改作其他用途。如果多个企业展开竞争，可能导致资源浪费。

（3）企业经营具有公益性。自然垄断产业提供日常生活所需的基本服务，具有公益性，需要保证服务的稳定性和质量的可靠性。

（4）垄断企业处于支配地位。自然垄断企业往往处于独家经营地位，对于消费者而言，自然垄断产品选择余地很小。

2. 自然垄断行业的业务边界

自然垄断行业的业务边界，可以从静态和动态两个方面进行界定。

从静态角度看，凡是需要进行大规模网络和管道建设的经济领域，都属于自然垄断行业。由于进行网络和管道建设需要大量固定资产投资，其中有相当部分是沉淀成本，如果两家或多家企业进入，不仅会浪费资源，而且每个管网都不能得到充分利用。需要说明的是，进行管网建设的行业并非所有业务都具有自然垄断性，自然垄断的静态边界可以进一步细分。例如，电力产业的电力输送业务是自然垄断业务，而电力生产（发电）就是非垄断性业务，可以由多家企业参与竞争①。

从动态角度看，自然垄断行业的业务范围具有相当大的可变性。首先，技术进步可

① 王俊豪. 政府管制经济学导论. 北京：商务印书馆，2001：84.

以改变自然垄断行业的边界。以电信产业为例，随着光纤技术、移动电话、互联网的发展，用以传输声音、图像、数据的途径越来越多，这些技术进步为新企业进入电信产业创造了条件。相应地，多元的通信网络代替了单一的通信网络。电信产业的自然垄断业务范围逐步缩小。目前，电信产业的自然垄断业务大多仅限于固定电话的范围之内。其次，市场容量的扩大也会改变自然垄断行业的边界。例如，中小城市由于消费者数量有限，自来水、供热、供气等自然垄断产业，只能由政府授权一家公司垄断经营。随着城市规模扩大，当市场需求量超过“成本弱增”的范围以后，这些产业就不具有自然垄断性，应该允许多家企业进入。

8.4.3 自然垄断行业的政府规制

1. 自然垄断行业的管理现状

长期以来，我国城市自然垄断企业实行政府直接投资和垄断经营，企业领导由政府委派，资金由政府划拨，价格由政府制定，盈亏由政府负担。由于不存在外部竞争压力，企业缺乏忧患意识，经营成本较高，产品价格居高不下。20 世纪 90 年代以来，一些城市对自然垄断行业进行改革，通过引入竞争、实行股份化和民营化改造等措施，改革取得了一定成效。

2. 自然垄断规制管理的目标

自然垄断企业不能充分竞争，只能由一家或几家企业垄断经营。如何同时兼顾规模经济与竞争活力呢？可以将有效竞争作为自然垄断行业的规制目标。

有效竞争是在满足规模经济前提下的适度竞争。具体地讲，有效竞争遵循以下原则：

（1）适度竞争。自然垄断行业既要防止竞争过度，也要防止竞争不足。

（2）公开透明。政府规制信息应对社会公开，保障公众知情权，方便社会获取信息。

（3）公众参与。政府规制是对利益关系和利益格局的调整。利益相关方都有表达和参与的权利。

（4）非歧视。同等对待所有的企业主体，市场准入、价格规制、质量规制对所有企业一视同仁。

8.4.4 自然垄断行业的规制方式

自 20 世纪 80 年代以来，伴随着公用事业的私有化和放松规制的改革，激励性规制成为政府规制发展的新趋势。自然垄断行业常用的激励性规制主要有：

1. 特许投标竞争

特许投标竞争，即在一定的质量要求下，政府通过拍卖的形式，让多家企业参与竞争自然垄断行业的独家经营权，从而在投标阶段对服务质量和价格形成竞争，由报价最低的企业取得特许经营权。特许投标竞争由市场决定价格，它提高了垄断性市场的可竞争性，有利于激励企业降低运营成本。特许投标竞争还为规制机构提供了价格规制所必需的成本信息。企业对垄断经营权的竞争，缓解了政府在进行价格规制时所面临的信息不对称问题。

在实践中，特许投标竞争也存在一些问题：首先是特许投标竞争仍可能出现竞争不充分问题。如果某个企业取得了特许经营权，在下一轮投标竞争中，该企业由于积累了经营经验，往往具有更大的获胜机会。其次是资产转让的问题。上一轮竞争中获得特许权的企业投入的固定资产，如何转移给新一轮投标获胜的企业呢？达成资产转让协议往往要经过艰难的讨价还价过程。最后是合同款项的变更和修改问题。许多特许经营合同是不完全合同，需要不断进行细化，这样难免会产生监管费用。

2. 区域间比较竞争

区域间比较竞争，也称区域间标尺竞争，其基本思路是：以与本区域受规制的自然垄断企业具有相似生产技术、市场需求的其他区域企业的生产成本为参照，制定本区域垄断厂商的价格和服务水准，从而激励本区域内垄断企业提高生产效率、降低生产成本、改善服务质量①。

自然垄断产业常常由一两家企业垄断经营。为了防止企业滥用市场垄断地位，保护消费者的合法利益，政府需要实施价格或质量规制。由于企业垄断了经营成本的真实信息，政府难以按照实际成本制定规制价格。有鉴于此，政府可以定期调查和公布不同区域的自然垄断产品价格水平，从而打破本地企业对信息的垄断，增强发现真实成本和降低成本的潜力，为制定合理的指导性价格提供依据。在此基础上，政府可得出自然垄断产品的合理定价，对本地产品进行最高限价。

3. 价格上限规制

价格上限规制起源于英国学者斯蒂芬·利特柴尔德（Stephen Littlechild）于 1983 年发布的一份报告——《对英国 BT 私有化后利润的规制》。在该报告中，利特柴尔德建议采取价格上限办法规制英国电信业。价格上限规制的基本思路是：把受规制行业的产品和服务价格与零售价格指数（retail price index，RPI）结合起来，受规制行业的价格上涨不能高于通货膨胀率。同时，该定价机制还考虑到技术进步带来的劳动生产率（X）提高会使行业产品的价格下降。价格上限定价机制的谈判焦点是：如何选择和确定劳动生产率的值。X 值的大小由各自然垄断行业的技术经济特点决定。一般来讲，技术进步潜力越大的行业，其 X 值也就越大②。

这种方法规制的是企业的价格而不是企业的利润，它有利于激励企业提高生产效率和促进创新，因为任何成本降低可能获得的利润都归企业自己所有。赋予被规制企业在不超过价格上限的情况下拥有灵活定价权，可提高资源配置效率。

---

① SHLEIFER A. A Theory of Yardstick Competition. Rand Journal of Economics，1985（16）：319-327.

② 王俊豪. 美国和英国价格管制模式的比较及其启示. 价格理论与实践，2000（4）.

4. 社会契约规制

社会契约规制也称成本合同规制，是指规制机构与受规制企业签订合同，就产品价格、运行成本等主要指标做出约定，规制机构根据企业执行约定的情况实施相应的奖惩措施，鼓励企业降低成本、节约能源、保护环境和提高服务水平①。

本章小结

财政收入来源对政府行为具有显著影响。当前，中国城市主要通过税收和土地出让两种方式获取财政收入，而在市场经济发达国家，城市财政收入主要依靠不动产征税。依赖于土地财政的财政制度安排，决定了地方政府注重发展导向。房地产税有助于引导发展型政府向服务型政府转变。

城市政府采购需要坚持公开性原则、公平性原则、公正性原则和有效竞争原则。政府采购主要有集中采购、分散采购、公开招标采购、邀请招标采购、询价采购、单一来源采购、征求建议采购、谈判采购等方式。

政府规制以矫正市场失灵为目标，对微观经济和社会主体采取直接干预和控制行为。政府规制经历了从强化规制走向放松规制和重建规制的发展过程。政府规制需要维护多元利益平衡，实施成本-收益分析，加强对规制者的规制。政府对自然垄断行业的规制以“有效竞争”为目标导向，常用规制方式主要有特许投标竞争、区域间比较竞争、价格上限规制、社会契约规制。

关键术语

财政收入　　政府规制　　规制俘虏　　放松规制　　激励性规制　　自然垄断　　有效竞争

复习思考题

1. 简述城市财政收入的主要来源。
2. 简述中美城市财政收入来源的差异性。
3. 联系实际，试论不动产征税对城市政府职能的引导作用。
4. 简述政府采购的特点和意义。
5. 政府采购的目标和原则有哪些？
6. 什么是政府规制？它有哪些作用？
7. 试论政府规制的主要理论流派。
8. 试论政府规制的政策演进。

---

① 植草益. 微观规制经济学. 北京：中国发展出版社，1992：159.

9. 什么是垄断？它主要有哪些类型？
10. 自然垄断有哪些经济特性？如何看待自然垄断行业的业务边界？
11. 试论自然垄断行业政府规制的目标导向。
12. 自然垄断行业有效规制的主要方式有哪些？

第9章

城市基础设施管理

城市基础设施是城市运行和发展的物质基础，对城市发展、市民生活具有重要影响。在市场经济体制下，除政府直接投资之外，还可通过合同外包、特许经营、政府补助等多种方式提供基础设施及其服务。提高基础设施的供给效率，需要改革投融资体制，实现投资主体多元化、资金来源多元化、公用事业商品化、经营管理企业化。

重点问题

- 城市基础设施的分类
- 城市基础设施的运营方式
- 我国城市基础设施建设的问题
- 基础设施投融资体制改革的方向
- 城市基础设施民营化的主要形式
- 城市交通运输的问题和改革思路

9.1　城市基础设施概述

9.1.1　城市基础设施的含义

1. 城市基础设施的概念

城市基础设施（urban infrastructure），是保障城市生产和生活顺利运行的各种基础性物质设施及其服务的总称，具有建设规模大、成本回收周期长、社会成员共同受益等特点，是城市发展的重要基础。自从城市产生以后，就出现了城市基础设施。我国考古发现的殷墟（今河南安阳）水井和道路遗址，就是早期的城市基础设施。古代城市基础设施具有分散、简单和小规模的特征。近代以来，由于社会生产力中心转移到城市，人口和产业不断向城市聚集，城市基础设施开始快速发展，并形成了系统化、专业化和大规模的特征。

在习惯上，城市基础设施也称城市基础建设（简称“基建”）、公用事业设施或市政工程设施。严格地讲，公用事业设施和市政工程设施，在具体含义上是有区别的。公用事业设施是指具有自然垄断性质的基础设施，如供水、供电、供气、电信、地铁等，其消费具有排他性特征，可以将不付费者排斥在共同消费之外。在政府规制下，公用事业设施可引入市场机制，授权私人部门负责生产和运营。市政工程设施是指具有公共产品属性的城市基础设施，如城市道路、桥梁、隧道、下水道等，其消费具有无偿性和非排他性，市场机制难以实现有效供给，一般由城市政府负责筹措资金。

2. 城市基础设施的分类

城市基础设施是一个系统工程，它主要包括六大类：

（1）城市能源供应设施。主要包括城市电力生产和输送系统，城市煤气、天然气、汽油、柴油、液化气生产与供应系统，城市热力生产与供暖管网系统。

（2）城市供水排水设施。主要包括城市水资源开发与管理系统、自来水生产与供水管网系统、雨水排放系统、污水排放与处理系统、城市中水利用系统。

（3）城市交通运输设施。分为对外交通设施与内部交通设施。前者包括铁路、机场、港口、公路和高速公路等。后者包括道路、桥梁、隧道、地铁、高架轻轨、停车场、交通信号设施等。

（4）城市邮电通信设施。主要包括城市邮政系统、电报系统、固定电话网络、移动电话网络、互联网系统、有线电视网络、广播网络系统等。

（5）城市环保环卫设施。主要包括城市园林、绿化带、垃圾收集与处理设施、道路清扫、环境监测设施、污染治理设施等物质设施。

（6）城市防卫防灾设施。主要包括城市消防、防洪、防汛、防震、防风、防沙尘、防雪、防空、防地面塌陷等方面的物质设施。

这六个分系统既互相独立又密切配合，共同保障城市生产与生活的正常运行。

9.1.2 城市基础设施的特征

1. 公用性和公益性

城市基础设施是全体市民共同享用的集体消费品，各种经济和社会活动都离不开基础设施。基础设施的外部性和公益性很强，企业和个人可以从中获取巨大收益。城市基础设施建设的社会效益高于其他产业部门，而资金收益率却低于其他产业部门。

2. 自然垄断性

有些城市基础设施行业需要进行大规模的管道或网络建设，初始投资规模巨大，具有天然的垄断性，只能由一家企业进行经营。城市水电煤气设施、地铁等基础设施都具有自然垄断特性。

3. 成本沉淀性

城市道路、机场、港口等交通设施，给排水管道设施，电信网络铺设等都需要投入巨额资金。一些大型基础设施投资动辄几十亿元、上百亿元，有些基础设施运营没有直接经济收入，全靠政府财政补贴；有些基础设施运营收不抵支，需要财政提供补贴；有些基础设施实行使用者付费，但投资成本需要较长时间才能收回。

4. 超前性和系统性

城市基础设施一经投产就会长期发挥作用，其建设需要有超前性，要预测到未来一定时期的使用需求。从建设次序安排看，要根据“先地下后地上”的原则，基础设施比生产和生活设施提前建设，确保同时交付使用。城市基础设施是一个大系统，不同类别的基础设施之间具有相互依存性。

5. 不可移动性

城市基础设施属于固定性物质设施，一经建成就具有不可移动性，在建设前需要进行项目评估和可行性论证，以提高基础设施投资的利用率。

9.1.3　城市基础设施的作用

1. 城市基础设施是城市正常运行的物质基础

城市基础设施是人流、物流、信息流、能源流的载体，是保证城市经济和社会活动正常运行的基础性物质条件。基础设施越发达，城市功能就会越完备，对外辐射的半径也就越大。

2. 城市基础设施是经济集聚效应的重要保障

在特定地域空间内，各种基础设施互相配套，能够降低生产和交易成本，提高经济效率和效益。有研究提出，城市基础设施投资每增加 1%，生产成本可降低 0.129%[①]。基础设施发达，可从更广阔的空间内吸引生产要素和劳动力，形成更高层次的集聚效应。

3. 城市基础设施是改进市民生活的物质条件

城市基础设施是市民生活最基本的物质保障，城市宜居程度有赖于基础设施条件的改善。高速公路、机场、大型码头、卫星信号接收站等现代基础设施，极大地提高了单位时间内人流、物流、信息流的位移速度与频率，为市民享受现代生活提供了便利条件。

---

① 江曼琦．城市空间结构优化的经济分析．北京：人民出版社，2001.

地铁、轻轨、立交桥等提高了市民出行速度，减少了交通堵塞，节约了出行时间。

9.1.4 基础设施供给的影响因素

影响城市基础设施供给的因素主要有：

1. 经济发展水平

城市基础设施建设具有投资规模大、资金回收周期长的特点，资金一旦投入就难以转为其他用途。城市经济实力是影响基础设施建设最重要的因素。一般而言，城市经济越发达，基础设施建设也会越先进。改革开放以来，我国城市经济发展速度较快，基础设施状况发生了显著变化。

2. 政府职能定位

长期以来，我国政府职能配置具有全能特征，城市财政的相当比例投入了竞争性产业领域，政府大规模投资于工业项目、房地产等，这不仅不利于提高经济效率，而且会导致基础设施供给不足。城市政府应适当从竞争性产业领域退出，增加公共产品和公共服务供给。

3. 投融资体制

城市基础设施投融资存在财政投入、公私合作和完全市场化等多种形式。有些基础设施具有纯公共产品属性，如城市道路、广场、路灯等，只能由公共财政进行投资。有些基础设施可引入市场机制，吸引私人部门投资。提高城市基础设施供给水平，需要改革投融资体制，扩大资本市场的作用。

9.2 城市基础设施建设

9.2.1 我国城市基础设施建设的现状

改革开放以来，我国城市基础设施建设取得了显著成效。

1. 建设规模和供给水平大幅提高

自20世纪80年代以来，伴随着经济快速发展和城市化水平的不断提高，我国城市基础设施投资逐年增长，基础设施整体数量显著增加，质量也有很大改进。城市基础设施的改善给市民生活带来了巨大变化。城市自来水普及率、城市污水处理率、城市燃气普及率、每万人拥有公交车量、人均拥有道路面积、人均公共绿地面积、每万人拥有公共厕所等各项指标，都有大幅增长①。

---

① 张军，高远，傅勇，等．中国为什么拥有了良好的基础设施?．经济研究，2007（3）．

2. 对基础设施重要性的认知提升

在计划经济体制下，我国把经济建设项目划分为生产性建设和非生产性建设，认为只有生产性建设才能创造价值，城市基础设施被认为是非生产性建设，对其投入不足。改革开放以后，城市基础设施投资规模不断扩大，城市基础设施对经济增长的拉动作用日益显著。

3. 市场化改革取得重要进展

近年来，中央政府出台政策，促进和引导民间投资，推进城市基础设施建设公私合作。城市纷纷启动公用事业市场化改革。目前，在城市基础设施领域，除政府出资的国有企业外，还出现了中外合资、中外合作企业，股份制、股份合作制和民营企业。伴随着政企分开步伐，一些国有企业已经完成改制，组建形成了专业化的水务、燃气和环卫集团公司。民营企业和外资企业也进入了基础设施领域。

9.2.2　城市基础设施建设存在的问题

1. 基础设施建设不均衡

自20世纪90年代以来，我国各地区基础设施投资增长都很显著。随着财政分权体制的确立，地方政府获得了地方基础设施的投资决策权，地方建设项目越来越多。在20世纪90年代以前，在我国基础设施投资项目中，中央项目的比例一直在50%以上。90年代以后，城市基础设施建设转变为以地方投资为主，城市自筹资金成为基础设施建设资金的主要来源。

2. 基础设施总体水平不高

近年来，我国城市基础设施建设取得了显著进步，其制约经济社会发展的“瓶颈”状态已有相当缓和。但从总体上看，城市基础设施建设水平仍有待改进。一些城市还存在供水紧张、拉闸限电问题；一些基础设施超负荷运转，存在消费“拥挤”现象。我国城市道路、快速通道、清洁能源、环卫设施、园林绿化带、污水处理厂等基础设施建设，与发达国家相比仍存在很大差距，在规模和质量上都还有待改进。

3. 基础设施投资渠道单一

20世纪90年代以来，我国城市基础设施项目引入市场化运作，但主要是在财政分担和银行贷款上做文章，基础设施投资以国有企业建设为主。基础设施建设项目的投资决策、资金筹集和建设施工在政府主导下运行，投资主体单一的格局没有从根本上改变。

4. 基础设施运营方式落后

我国基础设施行业的市场准入、产权界定、市场退出、产品和服务定价等政府规制手段，以及相关的配套法规和制度约束还有待完善。一些城市只设有一家政府投资的自来水公司，同时限制其他企业进入。城市之间地盘割据，市场封闭，导致经营粗放、成本控制不力。一些基础设施项目长期处于低效率运行状态。

9.2.3 城市基础设施建设的资金来源

我国正处于城市化快速发展阶段，对基础设施建设的需求量很大。资金缺乏是制约城市基础设施建设的瓶颈。借鉴国外经验，城市政府可以通过多种渠道和途径筹措基础设施建设资金。

1. 财政预算

通过一般性税收为基础设施建设筹集资金，利用财政资金进行基础设施建设。随着市场经济发展，财政预算资金在城市基础设施投资中所占的比重逐年减少。

2. 银行贷款

在基础设施多元化投资体制下，不仅私营企业可通过银行融资，公共部门也可向银行贷款。公共部门贷款以政府信用为基础，以政府所有的国有土地等公共资产做担保。

3. 市政债券

市政债券也是筹集城市基础设施建设资金的一种有效方式。在国外，发行市政债券是城市基础设施建设的重要融资途径。近年来，美国每年都要发行几千亿美元的市政债券，占美国债券市场的15%左右。

4. 城市经营

通过对城市政府所掌握的一些公共资源进行市场化运作，获取一定收入进行基础设施建设。我国城市土地是国有土地，是政府可以支配的重要稀缺资源。在土地出让和批租中，城市政府可获取丰厚利益。

5. 使用者付费

消费者在获得基础设施服务的同时，需要缴纳一定数量的费用。城市可通过基础设施服务收费方式，筹集基础设施建设资金，实行不消费不付费、多消费多付费的政策。城市水电煤气、机场建设等，可通过这种方式筹集资金。

6. 民间资本

按照“谁投资，谁受益，谁承担风险”的原则，支持、鼓励和吸引民间资本参与基础设施建设和运营。

9.2.4 城市基础设施投融资体制改革

城市基础设施投融资体制改革的基本方向是：

1. 投资主体多元化

在市场经济条件下，基础设施供给的决策职能和执行职能应当相对分离。城市政府负责基础设施供给的规划与决策，但不必直接组织生产。政府在确定了基础设施的供给数量、类别和标准以后，其建设和经营可以引入多元投资主体，鼓励私人部门参与建设。

2. 资金来源多元化

当前，我国城市基础设施建设以地方政府投资为主，中央政府给予适当的专项财政拨款、预算内基本建设投资和财政转移支付。加快城市基础设施建设步伐，需要扭转政府单方面投资的局面，拓展资金来源渠道，吸引外资和民间投资。

3. 公用事业商品化

有些基础设施的消费具有排他性，可将不付费者排斥在消费之外。这类基础设施一般称为公用事业设施，包括供水设施、供电设施、供气设施、供热设施、地铁、机场等。在政府规制下，公用事业设施可引入市场机制，授权私人部门负责生产和运营。城市公用事业商品化有利于减少财政负担，提高公用事业的运营效率。

4. 经营管理企业化

基础设施经营管理要实行政企分开，由企业负责投资、建设和运营。政府出资兴办和拥有股份的基础设施经营企业，政府按照出资额行使所有者职能，企业应当拥有经营自主权。

9.3 基础设施运营体制

9.3.1 城市基础设施的运营方式

在市场经济体制下，不仅公共部门提供城市基础设施，私人部门也可参与基础设施建设和运营。概括来讲，城市基础设施运营方式主要有三种类型：

1. 公办公营

政府直接投资和经营城市基础设施。这类基础设施的公益性强，有的没有直接的利润回报。城市道路、桥梁、绿化带、公园等基础设施普遍实行公办公营模式。在这种模式下，政府拥有全部产权，组建专业化公司进行运营。

2. 公私合作

政府以参股入股、财政补助、优惠政策等方式与私人部门建立合作关系，联合提供基础设施及其服务。公共部门和私人部门的合作，既可发挥公共部门的规划和规制优势，也可发挥私人部门在管理、技术和资金上的优势，提高基础设施供给效率。

3. 私人经营

政府以公开招标、特许经营或开放竞争等方式，吸引私人部门直接投资基础设施建设领域，由民营企业负责基础设施项目的投资、生产和运营。企业通过使用者付费机制实现投资回报。在私人经营模式下，政府通常在市场准入、产品质量、服务价格等方面进行规制。

9.3.2 城市基础设施行业运营

经过 40 多年市场化改革，中国经济体制发生了很大转变。但是，由于行政性垄断没有得到根本改革，城市基础设施行业运营仍呈现半行政、半市场化特征，主要表现在[①]：

（1）依赖政府优惠政策支持。基础设施行业凭借政府无偿拨付、优惠政策得到的资源，形成独特的"成本优势"。

（2）实行特许经营。基础设施行业凭借政府授予的特许经营权，排挤市场竞争对手，设置市场进入壁垒，减弱了社会的投资机会和意愿。

（3）谋取高额利润。城市基础设施产业大多实行市场准入限制，依靠行政性垄断获取高额利润。这些行业的高收入和高福利既引起公众不满，也刺激其他垄断行业仿效和攀比。

（4）抑制市场需求。这些行业产品和服务的价格偏高，增加了其他行业的运营成本，削弱了居民的真实购买力，市场需求因此受到抑制。

城市基础设施行业的半行政、半市场化特征，致使企业缺乏创新动力。基础设施行业亟待开放市场准入，引进竞争机制，提高投资和运营效率。在市场开放过程中，政府要兼顾各方利益，充当利益协调者的角色。

9.3.3 城市基础设施民营化趋势

1. 城市基础设施民营化的优势

目前，城市道路、桥梁、广场、园林等大型基础设施建设仍以政府投资为主，但已引入招投标方式选择项目实施主体。城市公交、供水、供气、供热、垃圾处理、污水处理等行业，已开始实施特许经营，民营企业投资的比重增加。

为加快推进可经营性基础设施的民营化发展，2004 年，住房和城乡建设部颁布《市政公用事业特许经营管理办法》，规定城市供水、供气、供热、公共交通、污水处理、垃圾处理等行业可以依法实施特许经营，特许经营最长不得超过 30 年。各种资本和海外资

---

① 周其仁. 竞争、垄断和管制："反垄断"政策的背景报告//产权与制度变迁：中国改革的经验研究. 北京：北京大学出版社，2004.

金都可参与市政公用设施建设，企业可以跨地区、跨行业进行经营。

基础设施民营化主要针对可经营性项目，这些项目可开放市场准入，吸引民间资本投资。城市基础设施建设受经济周期影响很小，可经营性项目具有稳定的经济回报和净利润率，蕴含着巨大商机，企业具有很高的投资积极性。并非所有基础设施项目都可实行民营化，非经营性项目则由政府投资，可采取合同外包的形式，委托企业进行运行维护。

城市基础设施民营化的意义在于：（1）有利于提高基础设施运营效率。一般而言，民营企业的运行效率要高于政府企业。（2）有利于提升服务质量。民营化引入竞争机制，企业必须改进服务质量。（3）有利于实现规模化经营。开放市场为企业跨区域兼并和市场扩张提供了可能性。目前，一些民营企业已经在多个城市投资供水、燃气、供热等基础设施行业。

2. 城市基础设施民营化的主要形式

城市基础设施民营化改革，大都采用公私合作（public private partnership，PPP）形式，即政府机构与民营企业结成合作关系，利用国际和国内资本进行基础设施建设。在这种合作模式中，企业提供基础设施及其服务并获得合理的利润回报。公私合作的具体模式主要有：

（1）建设-经营-转让（build-operate-transfer，BOT）模式；

（2）股份制（joint-stock，JS）模式；

（3）永久专营（perpetual franchise，PF）模式；

（4）建设-转让-经营（build-transfer-operate，BTO）模式；

（5）购买-建设-经营（buy-build-operate，BBO）模式；

（6）合同外包（contracting out，CO）模式；

（7）建设-拥有-经营（build-own-operate，BOO）模式；

（8）建设-经营-补助（build-operate-grants，BOG）模式①。

其中，BOT 模式为许多国家所广泛采用。BOT 模式是政府以长期的特许经营权换取企业融资建设经营基础设施的一种投资方式。它以政府和企业达成的协议为基础，由政府向企业颁发特许状，允许其在一定时期内筹集资金建设某个基础设施项目，并管理和经营该设施及其服务。当特许经营权到期时，企业按照合同约定将设施移交政府，转由政府指定的机构进行经营和管理。实践表明，BOT 模式是民营企业经营市政公用事业的有效途径。

9.4 城市交通运输管理

9.4.1 城市交通运输的含义

交通运输设施是城市基础设施的重要组成部分，它在城市经济发展和市民生活中具

① 即对民营企业建设和经营的一些基础设施项目，政府给予一定财政补助。

有举足轻重的地位。交通堵塞、运输紧张是我国城市发展的通病，研究城市交通运输存在的问题和对策，提高城市交通运输的供给效率，是我国城市管理面临的迫切任务。

1. 城市交通运输的概念

交通运输是指人和物在空间上的流动和位移，这种移动需要借助一定的交通工具和交通设施。城市交通由对外交通系统和内部交通系统组成。城市对外交通系统是城市与外界进行物质和能量交换的联系系统，它包括铁路、公路、航空、水运等交通方式。对外交通设施主要有航空港、铁路客站和货站、铁道线路及配套设施、公路客站和货站、各级公路通道、水运码头及航线配套设施等。城市内部交通系统是人和物在城市内部不同区域实现空间位移的联系系统。它由交通动力系统、交通工具系统、交通道路系统、交通枢纽系统和交通管理系统五个部分组成。

随着经济和科技的发展，交通运输系统会不断地升级换代。自城市出现以来，城市交通运输系统的发展变迁大体经历了四个时代：(1) 自然力与动物力时代。在工业革命前，交通运输动力主要依靠人力、畜力、风力和水力。(2) 蒸汽机时代。蒸汽机的发明与应用，使人们迎来了工业革命的新时代，此时蒸汽机车和蒸汽轮船成为主要的交通运输工具。(3) 内燃机时代。19 世纪末，内燃机逐渐成为主导性的交通动力系统。(4) 综合动力时代。20 世纪 50 年代以来，在内燃机的基础上，人类引进电力、太阳能、天然气等新型动力，形成了节能、环保、便捷的综合交通动力系统。

2. 城市交通系统的基本形式

城市内部交通系统的典型特征表现为道路网络化。综观世界各国城市道路系统，主要存在以下几种基本形式：

(1) 棋盘式。这种道路系统的特点是方向感强，有利于城市功能布局和建设，缺点是增加了对角线之间的交通成本和时间。

(2) 放射式。这种道路系统在规划时先确定市中心，然后围绕市中心建设放射形道路网络。其优点是便于中心与腹地的联系，缺点是方向感难以把握，城市建筑合理布局具有一定难度。

(3) 环状式。这种道路系统以市中心为圆心，实行多层同心圆布局。其优点是利于交通畅通，缺点是市中心交通容易拥挤。

(4) 自由式。这种道路系统依城市地形自然而定，坚持因地制宜。

(5) 多中心组团式。这种道路布局具有多个中心，各中心之间通过地铁、轻轨和高速公路等进行连接。美国洛杉矶的道路系统就是如此。

9.4.2 城市交通运输管理的基本导向

1. 加快道路交通网络建设

道路交通网络是城市经济集聚和扩散的物质基础。道路交通网络系统分为快速通道网和常规道路网。快速通道网包括高速公路、高架轻轨、地铁、公交专用线等，常规道路网包括公共汽车、小汽车、自行车、步行道路网等。城市道路网络建设要实行快慢分流、客货分流、过境与市内分流、机动车与非机动车分流。在建筑和人口密集的大城市，需要建设快速交通专用道路和立体交通主干道系统。同时，还要建设好火车站、汽车站、机场、码头、主要换乘点等交通枢纽，方便市民换乘，减少交通阻滞。

2. 开发新型交通工具和技术设施

我国城市交通发展跟不上客运量需求，一个重要原因是过分倚重地表交通运输工具。为提高交通的舒适感和快捷性，需要大力开发新型交通工具。要优先发展运力大、污染少、速度快、经济实用、安全舒适的交通工具。对特大城市来讲，地铁和公交车是公共交通的“两个轮子”，一个在地下，一个在地上。我国特大城市数量很多，发展地铁的市场潜力巨大。应加快交通技术设施的开发和建设，开发智能化的电子交通导航系统和不停车自动收费系统。

3. 提高城市交通的指挥水平

我国有些城市道路建设投资很大，马路建得很宽，但交通仍然拥堵，这主要归因于指挥和管理不善。城市人行道、非机动车道与机动车道交叉共用的情况很普遍，经常出现车人混行现象。提高交通指挥管理水平，可行的措施主要有：在城市交通主干线之间开辟分支线路，在拥挤路段设立单行线；为了减少中心城区交通堵塞问题，鼓励市民优先使用公共交通工具，可对私人汽车进入市中心繁华路段征收道路拥堵费；在重大活动期间，实行单双号车牌对应单双号日期轮流出行；中小学和其他人口密集单位实行上学、放学、上下班错峰管理；健全城市交通法规，提高市民的交通规则意识。

4. 优先发展城市公共交通

我国城市人口密度大，客观要求优先发展公共交通系统，限制家庭小汽车的使用强度。大城市的人均拥有道路面积十分有限，如果市民普遍选择以家庭汽车为代步工具，势必会导致交通拥堵。2006 年 12 月，住房和城乡建设部发布的《关于优先发展城市公共交通若干经济政策的意见》指出：“城市公共交通是公益性事业，是城市交通的主要载体，必须实行低票价政策，以最大限度吸引客流，提高城市公共交通工具的利用效率。”

本章小结

城市基础设施是保障城市生产和生活顺利进行的各种物质设施以及相关产品和服务的总称，它包括能源供应设施、供水排水设施、交通运输设施、邮电通信设施、环保环卫设施和防卫防灾设施六大类。基础设施供给受制于城市经济发展水平、政府职能定位和投融资体制。

改革开放以来，中国城市基础设施建设取得了显著成效，但仍存在建设不均衡、总体水平不高、投资渠道单一、运营方式落后等问题。城市基础设施投融资体制改革的基本方向是：投资主体多元化、资金来源多元化、公用事业商品化、经营管理企业化。

城市交通由对外交通系统和内部交通系统组成。提高城市交通运输水平，需要加快道路交通网络建设，开发新型交通工具和技术设施，提高城市交通的指挥水平，优先发展城市公共交通。

关键术语

基础设施　自然垄断　投融资体制　公私合作　民营化　BOT 模式　交通运输

复习思考题

1. 什么是城市基础设施？它可分为哪几类？
2. 简述城市基础设施的特征和作用。
3. 试论城市基础设施供给的主要影响因素。
4. 试论我国城市基础设施建设的现状和问题。
5. 简述城市基础设施建设的资金来源。
6. 试论城市基础设施投融资体制改革的基本方向。
7. 试论城市基础设施民营化的意义及主要形式。
8. 什么是交通运输？城市交通系统有哪些基本形式？
9. 试论城市交通管理改革的基本思路。

第10章
城市房地产管理

住房是人的基本需求，住房政策关乎千家万户的切身利益。城市住房管理与土地制度具有不可分割性，一般统称为房地产管理。保障住房和土地权利人的合法权益，促进房地产业健康发展，保障城市住房有效供给，是城市房地产管理的职责所在。

重点问题

- 城市土地有偿使用制度
- 城市土地使用权出让
- 我国城市住房的主要类型
- 城市住房保障的影响因素
- 国外城市住房保障的经验
- 城市住房保障改革的思路

10.1 城市土地权利制度

10.1.1 城市土地的供给与需求

1. 城市土地的含义

城市土地是指城市区域范围内的陆地和水域及其地上、地下空间的总和。城市土地具有三个层次：一是城市建成区内的用地；二是城市规划区内未建成区内的土地；三是城市行政辖区内的全部土地。城市土地是城市生产力的重要组成要素，是城市社会经济活动最基本的物质资料。

2. 城市土地的自然特性

（1）地理位置的固定性。

土地既是大自然的造化物，也是人类活动的结果，具有固定的位置。土地的地理位置既不能互换也不能搬动，既不能凭空创造也不会无故消失，因此，人们经常将地产称为“不动产”。

（2）土地适用的差异性。

不同地段的土地在地质、地貌、水文、植被等方面存在差异性，致使土地的承载力和适用性具有很大差别。依靠人工力量可缩小土地的自然差别，但这需要一定的追加投资。而且，不论科技和交通运输条件如何改善，土地位置的差异性不可能完全消失。

（3）土地利用的耐久性。

普通生产和生活资料都会因使用损耗而逐渐丧失使用价值，然而，土地资源只要处理得当，就能够连续带来收益，永续为人类所利用。

3. 城市土地的经济特性

（1）土地供给的稀缺性。

城市土地的总面积是既定和有限的，它制约了城市土地的总供给。随着城市人口的不断增加和经济社会的发展，城市土地的需求量越来越大。土地供给的有限性不仅是指土地总量恒定不变，而且是指在某一地区用于某种特定用途的土地数量是有限的。增加某种用途的用地，必然会减少其他用途的用地，这就永远无法满足所有的需求。大城市商业中心地段之所以“寸土寸金”，正是由于土地资源具有稀缺性。

（2）土地价值的区位效益性。

经济活动的不同地理位置通常称为区位。在农业用地中，距离市场的远近是形成级差地租的原因之一，也是决定农业土地价格的重要因素。城市土地的区位更是土地价格的决定性因素。不同的交通运输条件、距离市场的远近，对土地效益具有决定性影响。

（3）边际效益的递减性。

在其他生产要素投入不变的情况下，在对城市土地的连续追加投资超过一定限度后，其边际效益会随投入量的增加而减少。因此，过度开发土地不仅会对环境造成破坏，在经济上也是不合算的。

（4）土地价值的资本性。

城市土地作为不动产，不仅具有市场价值，而且具有保值增值性。城市土地可能产生的收益水平决定了土地的市场价格水平。地块上的经营收益越高，地块的市场价值就越高。

10.1.2 城市土地使用的空间结构

从城市中心到边缘，土地成本递减，而交通成本递增。城市各种经济活动对土地空间位置的依赖程度具有差异性。一般而言，高档零售商业对城市核心区的依赖较强，往往愿意支付更高的土地租金；普通住户、工业企业、仓储超市对城市中心区的依赖相对较小，在土地租金压力下，它们趋向于在城市外围选址。这种由于区位的经济机会和收益水平不同而形成的级差地租，对城市土地使用的空间布局具有直接影响。

城市土地使用空间布局主要存在三种模式：

（1）同心圆模式。这类城市不同用途的土地围绕一个核心，有规则地向外扩展成为圆形区域。核心区域被称为中央商务区（central business district，CBD）。中央商务区是城市商业和办公的集中地；中央商务区的外围通常是不同收入阶层构成的环形居住区。随着城市发展而产生的土地使用需求，迫使环形区域不断向外扩张。

（2）放射形模式。放射形模式是同心圆模式受到交通线的作用而形成的沿着交通线向外延伸的土地使用格局。它在同心圆模式的基础上，形成了沿铁路、公路和河流放射的扇形模式。在放射扇形布局中，高收入居民选择在最好的放射形通道两侧居住，低收入居民集中在城市放射线中间地带，以及工厂和仓库周围居住。

（3）多中心模式。随着城市用地、人口和经济规模的扩大，许多大城市不止一个核心，而是存在多个相对分离的中心。其中，有一个中心在规模和重要性上占据优势地位，其他中心处于亚中心或副中心的地位。多中心模式并不排斥同心圆结构，多个副中心的内部仍呈现同心圆布局。

10.1.3　城市土地的产权关系

土地产权关系是土地制度的核心内容，也是社会经济制度的重要内容。

1. 城市土地所有权

土地所有权具有排他性，它决定了土地的使用方式和收益分配，并影响土地使用效益。土地所有权体现为占有、使用、收益、处分四个方面。土地所有制主要有私人部门所有、公共部门所有两种形式①。

（1）私人部门所有。

在这一制度下，个人、企业和其他私人团体拥有土地所有权，土地可以在地产市场上自由买卖。美国和日本是以土地私有制为主的典型国家。英国的土地在法律上归英王所有，土地实际产权分为四类：无条件继承产权、限定继承产权、终身保有产权、限期保有产权。其中，前三类权利可视为实际上的土地所有权，因为土地所有者只要不违反法律就可以随意利用和处分土地。在私有制度下，土地所有权也要受到一定限制。例如，土地所有者须向政府纳税，土地开发和使用须遵守城市规划，公共部门出于公共利益需要，保留征用私人土地的权力。

（2）公共部门所有。

社会主义国家普遍废除土地私有制，实行土地公有制。我国《宪法》第 10 条规定：

---

① 赵民，赵小民. 城市发展和城市规划的经济学原理. 北京：高等教育出版社，2001：283.

"城市的土地属于国家所有。农村和城市郊区的土地，除由法律规定属于国家所有的以外，属于集体所有；宅基地和自留地、自留山，也属于集体所有。国家为了公共利益的需要，可以依照法律规定对土地实行征收或者征用并给予补偿。"在资本主义制度下，土地也并非完全归私人部门所有，国家和公共部门也拥有一定的土地。据统计，美国土地59%为私人部门所有，39%为公共部门所有（其中32%为联邦政府所有，7%为州及地方政府所有），2%为印第安人保留地。在日本土地中，国家所有占23.7%，地方公共团体所有占5.6%，其余70.7%为私人所有①。

2. 城市土地使用权

土地使用权是指使用人根据法律或合同规定，在法律允许的范围内对国家、集体或私人所有的土地享有使用经营的权利。土地使用权可分为两种情况：一是土地所有人的使用权，二是非土地所有人的使用权，后者是与所有权相分离的使用权。土地使用权包括支配、收益和处分三项权利。支配权是利用和控制土地的权利，它必须依照法律和合同的规定行使，不得随意改变土地的用途。收益权是使用人享有使用土地取得的经济收入的权利。这里的处分权不是指决定土地的最终命运，而是具有依照法律和合同规定转让土地使用权的权利。

3. 城市地租

地租是土地使用者向所有者支付的使用费，是土地所有权在经济上的实现方式。城市土地和农业土地一样，都存在绝对地租和级差地租。绝对地租是指不论土地本身条件优劣，只要土地使用者向土地所有者租用土地就必须支付一定费用。级差地租是指土地使用者由于土地等级不同而向所有者支付数额不等的费用。

10.1.4 我国城市土地有偿使用制度

新中国成立以后，城市土地收归国有。在计划经济体制下，城市土地使用实行行政划拨制，国家将国有土地使用权无偿划拨给土地使用者，土地使用也无年限规定。改革开放以后，我国改变了国有土地行政划拨制度，转而实行城市土地所有权和使用权分离、国有土地有偿使用、国有土地有期限使用制度。

1. 城市土地有偿使用的含义

城市土地有偿使用，是指获得国有土地使用权的单位和个人，要按照国家规定的标准和方法，向国家缴纳土地出让金、土地使用税、土地使用费、土地收益金、新增建设用地使用费等税费。我国《土地管理法》规定，以出让等有偿使用方式取得国有土地使用权的建设单位，在缴纳土地使用权出让金等土地有偿使用费和其他费用后，方可使用土地。

---

① 谢文蕙，邓卫. 城市经济学. 北京：清华大学出版社，1996：229.

城市土地有偿使用制度是改革开放后逐渐建立起来的。20 世纪 80 年代初，我国曾明令禁止土地使用权的转让。在后来的市场化改革中，需要区分土地的所有权和使用权，允许国有土地使用权转让，实行土地有偿使用。1982 年，深圳特区率先按城市土地的不同等级，向使用者收取不同标准的使用费，拉开了国有土地有偿使用的改革序幕。1988 年 4 月通过的《宪法》规定，"土地的使用权可以依照法律的规定转让"。1988 年 12 月，修改后的《土地管理法》规定，"国家依法实行国有土地有偿使用制度"。

1990 年 5 月，国务院发布《城镇国有土地使用权出让和转让暂行条例》，规定国家按照所有权与使用权分离的原则，实行城镇国有土地使用权出让、转让制度。境内外的公司、企业、其他组织和个人，可依照规定取得土地使用权，进行土地开发、利用、经营。该条例还规定，取得土地使用权的土地使用者，其使用权在使用年限内可以转让、出租、抵押或用于其他经济活动。至此，我国确立了城镇国有土地使用权有偿出让和转让制度。

2. 城市土地有偿使用的原则

（1）坚持城市土地单一的国家所有制。《土地管理法》第 8 条规定："城市市区的土地属于国家所有。"国有土地的所有权由国务院代表国家行使，国务院和地方各级政府土地行政主管部门分级负责土地的管理和监督工作。

（2）土地所有权与使用权相分离。国有土地的使用权实行有偿和有限期出让，所有权不能进入市场流通。

（3）国有土地有偿使用。建设单位使用国有土地，必须依法申请，应当以出让等有偿使用方式取得。依法取得使用权的国有土地可以进行商品化经营。城市政府对国有土地行使管理和监督权，同时获得相应的经济权利。

（4）特殊用地无偿划拨。《土地管理法》规定，对于国家机关用地和军事用地，城市基础设施用地和公益事业用地，国家重点扶持的能源、交通、水利等基础设施用地，法律法规规定的其他用地，可以继续采用划拨方式取得。

3. 城市土地有偿使用的形式

我国城市土地有偿使用的具体形式主要有以下几种：

（1）土地使用权出让。这是指国家以土地所有者的身份，将国有土地使用权在一定年限内出让给土地使用者使用，由土地使用者按照出让合同的约定，向国家支付土地使用权出让金。出让的最高年限按不同的土地用途规定。出让的方式有协议、招标、拍卖三种。

（2）土地使用权出租。这是指国家将土地出租给承租人使用，由承租人向国家缴纳租金。这种方式的出租年限一般较短，承租人每年缴纳的租金较少，容易被承租人接受。目前，这种有偿使用方式也较为普遍。

（3）土地使用权作价出资（入股）。这是指国家将土地所有权作价，作为出资投入企业，形成国家投资（入股），国家从企业生产利润中取得相应的收益（股息）。这种方式实际上是国家对企业的一种投资行为。

（4）土地使用权授权经营。这是指国家以一定年期的土地使用权作价后授权经国务院批准设立的国家控股公司作为国家授权投资机构进行经营管理。被授权的投资机构（公司）负责该土地的保值、增值，可凭政府主管部门发给的授权委托书向其他企业以作价出资（入股）或者租赁方式配置土地。

（5）收缴土地使用费或场地使用费。外商投资者与中国企业依据《中外合资经营企业法》《中外合作经营企业法》等法律在中国取得土地使用权，中方企业或者外商投资企业依法向中国政府缴纳土地使用费或者场地使用费。

4. 城市土地有偿使用的税费

目前，我国城市土地有偿使用主要征收以下税费：

（1）土地出让金。

土地出让金是土地使用者按照规定的标准向国家缴纳土地出让的全部价款。土地使用年限期满后，土地使用者如继续使用该土地，需继续缴纳续期的土地出让价款。改变原土地出让合同约定的土地用途、容积率，需要补缴不同用途和容积率的土地出让金差价。原通过划拨方式取得土地使用权的土地使用者，将土地使用权有偿转让、出租、抵押、作价出资（入股），须按照规定补缴土地出让价款。

（2）土地使用税。

土地使用税是指国有土地使用单位和个人依照实际占有土地的面积，按期向所在地的税务机关缴纳的土地使用税金。为了合理利用城镇土地，调节土地级差收入，提高土地使用效益，国务院制定并发布了《中华人民共和国城镇土地使用税暂行条例》。它规定土地使用税以纳税人实际占用的土地面积为计税依据，依照规定税额计算征收①。土地使用税按年计算、分期缴纳。

依法免缴土地使用税的有：1）国家机关、人民团体、军队自用的土地；2）由国家财政部门拨付事业经费的单位自用的土地；3）宗教寺庙、公园、名胜古迹自用的土地；4）市政街道、广场、绿化地带等公共用地；5）直接用于农、林、牧、渔业的生产用地；6）经批准开山填海整治的土地和改造的废弃土地，从使用的月份起免缴5～10年土地使用税；7）财政部规定免税的能源、交通、水利设施用地和其他用地。

（3）土地使用费。

土地使用费是指外商投资企业使用国有划拨土地，按照法律规定缴纳的费用。在改革开放初期，外资进入国内市场，我国还没有建立国有土地有偿使用制度，对外商投资企业不可能实行无偿划拨，于是，国家出台了对外商投资企业征收场地开发费和土地使用费的政策。外商投资企业用地，凡属划拨土地的，需要一次性缴纳场地开发费，逐年缴纳土地使用费。1988年征收城镇土地使用税以后，对内资企业停止征收土地使用费，但对外商投资企业仍按土地使用费办法执行。

---

① 目前，土地使用税每平方米年税额如下：大城市1.5～30元，中等城市1.2～24元，小城市0.9～18元，县城、建制镇、工矿区0.6～12元。经济落后地区土地使用税的适用税额标准可以适当降低，但降低额不得超过上述最低标准的30%。参见《城镇国有土地使用权出让和转让暂行条例》。

（4）土地收益金。

土地收益金是指土地使用者将其所拥有的土地使用权出租或转让，就其所得的租金或交易收入按规定缴纳的价款，包括：土地使用者将划拨土地使用权或者连同地上建筑物和其他附着物出租给其他使用者而缴纳的收益；土地使用者改变划拨土地用途进行经营而缴纳的土地收益；土地使用者将其土地使用权或者连同地上建筑物和其他附着物转让，就其转让土地交易额按照规定比例缴纳的土地增值费。

（5）新增建设用地使用费。

新增建设用地使用费是指国务院和省级政府在批准农用地转用、征用土地时，向有偿使用的新增建设用地的市、县政府收取的平均土地纯收益。征收标准由国土资源部按照全国城镇土地分等和城镇土地级别、基准地价水平、各地区耕地总量和人均耕地状况、社会经济发展水平等情况确定①。新增建设用地土地有偿使用费实行中央与地方三七分成体制，30%上缴中央财政，70%留给地方政府。目前，留给地方的新增建设用地有偿使用费，一律全额缴入省级（省、自治区、直辖市、计划单列市）财政。

在城市房地产开发中，开发商购买地块的成本主要由土地出让金、土地使用税和土地征用费（征地费）三部分组成，通常被称为“土地成本三要素”。需要说明的是，征地费不是土地所有权产生的经济收益，不属于土地有偿收入的范畴。征地费包括补偿费和安置费。实际上，即使是通过划拨方式无偿取得国有土地使用权，也涉及拆迁补偿和原有住户及单位安置问题。土地使用者缴纳的补偿、安置等费用，不属于土地有偿使用费。

5. 城市土地有偿使用的作用

作为一种稀缺性的生产要素，城市土地有偿使用对城市经济运行具有调节作用。

（1）有利于增加财政收入。土地收益是一笔丰厚而稳定的财富，它几乎是生生不息的财源。我国城市土地有偿使用的各种费税已经成为城市财政的重要来源之一。

（2）促进土地集约使用。由于绝对地租的存在，只要使用土地就必须缴纳使用费，这迫使土地使用者尽可能减少土地使用并追加投资，提高单位土地的产出率。这有利于节约土地资源，提高土地承载率。

（3）促进产业合理布局。城市不同产业对土地位置的要求和敏感度不同。在同一地块上安置不同产业，会导致不同的产出率和经济效益。不同产业支付级差地租的能力不同，市场机制会促进产业合理布局。

（4）控制城市规模膨胀。级差地租不仅存在于同一城市的不同区位，也存在于不同城市的土地租金上。一般来说，大城市的级差地租要高于中小城市，大城市的高昂地价会形成外推力，促使用地多、利润薄的企业迁往中小城市。

---

① 目前，全国城市土地被分为 15 等，征收标准为每平方米 10～140 元不等。财政部，国土资源部. 新增建设用地土地有偿使用费收缴使用管理办法. 财政部官网，1999-08-04.

10.2 城市土地市场管理

10.2.1 城市土地管理原则

我国正处于快速城市化阶段，城市建设用地需求很大。人多地少的国情要求我国要切实保护耕地，提高土地利用效率。城市土地管理遵循以下原则：

（1）合理利用土地。《宪法》规定："一切使用土地的组织和个人必须合理地利用土地。"合理利用土地，就是要集约利用土地，提高土地利用率和产出率。

（2）切实保护耕地。我国人均耕地面积少，人地矛盾尖锐。为了切实保护耕地，国家实行占有耕地补偿制度，非农业建设经批准占用耕地的，按照"占多少，垦多少"的原则，由占用耕地的单位负责开垦与所占耕地的数量和质量相当的耕地。

（3）土地用途管制。我国城市土地实行分类管理制度，城市土地按使用情况，可分为居住用地、公共设施用地、工业用地、仓储用地、对外交通用地、道路广场用地、市政公用设施用地、绿化用地、特殊用地。政府编制土地利用规划，划定土地用途区，确定土地使用条件，要求使用者严格按照确定的土地用途利用土地。

（4）土地有偿使用。我国城市土地实行国家所有制，土地行政主管部门代表国家行使土地管理权，区分所有权和使用权，实行国有土地有偿使用制度。

10.2.2 城市土地规划管理

为了提高土地利用率，城市土地规划管理实行建设用地总量控制。《土地管理法》规定，直辖市的土地利用总体规划，报国务院批准。省级政府所在地的市、人口在100万以上的城市以及国务院指定的城市土地利用总体规划，经省、自治区人民政府审查同意后，报国务院批准。其他城市土地总体利用规划逐级报省级政府批准。城市土地利用总体规划一经批准，必须严格执行。

制定城市土地利用总体规划须严格保护基本农田，提高土地利用率，统筹安排各类、各区域用地，保护和改善生态环境，占有耕地须与开发复垦耕地相平衡。

除土地总体规划外，城市政府还制定土地利用年度计划。土地利用年度计划的编制审批程序与土地利用总体规划相同。

10.2.3 建设土地征收和划拨

1. 城市建设土地征收

城市政府通过行政征收方式获取农民集体所有的土地，以满足新增建设用地需要。《土地管理法》规定："建设占用土地，涉及农用地转为建设用地的，应当办理农用地转用审批手续。”政府征收集体土地，按照被征收土地的原有用途给予补偿。征收耕地的补偿费用包括土地补偿费、安置补助费以及地上附着物和青苗的补偿费。《土地管理法》规定，征收耕地的土地补偿费应为该耕地被征收前 3 年平均年产值的 6～10 倍。征收耕地的安置费按照需要安置的农业人口数计算。每一个需要安置的农业人口的安置补助费标准为该耕地被征收前 3 年平均年产值的 4～6 倍。

按照上述规定支付土地补偿费和安置补助费，尚不能使需要安置的农民保持原有生活水平的，经省级政府批准，可以增加安置补助费。但是，土地补偿费和安置补助费的总和不得超过土地被征收前 3 年平均年产值的 30 倍。

2. 城市土地使用权划拨

城市土地使用权划拨是指在土地使用者缴纳补偿、安置相关费用后，政府将经批准的土地交付使用者的行为。法律规定，建设单位使用国有土地，应当以出让等有偿使用方式取得。但下列建设用地，经县级以上人民政府依法批准，可以通过划拨方式取得：

（1）国家机关用地和军事用地；

（2）城市基础设施用地和公益事业用地；

（3）国家重点扶持的能源、交通、水利等基础设施用地。

划拨的土地使用权一般不得转让、出租或抵押。但如果土地使用者是公司、企业或其他经济组织和个人，并向政府补缴了土地使用权出让金，领有国有土地使用证，对地上建筑物、其他附着物持有产权证明，经政府土地和房产管理部门批准，其划拨的土地使用权和地上建筑物、其他附着物所有权可以转让、出租、抵押。

10.2.4　城市土地使用权的出让

1. 城市土地使用权的出让年限

城市土地使用权出让，是指国家将国有土地使用权在一定年限内让与土地使用者，并由使用者向国家支付土地使用权出让金的行为。土地使用权出让需要签订出让合同。出让合同由政府土地管理部门与土地使用者签订。国有土地使用权出让须符合土地利用总体规划、城市规划和年度建设用地规划。城市规划区内的集体所有土地，经行政征收转为国有土地后，方可有偿出让。取得土地使用权的土地使用者，其使用权在使用年限内可以转让、出租、抵押。

《城市房地产管理法》规定，土地使用权出让最高年限由国务院规定。根据国务院发布的《城镇国有土地使用权出让和转让暂行条例》，土地使用权出让的最高年限按具体用途确定：

（1）居住用地 70 年；

（2）工业用地 50 年；

（3）教育、科技、文化、卫生、体育用地 50 年；

（4）商业、旅游、娱乐用地 40 年；

(5) 综合或者其他用地 50 年。

土地使用者在签订土地使用权出让合同后，须支付全部土地使用权出让金。土地使用者改变土地用途时应当征得出让方同意，并经土地管理部门和城市规划部门批准，重新签订土地使用权出让合同，相应调整土地使用权出让金。

土地使用权出让合同约定的使用年限届满、土地使用者需要继续使用土地的，应当最迟于届满前一年申请续期，除政府需要收回该土地的，应当予以批准。经批准准予续期的，需要重新签订土地使用权出让合同，依照规定支付土地使用权出让金。出让合同约定的使用年限届满但土地使用者未申请续期，或虽申请续期但未获批准的，土地使用权由国家无偿收回。

2. 城市土地使用权的出让方法

土地使用权出让主要有三种方式：

(1) 协议出让。这是指土地的使用者直接向国有土地的代表人提出有偿使用土地的愿望，并由双方进行谈判，协商出让土地使用权。协议出让主要适用于高科技项目用地、福利住房用地、事业单位和市政公共设施等非营利性用地。利用该方式取得土地使用权会得到地价上的优惠。协议出让土地使用权的出让金，不得低于国家规定的最低价。

(2) 招标出让。这是指由符合条件的土地使用者以书面投标形式竞争某块土地的使用权，由招标人择优确定土地使用者的出让方式。招标出让适用于大型区域发展用地、小区成片开发用地以及技术难度较大的项目用地。

(3) 拍卖出让。这是指国有土地的代表人在指定的时间和地点，组织符合条件的土地使用者到场，就某块土地进行公开叫价竞投，按“出价高者优先”的原则确定土地使用者的出让方式。《城市房地产管理法》第 12 条规定，商业、旅游、娱乐和豪华住宅用地，有条件的，必须采取拍卖、招标方式；没有条件，不能采取拍卖、招标方式的，可以采取双方协议的方式。

3. 城市土地使用权的回收

《土地管理法》规定，有下列情形之一的，由有关人民政府土地行政主管部门报经原批准用地的人民政府或有批准权的人民政府批准，可以收回国有土地使用权：

(1) 为公共利益需要使用土地的；

(2) 为实施城市规划进行旧城区改建，需要调整使用土地的；

(3) 土地出让等有偿使用合同约定的使用期限届满，土地使用者未申请续期或者申请续期未获批准的；

(4) 因单位撤销、迁移等原因，停止使用原划拨的国有土地的；

(5) 公路、铁路、机场、矿场等经核准报废的。

《土地管理法》规定，国家对土地使用者依法取得的土地使用权不得提前收回。在特殊情况下，根据社会公共利益的需要，国家提前收回土地使用权的，要根据土地使用者已使用的年限和开发、利用土地的实际情况给予相应的补偿。土地使用权期满，土地使用者及其地上建筑物、其他附着物所有权由国家无偿取得。

10.2.5　城市土地的市场交易

1. 城市土地市场的结构

城市土地有偿使用制度建立后，我国城市土地使用权可以流转，城市土地市场逐渐确立起来。目前，我国城市土地市场主要有三级：

（1）一级市场。也就是由国家以土地所有者的身份，通过批租将土地的使用权投放市场运行。它表现为城市政府与土地经营者、使用者之间的纵向交易行为，具有垄断性质。

（2）二级市场。也就是由获得土地使用权的经营者直接将土地投入市场流通，或通过建设商品房间接地将土地投放市场。它表现为土地经营者与使用者之间的横向交易，具有经营性质。

（3）三级市场。也就是由土地使用者通过房产交易而使土地间接进入市场，表现为土地使用者之间的横向交易，具有消费性质。

2. 城市土地使用权转让

土地使用者将土地使用权进行转让，具有出售、交换和赠与三种方式。其中，出售属于买方支付价款的买卖行为，交换属于以物易物的互易行为，赠与属于无偿转移土地使用权的行为。为了防止炒买炒卖地皮以牟取暴利的行为，我国法律规定，取得使用权的土地不得直接进入市场流通，只有在土地上投入规定比例的开发资金后方可转让。

在土地使用权转让时，其地上建筑物、其他附着物所有权随之转让。土地使用者转让地上建筑物、其他附着物所有权时，其使用范围内的土地使用权随之转让。土地使用权转让需要签订转让合同，办理过户手续。土地使用权可依法多次转让。每次转让后的土地使用期限，为土地使用权出让合同上规定的使用期限减去已使用的期限后的剩余期限。

3. 城市土地使用权出租与抵押

城市土地使用权出租，是指土地使用者作为出租人，将土地使用权随同地上建筑物、其他附着物租赁给承租人使用，由承租人向出租人支付租金的行为。出租和转让的性质不同：转让意味着土地使用权的一次性买断；出租则是把土地租赁给他人使用，出租人仍须履行土地使用权出让合同的各项内容，对土地原有的权利和义务并不发生转移。

城市土地使用权抵押，是指土地使用者以土地使用权为履行债务的一种债务担保形式。我国法律规定，城市土地使用权可以抵押。当抵押人不能按期履行债务时，债权人享有从变卖土地使用权的价款中优先受偿的权利。土地使用权抵押时，其地上建筑物、其他附着物随之抵押。土地使用权抵押须签订抵押合同，抵押合同不得违背土地使用权出让合同的规定。

10.3　城市房产市场管理

10.3.1　城市住房的特性

“居者有其屋”是国际社会公认的一项社会经济政策，只有“安居”才能“乐业”。城市住房集生活资料、享受资料和发展资料于一体，是居民的基本物质条件。概言之，城市住房具有以下特性：

（1）建筑的耐久性。现代城市住房大多由钢材、石料、砖头、混凝土等永久性建筑材料建成，只要设计合理、施工科学、维护及时，其自然寿命都在百年以上。

（2）消费的昂贵性。城市住房属于耐用消费品。一套普通住房往往要花费家庭数年或数十年的积蓄。对于低收入家庭来说，拥有城市住房是终生的追求。

（3）位置的固定性。住房属于不动产，一经建成就与既定区位的土地连为一体。消费者在购买住房时，往往把区位作为重要考虑因素，选择住房就意味着选择居住社区、学区。

（4）住房的投资性。随着人口增长，城市用地不断向郊区拓展，建成区的房价不断上涨。建设和购买住房具有投资性，在快速城市化阶段，住房投资的增值性尤为明显。

10.3.2　城市住房的供给与需求

1. 城市住房的需求

城市住房需求既受制于经济发展水平，也受制于家庭收入、住房价格、人口密度和人口结构等因素。

（1）经济发展水平。在经济落后阶段，人们的住房需求只是为了满足空间上的屏蔽性。随着经济发展加快，住房需求就会趋向标准化。当经济发达以后，人们的住房需求就会追求舒适和享受。

（2）家庭收入。家庭收入是影响住房需求最重要、最直接的因素，它直接决定着家庭的住房支付能力。住房消费属于昂贵品消费，家庭收入只有达到一定水平才具有购房能力。

（3）住房价格。住房价格过高也会影响人们的购房需求。商品住房价格太高，房价严重偏离建设成本，有意购房者普遍持观望和待购态度，商品住房可能会出现滞销局面。

（4）人口密度。城市人口密度越高，住房需求越大。相对于中小城市而言，大城市的人口密度更高，住房需求也更加旺盛。

（5）人口结构。人口结构对住房需求也有潜在影响。白领阶层对住房面积和标准化的需求水平远远高于蓝领阶层，已婚青年和中年人对独立住房的需求显然要比未婚青年和老年人更高。

2. 城市住房的供给

城市住房建设的一次性投资大，住房供给总是落后于住房需求。城市住房的供给可分为三种类型：

（1）市场调节型。在此模式下，房地产开发商购买土地，开发和建造商品住房，住户根据自身的支付能力，在市场上选购合适的住房。同时，金融和保险机构为住户提供融资和不动产保险服务。西方国家住房供给普遍采取市场调节模式。这种住房供给模式有利于提高住房供给效率，缺点是难以满足低收入群体的住房需求。为了救助贫困人口，西方国家也存在一定的保障性住房。在美国的家庭住房中，政府直接投资的公有住房占2%～5%，主要通过租赁方式提供给低收入阶层居住。

（2）国家分配型。这一模式将城市住房视为社会福利，实行住房公有，否认住房具有商品属性。传统社会主义国家普遍实行这种住房供给模式。国家按计划建设城市公有住房，并按级别、职务和家庭人口，通过福利分配的方式将公房租给单位职工居住。国家只向公房住户象征性地收取低价租金①。20 世纪 90 年代末，我国推进住房商品化改革，告别了国家分配型住房供给模式。

（3）市场调节和政府保障相结合型。这一模式既坚持城市住房的商品属性，也向低收入者提供保障性住房，力求实现“居者有其屋”。新加坡是推行这种模式的典型代表。政府推出住房公积金制度，要求雇员和雇主共同缴纳住房公积金，作为专门用于购买住房的强制性储蓄。同时，政府直接投资建造公共住宅，向低收入群体提供组屋。当前，我国城市住房供给也属于这一模式，政府对经济适用住房、公租房建设提供政策支持，对低收入者购房给予某些政策优惠。

3. 城市住房的消费

城市住房的消费主要有两种方式：

（1）租赁。城市低收入阶层的住房消费大多选择租赁方式。租赁住房需要支付租金，租金价格取决于地理区位、房屋质量、邻里环境、交通条件、物业管理、税金等因素。

（2）购买。城市中高收入群体倾向于购买住房，住房的价格构成包括土地出让金、土地征用费、基础设施费、建筑工程费、经营管理费、银行利息、税金、企业利润等。

10.3.3　城市住房制度改革

在计划经济时代，我国城市住房建设由国家按照基本建设投资计划进行统一安排，企事业单位的住房建设资金主要依靠财政拨款，少量靠单位自筹。国家通过单位将建好的住房分配给职工居住，住房成为福利待遇，住房维修也由国家负责。

这种福利分配制度否认住房的商品属性，城市住房建设完全由政府投资，不能进入市场流通。其弊端在于：（1）住房建设投资欠账很多，城市住房短缺严重。（2）各单位

① 成思危. 中国城镇住房制度改革. 北京：民主与建设出版社，1999：104.

争取到的住房建设资金多寡不均，职工住房条件差距较大。(3) 城市居民私搭乱建成风，城市规划与市容环境面临困境。(4) 住房消费被视为社会福利，腐败现象严重，干部借机多占住房。

1. 城市住房制度改革历程

改革开放后，我国开始探索城市住房制度改革。1980 年 6 月，中共中央、国务院批转《全国基本建设工作会议汇报提纲》，提出准许私人建房、私人买房，准许私人拥有自己的住宅，揭开了城镇住房制度改革的序幕。

由于长期实行低房租制度，房屋租金远低于购房价款的利息，职工缺乏购房积极性。于是，提高房租成为住房制度改革的基本思路。1988 年 2 月，国务院召开第一次全国住房制度改革工作会议，通过了《关于印发在全国城镇分期分批推行住房制度改革实施方案的通知》。这是我国出台的第一个房改总体方案，即提租补贴方案，它提出分期分批地推进房改。第一步改革旨在全面提高租金，做到以租养房，促进购房；第二步改革是理顺分配关系，提高职工的经济负担能力，实现住房的商品化、社会化和专业化。

提租补贴方案刚开始实施，就出现了严重的通货膨胀。如果继续实施提租补贴方案，会进一步加剧通货膨胀。同时，提租补贴方案也触及了既得利益，遭到强烈抵制。于是，原计划用 3～5 年时间完成的提租补贴方案，还没有来得及推行就夭折了。此后，有关部门提出“折价出售公房，将租不起房的包袱甩掉”的思路，虽然没有形成正式文件，但在很多地方推行开来。针对部分地区低价售房的做法，1988 年 6 月，建设部发出《关于制止贱价出售公有住房的紧急通知》，该通知未能完全刹住低价售房风潮。据不完全统计，1988 年全国城镇出售公房 645 万平方米，按实际可回收资金计算，每平方米售价仅为 65.7 元。

1991 年 10 月，第二次全国住房制度改革会议召开。会议认为，经过治理整顿，我国经济稳步发展，人民收入水平提高，全国房改的大气候已经形成。随后，国务院发布《关于全面推进城镇住房制度改革的意见》，提出从改革公房低租金入手，将公房实物福利分配制度逐步转变为货币工资分配制度。在具体实施中，一些城市的房改政策优惠幅度越来越大，致使低价售房之风再次蔓延。1992 年 6 月，国务院房改工作会议再次提出制止低价售房。

1994 年 7 月，国务院发布《关于深化城镇住房制度改革的决定》，提出建立与社会主义市场经济体制相适应的城镇住房制度。在政策取向上，强调全面推行住房公积金制度，建立经济适用住房与商品住房两种住房供应体系。为了解决国有企业职工和城市居民的住房困难，1995 年初，国家开始实施“安居工程”，遵循政府扶持、单位支持、个人负担的原则，重点解决矛盾突出、影响社会稳定的住房困难问题。

1998 年 7 月，国务院下发《关于进一步深化城镇住房制度改革加快住房建设的通知》，明确规定停止住房实物分配，逐步实行住房分配货币化，要求建立和完善以经济适用住房为主的多层次城镇住房供应体系，发展住房金融，培育和规范住房交易市场。从 1999 年开始，中央机关和全国各省、自治区、直辖市的房改方案纷纷出台。

2. 城市住房供给的制度安排

目前，我国城市住房主要有以下几种类型：

（1）商品住房。

商品住房是指经政府有关部门批准，通过有偿方式取得国有土地使用权，由房地产企业开发的、建成后用于市场出售出租的房屋。商品住房以高收入群体为供给对象，由房地产开发商统一设计、批量建造后，作为商品面向社会出售。

商品住房的建设和交易须经政府审批，建设用地实行有偿出让，由具有资格的房地产开发商开发建设。商品住房开发以营利为目的，开发商可以自定价格出售。商品住房在市场上自由交易，办理出租、出售和产权过户手续。

（2）经济适用住房。

经济适用住房由政府组织开发商或集资建房单位建造，以微利向城镇中低收入家庭出售，具有社会保障性质。政府提供政策优惠，同时限定建筑标准、套型面积和销售价格，只有符合标准的特定人群才有资格购买。经济适用住房具有经济性和适用性特点，其规划设计坚持标准适度、经济适用的原则。

经济适用住房的建设用地以划拨方式供应，免收土地出让金。经济适用住房开发可采取招标方式选择房地产开发商，也可由政府指定的机构直接组织建设。经济适用住房定价以保本微利为原则，实行政府指导价或政府定价，其销售实行明码标价，不得在标价之外收取任何费用。经济适用住房供应实行申请、审核、公示和轮候制度。

商品住房和经济适用住房的区别在于：1）土地使用权出让方式不同。前者通过有偿方式取得，后者通过行政划拨方式取得。2）供应对象不同。前者以高收入家庭为销售对象，后者以中低收入家庭为供应对象。3）价格形成机制不同。前者价格由市场供求关系决定，后者实行政府指导价或政府定价。4）财产权利不同。商品住房产权包括占有、使用、收益、处分四个方面，购房人拥有完整产权；经济适用住房购房人拥有有限产权，购房不满五年不得直接上市交易。购买经济适用住房满五年，购房人上市转让经济适用住房的，应向政府缴纳土地收益等相关价款。

（3）公共租赁住房。

公共租赁住房简称公租房，是城市政府为解决中等偏下收入家庭和个人的住房问题而提供的政策性住房。公租房的产权不归个人所有，由政府或公共机构所有，以低于市场价格向承租者出租。2010 年 6 月，住房和城乡建设部等七部委联合发布《关于加快发展公共租赁住房的指导意见》，在全国范围内推动公租房建设。

公租房属于保障性住房的一种类型，其建设由政府规划并组织实施，尽可能安排在交通便利、公共设施较为齐全的区域。公租房的户型较小，普遍在 60 平方米以下，能满足家庭的基本居住需求。公租房小区周边配套建有超市、农贸市场等生活服务设施，以及社区医院、幼儿园、小学、警务等公共服务机构。公租房实行限价出租，承租者不得将公租房转租。一些城市规定，公租房在租赁一定期限后，符合条件的承租人可按政府确定的价格购买。家庭如需转让，由政府以购房价加利息回购，再作为公租房流转使用。

阅读材料

中国加快发展公共租赁住房

为解决城市中等偏下收入家庭和个人的住房困难问题，2010 年 6 月，住房和城乡建设部等七部委联合出台《关于加快发展公共租赁住房的指导意见》。意见指出，近年来，由于有的地区住房保障政策覆盖范围比较小，部分大中城市商品住房价格较高、可供出租的小户型住房供应不足等原因，一些中等偏下收入家庭住房困难问题比较突出。同时，外来务工人员居住条件也亟须改善。意见指出，大力发展公共租赁住房，是满足城市中等偏下收入家庭基本住房需求的重要举措。

公租房建设的基本原则是：（1）政府组织，社会参与。各地区加大政府对公租房投入的同时，采取土地、财税、金融等支持政策，调动企业和其他机构投资与经营公租房的积极性。（2）因地制宜，分别决策。各地区要根据当地经济发展水平和市场小户型租赁住房供需情况等，合理确定供应规模和供应对象。商品住房价格较高、小户型租赁住房供应紧张的城市，应加大公租房建设力度。（3）统筹规划，分步实施。各地区要制定公租房发展规划和年度计划，并纳入 2010—2012 年保障性住房建设规划和“十二五”保障规划分年度组织实施。

公租房供应对象主要是城市中等偏下收入、住房困难的家庭和个人。有条件的地区，可以将新就业职工和有稳定职业的外来务工人员纳入供应范围。

公租房出租人与承租人应当签订书面租赁合同，合同期限一般为 3～5 年。租赁合同期满后承租人仍符合规定条件的，可以申请续租。公租房只能用于承租人自住，不得出借、转租或闲置。

公租房房源通过新建、改建、收购、在市场上长期租赁住房等方式多渠道筹集。新建公租房以配建为主，也可以相对集中建设。在外来务工人员集中的开发区和工业园区，政府应当引导各类投资主体建设公租房，面向用工单位或园区就业人员出租。成套建设的公租房，单套建筑面积要严格控制在 60 平方米以下。

意见指出，所建公租住房只能租赁，不得出售。市、县人民政府要通过直接投资、资本金注入、投资补助、贷款贴息等方式，加大对公租房建设和运营的投入。对公租房的建设和运营给予税收优惠。公租房建设实行“谁投资，谁所有”，投资者权益可依法转让。

意见明确，市、县人民政府要建立健全公租房申请、审核、公示、轮候、配租和租后管理制度。住房保障部门要加强对公租房运营的监督管理，做到配租过程公开透明、配租结果公平公正。

（4）廉租住房。

廉租住房是一种具有社会救济性质的公共住房。其承租对象是符合城镇最低生活保障且住房非常困难的家庭。廉租住房政策是我国实行住房商品化政策之际出台的配套政策。目前，大多数城市已将廉租住房政策与公共租赁住房政策并轨，以后者取代前者。

除上述四种住房供给方式外，有些城市还针对特定群体出台了“解困房”“安居房”

"房改房""限价房"建设等住房政策。其中，"解困房"、"安居房"和"房改房"是为解决历史遗留问题而实行的非市场化住房供给方式。"限价房"亦称"限价商品房"，是政府为增加中低价商品房供应，在土地出让时，写入限房价、限户型（面积）、限地价等条款，是一种带有附加条件和社会保障性质的商品房。

10.3.4　城市住房市场管理

城市住房不是空中楼阁，各种建筑物和构筑物都要使用一定的土地资源。城市住房市场管理与土地市场管理具有不可分割性，一般统称为房地产市场管理。加强城市住房市场管理，有利于规范房产市场秩序，保障房产权利人的合法权益，促进房地产业健康发展，改善市民居住条件。

1. 城市住房建设管理

我国城市住房建设的制度安排主要有：

（1）城市住房建设规划制度。我国《城市房地产管理法》规定，城市住房建设必须严格执行城市规划，按照经济效益、社会效益、环境效益相统一的原则，实行全面规划、合理布局、综合开发、配套建设。城市住房规划包括住宅区选址、建设规模、建设速度和平面布局的规划。

（2）房地产开发经营制度。从事房地产开发和经营的企业以营利为目的，房地产开发项目实行资本金制度，资本金占项目总投资的比例不得低于 20%。

（3）综合开发、配套建设制度。房地产开发建设应当统筹安排配套基础设施，并根据"先地下后地上"的原则实施。房地产开发企业对开发项目的质量承担责任，项目竣工，经验收合格后方可交付使用。

（4）旧区改建和新区建设相结合。城市发展注重开发基础设施薄弱、交通拥挤、环境污染严重以及危旧房屋集中的区域，保护和改善城市生态环境，保护历史文化遗产。

2. 城市住房交易管理

城市住房交易包括房产转让、房产抵押和房屋租赁。我国法律规定，房屋所有权和土地使用权同时交易，城市房地产转让、抵押时，房屋的所有权和该房屋占用范围内的土地使用权同时转让、抵押。房产交易管理实行登记制度，房产转让和抵押交易的当事人要向地方政府规定的部门申请权属登记管理，具体包括颁发房屋所有权证书、房产变更登记、房产抵押登记、房产过户登记等内容。

（1）城市房产转让管理。

城市房产转让是指房产权利人通过买卖、赠与或者其他合法方式将其房产转移给他人的行为。商品住房预售需要符合下列条件：1）已交付全部土地使用权出让金，取得土地使用权证书；2）持有建设工程规划许可证；3）按提供预售的商品住房计算，投入开发建设的资金达到工程建设总投资的 25%以上，并已确定施工进度和竣工交付日期；4）向县级以上人民政府房产管理部门办理预售登记，取得商品住房预售许可证明。

房产转让需要签订书面转让合同，载明土地使用权取得的方式。城市房地产转让时，房屋的所有权和该房屋占用范围内的土地使用权同时转让。房产权利人转让房产，应当向地方政府规定的部门如实申报成交价。

（2）城市房产抵押管理。

房产抵押是指抵押人以其合法的房产向抵押权人提供债务履行担保的行为。债务人不履行债务时，抵押权人有权以抵押的房产拍卖所得的价款优先受偿。房产抵押凭土地使用权证书、房屋所有权证书办理。被抵押的房地产土地使用权是以划拨方式取得的，依法拍卖该房地产后，只有从拍卖所得款中缴纳土地使用权出让金，抵押权人方可优先受偿。

（3）城市房产租赁管理。

房屋租赁是指房屋所有权人作为出租人将其房屋出租给承租人使用，并由承租人向出租人支付租金的行为。我国法律规定，房屋租赁人应当签订书面租赁合同，约定租赁期限、租赁用途、租赁价格、修缮责任等条款。

10.4　城市住房保障制度

10.4.1　城市住房保障的必要性

1. 住房保障的含义

住房保障是政府为帮助那些依靠自身力量难以从市场上获取必要住房的居民而出台的各类援助政策的总称。住房保障属于社会保障的组成部分，其保障对象是中低收入家庭。目前，中国城市的保障性住房主要有“两限”商品住房、经济适用住房、公共租赁住房和廉租住房四类。

在市场经济条件下，政府履行住房保障责任的基本手段主要包括：建造公共住宅并以较低价格向低收入阶层出租，为低收入阶层提供住房租金补贴，对购房者实行减税政策，对购房者实行房价优惠或补贴，为购房者提供政策性长期低息贷款，对房价和租金进行管制，对保障性住房建设免收相关税费。

2. 住房保障的意义

住房保障对有居住问题的中低收入阶层给予某些援助，帮助其改善居住条件和居住环境，是社会政策的重要组成部分。住房保障的社会意义在于：

（1）有利于保障居民的居住权。居住条件是人的基本生存条件，居住需求属于人的基本需求，居住权是人权的基本组成部分。保障家庭有房可住，是现代政府应履行的基本责任。1981 年 4 月在伦敦召开的城市住宅问题国际研讨会上通过的《住宅人权宣言》指出，拥有一个环境良好、适宜于人的住所是所有居民的基本人权。

（2）有利于提升城市文明。住宅是昂贵的生活必需品，低收入阶层难以依靠自身力量解决住房问题。住房保障制度是社会保障体系的重要组成部分，也是城市文明程度的标志之一。

（3）有利于扩大消费。政府投资保障性住房项目，不仅对改善民生具有重要意义，对促进经济发展也有带动作用。保障性住房建设可拉动钢材、水泥、建筑、装修等建材和服务消费。在劳动力价格不高的情况下，公共租赁住房建设还为扩大消费创造了有利条件。

10.4.2　国外城市住房保障制度

自 20 世纪中期以来，住房保障已经成为国际社会的一种普遍做法。国外经验对我国完善城市住房保障具有借鉴意义。

1. 美国住房保障制度

美国城市住房的商品化、私有化程度很高，住房保障的基本定位是帮助低收入居民解决住房问题。自 20 世纪 30 年代以来，美国国会先后通过了《住房法》《国民住房法》《住房和城市发展法》等法案，对低收入群体的住房保障做出了具体规定。

美国住房保障制度可以概括为：

（1）发展商业性房屋抵押贷款。除少数富裕家庭外，绝大多数家庭不能一次性付清房款。政府鼓励金融机构提供商业性的住房贷款业务，购房者需要按房价的 20%～30% 支付现款，其余部分以房屋作抵押向银行申请贷款。政府对购房者实行个人所得税减免，鼓励家庭购买自有住房。

（2）为低收入家庭购房提供低息贷款。政府鼓励开发商和非营利机构建设供低收入家庭居住的住宅，并给予一定额度的税金减免。政府还成立专门的信贷机构，为低收入家庭购房提供低息贷款和贴息担保①。

（3）为低收入家庭提供租房补贴。收入低于一定水平的家庭，若其租房支出超过家庭总收入的一定比例，政府为其提供房租差额补贴。政府还通过发放住房“租金优惠券”，向孤寡老人、残疾人士和无家可归者提供租房补贴。

（4）提供低租金公共住房。20 世纪 30 年代，美国开始启动公共住房建设。联邦政府资助建造的公共住宅主要用于租赁，以满足低收入群体的住房需要。公共住宅的租金一般不到私有住房租金的一半，租住者须提出申请，住房管理部门对其收入状况进行审核。20 世纪 70 年代以后，由于城市住房供应不再紧张，美国公共住房建设明显减少②。

---

① 除私人金融机构提供商业性的住房信贷和融资外，美国政府也成立金融机构为低收入家庭提供低息信贷服务。1934 年成立的联邦住房管理局和联邦储蓄贷款保险公司，通过设置“互助抵押贷款保险基金”，负责为中低收入家庭抵押贷款提供保险。符合条件的分期付款购房者，可向政府申请贴息担保，个人缴纳首付款并承担部分利息，政府承担还贷风险及部分利息。王世联．住房保障政策的国际经验与借鉴．世界经济情况，2006（19）．

② 宋博通．从公共住房到租金优惠券：美国低收入阶层住房政策演化解析．城市规划汇刊，2002（4）．

阅读材料

美国公共住房政策的变迁

在20世纪30年代以前，美国住房政策基本上采取私人开发、市场调节的自由放任政策。建造公共住房的主张，仅限于学界讨论。20世纪30年代，在经济危机的沉重打击下，美国住房产业无力独自满足住房建设需求。为应对经济危机，美国政府开始大规模投资公共住房建设。罗斯福新政把兴建公共住房看作解决住房危机和增加就业的必要办法。

1937年，美国国会通过了纽约州参议员瓦格纳提交的《低租住房法案》，正式名称为《住房法》，这是美国第一部关于公共住房的法案，也是一部专门针对低收入居民解决住房问题的法案。该法通过以后，美国开始大规模建设公共住房。联邦政府资助建造的公共住房主要是造价较低的低租金住房，为的是满足低收入家庭的住房需要。

美国参与二战以后，公共住房建设开始让位于战时住房建设。二战结束以后，大量军人复员，房荒问题严重，住房供不应求。在此背景下，大规模的公共住房建设再次启动。1949年，美国国会通过新的《住房法》（又称《1949年住房法》），它首次强调联邦政府在住房领域负有不可推卸的责任，并以住房问题为切入点启动城市改革运动。

20世纪70年代以后，由于城市住房供应不再紧张，美国公共住房建设明显减少。与此同时，政府的住房政策进行了战略性调整，即由补贴住房供应商转变为向住房需求者提供补贴。租房补贴为低收入家庭提供了多样化选择，它在实际执行中更受欢迎，逐渐成为住房保障的主导政策。

美国公共住房建设的发展轨迹表明，在城市住房供应严重短缺的背景下，政府直接投资公共住房建设是解决低收入家庭住房问题的必要手段。随着住房供给短缺问题的逐渐缓解，住房保障政策将会逐渐过渡到以租房补贴为主的模式。

资料来源：李莉，王旭. 美国公共住房政策的演变与启示. 东南学术，2007（5）.

2. 德国住房保障制度

德国住房保障制度主要包括三个方面的内容：

（1）房租补贴制度。这是目前德国针对低收入居民的住房保障的主要形式。根据法律规定，德国公民凡家庭收入不足以租赁适当住房者，都有权享受住房补贴。房租补贴数额根据家庭人口、收入和房租支出情况确定。房租补贴资金由联邦政府和州政府各承担50%。

（2）住房储蓄和融资制度。德国住房融资实行互助合作融资，其主要特点是先储蓄，后贷款，即先由储户根据自己的住房需要及储蓄能力，与住房储蓄银行签订储贷合同，储户每月按合同约定存钱，当存满贷款金额的一定比例以后，即可取得贷款权。德国住房储蓄银行、住宅互助储金信贷社、住宅信贷协会、私人建设协会和公营建筑协会都是在吸收个人存款基础上发放房地产贷款，为个人买房、建房融资①。

① 聂曙光，聂光宇. 国外住房保障制度对我国的启示. 经济纵横，2007（10）.

(3) 购、建房税收优惠政策。首先，政府对非营利机构兴建的福利性社会住宅给予资助或政策优惠。例如，政府提供无息或低息贷款，实行减免土地税、所得税等优惠政策。其次，政府鼓励私人建房，并给予减免税费等优惠政策。最后，政府鼓励私人按市场价购房，并享受所得税减免政策。低收入家庭购买住房还可以申请政府住房补贴。

3. 新加坡的公共住房制度

新加坡是新兴工业化国家，有“花园城市”和“城市国家”之美誉。新加坡独立后，不仅创造了举世公认的经济奇迹，而且成功解决了住房短缺问题。面临人口增长引起的住房需求膨胀、住房支出超出低收入家庭能力、可供开发的土地资源短缺等问题，新加坡通过建造高层、高密度的公共住房来保障住房需求。

新加坡公共住房制度具有以下特色：

(1) 制定住房建设长远规划。新加坡于 1960 年成立了住房与发展局（Housing & Development Board，HDB），专门负责公共住房建设的计划安排、施工建设和使用管理。该局是国家发展部下的法定机构，其基建贷款列入政府预算。在 HDB 的主持下，新加坡每五年制定一个建房计划。政府拨出国有土地并适当征用私人土地，供公共住房建设之用，并以低息贷款形式提供资金支持。

(2) 实行住房公积金制度。住房公积金是一种住房强制储蓄，由雇主和雇员共同缴纳。中低收入家庭购房时，允许动用公积金存款作为首付款之用，不足部分由每月缴纳的公积金分期支付。这项制度使中低收入者既能购房又不影响生活，有利于提高家庭购房能力，对解决住房筹资问题起到重要作用。

(3) 实行公共住房出售政策。新加坡实行公共住房（组屋）出售政策，HDB 是公共住房的唯一提供商，它不仅开发和提供住房，还提供贷款、房地产管理等配套服务，为国民购买公共住房提供便利。居民购买公共住房并居住满一定年限以后，可以转售公共住房。由于房价上涨，出售公共住房所赚得的利润须向 HDB 缴纳一部分。

(4) 分级提供住房补贴。新加坡按家庭收入和人口情况来确定住房保障水平，只有最低收入家庭才有资格长期租住公共住房。政府对公共住房的购房补贴也采用分级的办法。例如，一室一套的，政府补贴 1/3；三室一套的，政府只补贴 5%；四室一套的，政府没有补贴，且按成本价加收 5%的利润；五室一套的，政府按成本价加收 15%的利润。

阅读材料

新加坡公共住房保障制度

新加坡于 1959 年获得自治地位时，面临着人口剧增、失业加剧、住房严重短缺等问题。据估计，有 25 万人居住于极其恶劣的环境中，另有 33 万人居住于棚户区。面对严重的住房短缺问题，政府将公共住房建设作为优先政策目标。

新加坡于 1960 年成立了 HDB，致力于为低收入群体提供低成本公共住房。政府通过贷款和补贴向 HDB 提供资金和政策支持。HDB 通过发展公共住房项目，不仅有效改善了居住条件，而且使新加坡成为世界上住房条件最好的国家之一。1991 年，HDB 获得联合国颁发的“世界人居奖”。

新加坡公共住房项目的最初目标不高，仅是为居住条件过于拥挤的贫困人口和棚户区居民提供基本的租住房。20 世纪 60 年代早期，HDB 修建的公寓主要是单居、两居或三居室户型，分别以 20 新元、40 新元和 60 新元的固定月租金租给月收入不足 800 新元的低收入家庭。为使公寓房适合单个家庭居住，公寓设计为单门独户型。

随着时间的推移，新加坡公共住房的发展目标不断发生变化。1964 年，HDB 成立的第四年，住房短缺问题得到缓解。政府推出了居民购房计划，鼓励居民购买住房。HDB 住房不是永久出让所有权，而是出让 99 年的租用所有权。该计划在起步阶段进展较为缓慢。1968 年，政府决定允许购房者动用每月缴纳的住房公积金支付房款。这样，多数家庭在每月可支配收入不减少的情况下，可以有能力买房。此后，更多居民选择购买公寓房，而不是租赁居住。政府对不同户型实行差别化补助政策，小户型公寓能获得更高补助。

对于购买公共住房的需求，新加坡政府实行家庭优先，首次购房者优先。购房者须满足 HDB 制定的申请条件。这些条件包括：申请人须为新加坡籍，没有其他房产，满足申请者的最低年龄限制，家庭收入低于 HDB 规定的收入上限。随着经济的发展，家庭对住房面积提出了更高要求。相应地，新加坡公共住房建设的目标也演变为提供高质量的住房和良好的居住环境，HDB 开始建设大户型公寓。目前，HDB 的公共住房供给覆盖了新加坡人口的 85%。购房者若要改善居住条件，可以转售现有公共住房，换购面积更大的住房。

HDB 不仅提供公共住房，还提供法律、贷款、房地产管理等配套服务。购房者在第一次购买住房时，可以从 HDB 获得低息按揭贷款。HDB 提供的住房贷款最长可在 25 年内还清。宽松的按揭贷款条件帮助大多数人获得了住房。

HDB 还参与社区发展规划。新加坡人多地少，建设高层建筑是城市发展的必然选择。HDB 通过制定和实施社区综合规划，提供充足的社区服务设施，促进社会阶层融合，引导居民对社区产生归属感。HDB 建设的社区内混合有不同户型，既设租赁住房又设商品住房，这样每个小区都汇集了不同民族、不同阶层的居民。同时，政府采取现金补助和优先分房的激励机制，鼓励已婚子女申请邻近父母的住所，方便家庭成员相互照应。

资料来源：叶锦明．新加坡中低收入者住房融资经验．中国住宅设施，2003（8）．

10.4.3 国外城市住房保障的启示

住房开支是城市居民生活开支的重要组成部分。在发达国家，住房开支约占居民收入的 1/3。由于城市住房消费的昂贵性，低收入家庭往往难以承担，因此需要政府提供住房保障。考察发达国家的住房保障制度可以看到，不同国家的住房保障政策存在差异性，一个国家在不同的发展阶段，其住房保障政策也存在差异。当住房紧缺程度严重时，住房问题就会成为整个社会关注的问题，需要政府投入较大力量予以解决；当住房短缺问题基本解决之后，住宅政策在公共政策中的重要性相对下降，住房保障的覆盖范围可以适当缩小。

通过比较国外住房保障制度，可以得到以下启示：

(1) 依法构建住房保障制度。

美国、德国都注重住房保障的立法工作，依法界定政府责任及住房开发、交易行为。为推进公共住宅建设，美国在罗斯福新政时期开始出台住房法律。1937 年，美国国会通过了纽约州参议员瓦格纳提交的《低租住房法案》，这是美国第一部关于公共住房的法案。

(2) 构建多层次住房保障体系。

住房市场化是各国住房发展的基本趋势。除新加坡等少数国家外，大多数国家都把市场机制作为住房供给的主要机制。同时，为解决中低收入群体的住房问题，各国都制定了优惠政策和保障措施，建立了多层次的住房供给和保障机制。当住房供给短缺严重时，政府也会直接投资公共住房建设。

(3) 住房金融成为住房保障的重要手段。

低收入群体仅靠自身力量难以支付住房消费，需要政府提供住房保障。发达国家普遍建立了政策性和商业性住房金融体系，成熟的住房金融市场能够满足不同层次住房消费的需要。住房融资的资金周转慢、占用金额大、回收周期长，兼具经营性和政策性特点，需要政府提供政策支持。

(4) 强化政府的公共住房保障责任。

发达国家的住房保障不是面向全体国民的普惠福利，住房保障对象主要是低收入者和无力解决住房问题的贫困阶层。美国和新加坡由政府出资或融资建设公共住房，面向低收入群体提供公营廉租和低租住宅，保障“居者有其屋”。

10.4.4　中国城市住房保障制度改革

1. 城市住房保障的基本框架

自 20 世纪 90 年代以来，我国开始实施城市住房商品化改革，建立了以开发商为主体的城市住房供应体系。同时，逐步建立了城市住房保障的基本框架。目前，我国住房保障存在多种形式。在农村地区，村民在集体划分的宅基地上自行建房。市民则实行分类保障：高收入者购买商品住房，中等收入者购买“两限”商品住房或者经济适用住房，中等偏下收入者租住公租房，最低收入者租住廉租住房。

从现实情况看，我国城市住房保障主要有以下形式：

(1) 住房公积金。住房公积金由在职职工按比例缴存，所在单位等额补贴，纳入个人储金账户，归个人所有。住房公积金免征个人所得税，职工在购买自住住房时可提取使用个人账户内的公积金，还可申请公积金个人贷款，公积金贷款实行利率优惠。

(2) 住房货币补贴。这是国家停止住房实物分配后，为解决无房职工住房问题而实行的住房货币化分配政策。它向无房职工和住房未达标职工发放一定的住房补贴，由这些职工根据情况自由选购合适的住房。老职工一次性发放，新职工随工资逐月发放。

（3）经济适用住房。这是政府针对低收入群体的住房困难问题，通过行政划拨土地、减免相关税费等政策扶持方式，组织统一建设或者在房地产开发建设项目中按比例配套建设的政策性住房。

（4）“两限”商品住房。也就是限制价格、限定面积的普通商品住房。其保障对象是既买不起商品住房，又不符合购买经济适用住房条件的中等收入者。“两限”商品住房以中小套型、中低价位的普通商品住房为主。

（5）公租房和廉租住房。这是为解决中等偏下收入家庭和最低收入家庭住房问题而提供的政策性租赁住房。其产权由政府或公共机构所有，低于市场价格向承租者出租。

2. 城市住房保障存在的问题

受经济发展水平所限，加之制度不够完善，现行住房保障体系还存在不少问题。

（1）经济适用住房制度存在的问题。

我国自 1998 年开始实行经济适用住房政策。经济适用住房销售以保本微利为原则。在执行中存在的问题有：1）购买对象界定不清晰。这是经济适用住房政策的最大问题。经济适用住房的购买对象是低收入家庭，但问题在于，我国目前还没法精确审核家庭收入。在实际中，一些真正的低收入家庭往往难以申购到经济适用住房。2）投资比重不足，供求矛盾尖锐。经济适用住房开发享受多项优惠政策，其价格比商品住房明显要低①，供给与实际需求的缺口巨大。3）开发和销售环节存在腐败和不公问题。经济适用住房开发实行企业化运作，开发商为增加利润往往虚增成本，提高销售价格。项目开发后，对申请购房者的审核又存在把关不严的问题，致使低收入家庭被挤出。

（2）廉租住房制度存在的问题。

我国于 1999 年实施廉租住房制度。廉租住房制度主要存在以下问题：1）廉租住房覆盖面太小。廉租住房以城镇最低收入家庭和住房困难家庭为保障对象。从全国情况看，廉租住房的供需缺口巨大。2）缺少稳定资金来源。廉租住房建设以财政预算资金为主，资金供应缺少长效保障机制。3）运营不可持续性。廉租住房实行近乎无偿使用的低租金制度，其运营难以持续。

（3）住房公积金制度存在的问题。

借鉴新加坡住房保障的成功经验，我国从 20 世纪 90 年代中期推行住房公积金制度。这项制度在执行中也存在不少问题：1）覆盖率较低。目前，全国有近 2 亿灵活就业人员游离于公积金制度之外，包括个体工商户、农民工、网店经营者等多种就业形态。2）缴存率偏低。各地实施的公积金缴存率为 10%左右，明显低于居民住房支出占家庭收入的比例。3）监督有待强化。公积金管理不透明，存在违规使用和挪用的现象。

3. 城市住房保障改革的基本思路

在相当长的时期内，中国城市住房保障还只能以“低水平，广覆盖”为目标。城市

① 贾康．建立以公共财政为主的基本住房保障基金多元化来源渠道．中国发展观察，2007（10）．

住房保障有必要淡化经济适用住房政策，强化政府的公租房供给责任。在制度上，可将保障性住房分为基本保障型住房和延伸保障型住房两类。

（1）基本保障型住房。

保障家庭和个人拥有最起码的居住条件，是城市政府的底线责任所在。基本保障型住房相当于目前的公租房，对承租人的家庭收入设定上限标准，入住者限定为城镇低收入住房困难家庭。对于基本保障型住房的承租户，管理部门给予最低租金优惠，对其入住资格实行定期复审，如果承租户不再符合入住标准，则应退出。对于暂时无法退出的住户，则应取消租金补助，收取市场租金。

（2）延伸保障型住房。

延伸保障型住房以政府为开发建设主体，建成之后以成本价格（建造成本＋管理成本）向符合标准的家庭和个人出租或出售，以中小户型为主。延伸保障型住房的主要目标群体是城市中等偏低收入阶层中有住房困难的家庭和个人。延伸保障型住房对承租人的收入水平和资格审核，既要有上限要求又要有下限要求。

基于上述思路，当前的经济适用住房制度有必要转为延伸保障型住房制度，即从“以售为主”转为“以租为主”。对于延伸保障型住房的供给规模，政府可以根据房地产市场行情进行调节。当房地产价格上涨过快时，则适当加大延伸保障型住房供给；当房地产市场低迷时，则减少此类住房供给。这样，可确保房地产市场健康平稳发展。

当前，我国城市化呈快速发展趋势，每年有 1 500 多万人口从农村迁往城市就业和居住，城市住房需求旺盛。在此背景下，有必要加大保障性住房建设规模。如果基本保障型和延伸保障型住房的总规模达到城市住房需求的 20%，大体覆盖城镇低收入与中低收入住房困难户，城市住房供给结构将会发生重大变化，形成市场机制与政府保障“两条腿走路”的新格局。

4. 城市住房保障的政策创新

提高城市住房保障水平，既要转变思路，也要推动政策创新。

（1）提供政策支持，拓宽住房保障资金来源。

住房保障是政府应履行的社会保障职能之一。我国有必要加大公共租赁住房建设力度，政府可在用地、财税、金融等方面出台优惠政策，调动企业及社会机构投资、运营公共租赁住房的积极性。

（2）制定专门法律规范政府的住房保障责任。

为落实政府的住房保障责任，世界上多数国家制定了专门法律。借鉴国外经验，有必要制定专门的住房保障法律，明确规定住房保障的对象、保障标准、保障水平、资金来源、政府管理机构及其责任。

（3）实行以租赁为主的住房保障改革。

经济适用住房政策有必要改变只售不租的规定，实现租售并举，并逐步过渡到以租为主。在“居者有其屋”的问题上，政府的基本政策应当是保障户户有房住，而不是保障户户有房产。

（4）改变政府补贴方式，从间接补贴走向直接补贴。

政府直接对低收入家庭和个人提供租房补贴，也是住房保障的一种通行做法。我国经济适用住房政策实行的是“砖头”补贴，即政府补贴直接投向生产者，通过生产者间接地传递给消费者。其结果是，部分高收入者也设法挤入经济适用住房市场，一些真正应该享受财政补贴的低收入者却被排斥在外。鉴于此，有必要改变政府补贴方式，从间接补贴走向直接补贴。

本章小结

土地是城市发展最基本的物质资料。我国城市土地归国家所有，国家按照所有权与使用权分离的原则，实行城市土地有偿使用制度。城市土地有偿使用的税费主要包括土地出让金、土地使用税、土地使用费、土地收益金、新增建设用地使用费。城市土地使用权出让主要采取协议、招标和拍卖三种方式。

城市住房具有建筑的耐久性、消费的昂贵性、位置的固定性、住房的投资性等特性。改革开放以来，我国开始改革住房分配制度，推进住房商品化，发展住房金融，构建城镇住房保障体系。住房保障属于社会保障的组成部分，提高城市住房保障水平，需要强化政府的公租房供给责任。

关键术语

城市土地　土地所有权　土地使用权　土地出让金　商品住房　经济适用住房　公共租赁住房

复习思考题

1. 简述城市土地的自然特性和经济特性。
2. 简述中国城市土地有偿使用的含义和原则。
3. 中国城市土地有偿使用主要有哪几种形式？
4. 中国城市土地有偿使用主要征收哪些税费？
5. 简述我国城市土地使用权出让的几种方法。
6. 中国城市住房供给主要有哪几种类型？
7. 简述城市住房保障的社会意义。
8. 简述城市住房保障的影响因素。
9. 试论国外住房保障制度对我国的启示意义。
10. 简述我国城市住房保障的主要形式。
11. 试论中国现行住房保障制度的问题和改革思路。

第11章

城市公共服务管理

改革开放以来，随着经济体制改革的推进，一些公共服务领域引入了市场机制，实行“使用者付费”。在教育、文化、医疗等领域，使用者付费提高了供给效率，也引发“看病难”“上学难”“住房难”等争议和讨论。在市场经济体制下，政府有责任保障全体居民都能享受基本公共服务。

重点问题

- 公共服务的含义
- 政府的公共服务职责定位
- 公共服务供给的价值诉求
- 社会公平的代表性观点
- 底线公平的制度保障
- 事业单位改革的基本思路

11.1 公共服务的概念

11.1.1 公共服务的含义

21世纪以来，中国政府改革将建设服务型政府提上议程。中共中央、国务院印发《关于深化行政管理体制改革的意见》并明确提出，按照建设服务政府、责任政府、法治政府和廉洁政府的要求，到2020年建立起比较完善的中国特色社会主义行政管理体制。

建设服务型政府，首先有必要廓清公共服务的基本含义。关于公共服务的含义，理论界有两种理解。

第一种观点将公共服务等同于公共行政，认为政府的所有职能都是为了维护公众利益，都属于公共服务的范畴。行政伦理学者特里·库珀认为，公务员的地位和合法性乃是根源于其职业的责任和义务①。登哈特的新公共服务理论提出，政府的公共服务责任是对每个公民负责，公共服务包含着对社区的承诺，包含着将个人利益置于更广泛的社会利益之下的意愿②。这一理解将公共服务大致等同于公共行政，容易混淆政府的政治统治、行政管制与公共服务职能。

第二种观点认为，公共服务是由政府主导提供的旨在保障公民生存和发展普遍需求的服务项目③。公共服务是政府承担的职能之一，并非政府职能的所有方面。除了公共服务外，政府还承担政治统治、行政管制、经济发展等职能。公共服务具体包括提供公共安全、基础教育、公共卫生、公共文化、社会保障等内容④。享有公共服务是公民的基本权利，提供公共服务是现代政府的基本责任。公民根据自身需求，可选择接受公共服务，也可拒绝政府提供的直接服务。

第二种观点区分了政府的统治、管制和服务职能，将公共服务界定为政府直接面向公民提供各类服务项目。建设服务型政府，必须对政府职能进行细分，明确公共服务的职责范围和评价标准。如果将公共服务笼统地理解为公共行政，不仅无法进行绩效评价，也难以实施行政问责。

11.1.2 公共服务的分类

根据个人的依赖程度，公共服务可分为基本公共服务和高层次公共服务。

1. 基本公共服务

所谓基本公共服务，是指政府保障个人生存和发展所必须提供的最低水准的公共服务。一个人如果缺少了这部分公共服务，就无法在既定社会状况下生存和发展。基本公共服务是维护人的尊严和促进社会合作的基础性公共产品。提供基本公共服务是政府的分内责任。和谐社会的最起码要求是所有公民都能享有均等的、无差别的基本公共服务。

2. 高层次公共服务

除基本公共服务之外的政府服务，则属于高层次公共服务，如高等教育、收费公园、收费道路、非保障性医疗项目。对于高层次服务，地方政府可根据实际情况自主决定是否提供、如何提供，并引入“使用者付费”机制。

有些观点把与民生问题密切相关的各种公共服务，包括教育、卫生、文化、就业和

---

① COOPER T L. An Ethics of Citizenship for Public Administration. Englewood Cliffs，N. J.：Prentice-Hall，1991：139.

② 登哈特 J，登哈特 R. 新公共服务：服务，而不是掌舵. 北京：中国人民大学出版社，2010：34.

③④ 项继权. 基本公共服务均等化：政策目标与制度保障. 华中师范大学学报，2008（1）.

再就业、社会保障、生态环境、基础设施、社会治安等都视为基本公共服务。党的十六届六中全会通过的《中共中央关于构建社会主义和谐社会若干重大问题的决定》提出完善公共财政制度，逐步实现基本公共服务均等化。很显然，如果把教育、卫生、文化、社会保障领域的所有项目都列入基本公共服务，则难以实现基本公共服务均等化目标。基本公共服务只能涉及其中的义务教育、公共卫生、基础科学研究、公益性文化事业和社会救济等①。

11.2　政府的公共服务职责

11.2.1　政府的公共服务职责定位

由于存在市场失灵和社会失灵问题，政府有责任提供基本公共服务，但这并不意味着由政府垄断公共服务的供给。政府在公共服务领域中的基本职能定位是：

1. 提供基本公共服务

基本公共服务是保障公民生存和发展的最起码的服务项目，具有纯公共产品性质，一般只能由公共部门提供，由政府决定需求量并安排生产。政府可利用规模经济和“暴力潜能”优势，提供那些规模大、成本高、需求普遍的基本公共服务。

2. 区分“掌舵”与“划桨”职能

在公共服务领域，政府承担着“掌舵”职责，决定提供哪些公共服务、向谁提供、提供多少、如何提供等问题，而“划桨”职责并非一定要由政府承担，可引入市场机制和社会力量。公共服务的实现形式与手段是多样的，其组织方式也是多样的。公共服务的生产者既可以是行政部门，如警察局、派出所、城管大队等，也可以是政府投资的企事业单位，如公立学校、公立医院等，还可以是政府购买私人部门的服务，如合同外包、特许经营、财政补贴等。

3. 为私人部门介入公共服务提供激励

基于效率考虑，政府可利用市场机制以及私营部门的经营和技术优势，通过多种形式组织和提供基本公共服务。为鼓励私人部门投资公共服务行业，政府可提供一定的激励机制，鼓励公私合作和企业化生产。

11.2.2　公共服务供给的价值诉求

城市政府的基本职责是提供公共服务和公共产品。公共服务供给的价值诉求主要有：

---

① 安体富，任强．公共服务均等化：理论、问题与对策．财贸经济，2007（8）．

1. 效率

效率（efficiency）是指公共服务的投入与产出之比，即在提供某项公共服务时，取得的成绩与所投入时间、精力、财政支出等的比值。在财政和资源投入既定的前提下，效率追求公共服务产出最大化。效率是一个过程导向概念，评估的是投入如何转化为产出；它与目标的实现程度无关，与市民对服务的满意度也无关。测量公共服务效率的指标主要有投入人员、资金、资源、时间、工作量等。

2. 效果

效果（effectiveness）是指公共服务投入所产生的后果。效果是结果导向的概念，它聚焦接近预期结果的程度，关注实现预期目标的程度。效果与投入的成本或使用的资源无关。衡量公共服务效果的指标主要有市民满意度、市民参与水平等，常通过抽样调查、网络调查等方式进行测量。

3. 公平

公平（equity）涉及机会平等、税负公平、结果平等维度。其中，机会平等是指所有市民都接受相同水平的公共服务；税负公平是指市民接受的服务应当与其所缴纳的税成比例；结果平等是指政府分配公共服务资源，应给予低收入者额外的关注，使人们大体处于相同的境况。

4. 回应性

回应性（responsiveness）是指城市政府提供公共服务符合市民要求和预期目标的能力，它反映了市民偏好和需求得到满足的程度。有研究表明，城市政府对不同公共服务项目的回应存在较大差异。一般而言，政府对消防、犯罪、治安、道路塌陷的回应，要快于对改进城市规划、基础教育、道路清扫、垃圾收集等需求的回应。

11.3 社会公平的制度安排

11.3.1 社会公平的代表性观点

公平正义是政府管理追求的价值目标之一。政府管理只有致力于维护社会公平正义，才能调动人们的积极性和创造力。正是在这个意义上，中国政府提出要让公平正义成为社会主义制度的首要价值①。那么，怎样的政府治理才称得上是公平正义的呢？

概括而言，社会公平的代表性观点主要有以下几种②：

① 温家宝总理答中外记者问. 人民日报，2007-03-17.

② 杨宏山. 公共政策的价值目标与公正原则. 中国行政管理，2004（8）.

1. 自由主义

自由主义强调个人自由、权利平等、程序公正，反对政府对市场分配的结果进行干预。亚当·斯密提出并论证了个人的自由选择和自利行为可以实现社会福利最大化。在古典自由主义看来，社会公平就是保障人人拥有的天赋权利，保障机会平等，政府不要对市场分配的结果进行人为干预。诺齐克提出，国家的作用只能限制在“守夜人”角色，即独占对强力的使用权，保证个人自由不受他人的侵害①。古典自由主义在效率上具有优势，但容易导致贫富悬殊和阶级对立。“守夜人”式的国家不仅会导致两极分化，而且会引发社会动荡和政治革命。

2. 功利主义

功利主义以谋求最大多数人的“最大善”“最大幸福”为出发点，认为社会全体的幸福是个人幸福的总和，公正的社会分配应当有助于促进个人效用总和的最大化。早期的功利主义学说以自由放任和个人的自利选择权为前提，后期的功利主义者偏向于强调整体利益，如以整体效用最大化为政府评价的基本依据。受功利主义的影响，人们常根据GDP、经济增长率等总体性指标来评判政府绩效。功利主义在效率上具有优势，但它对社会平等的诉求往往会落空。从最大多数人的最大幸福出发，还容易导致对个人权利和自由的践踏。

3. 平均主义

平均主义主张“结果平等”，即平等分配公民权利和社会财富，是很有道德感召力的一种公平理论。今天，公民政治权利的平均分配已经成为国家治理的普遍共识，问题在于，经济、社会权利是否也应实行平均分配？社会财富是否也应该搞平均主义？历史的教训表明，绝对平均主义抑制了社会成员的积极性和创造力，不仅无助于实现共同富裕，反而会导致社会僵化和发展停滞。

4. 罗尔斯主义

罗尔斯提出的正义理论包括两个原则：第一原则是平等自由原则，即公民基本权利和自由的平等分配，它涉及的是公民的政治权利；第二原则是差别原则和机会公正平等原则的结合，即在坚持第一原则的前提下，通过一定的社会和经济的不平等安排，尽量平等地分配社会合作所产生的利益和负担，从而能给最少受惠者带来补偿利益②。罗尔斯从“合乎每一个人的利益”的一般正义观出发，落脚于“合乎最少受惠者的最大利益”。该理论对最少受惠者具有一种偏爱，它表达了试图通过某种再分配机制对弱势群体有所照顾、使所有社会成员都能享受经济社会发展成果的一种愿望。

---

① 诺齐克. 无政府、国家与乌托邦. 北京：中国社会科学出版社，1991：35.

② 罗尔斯. 正义论. 北京：中国社会科学出版社，1988：56-57.

11.3.2 底线公平的含义

经济、社会活动收益的均等化分配，是人类社会的一种理想追求。在现实中，一味地追求结果平等不仅有损个人权利，而且会导致社会发展失去动力。鉴于此，现代政府管理在拒绝自由资本主义的同时也必须拒绝平均主义。罗尔斯在坚持公民基本权利平均分配的同时，注意到忽视最底层民众的利益会导致社群对立、社会动荡等严重问题，他提出的差别原则和机会公正平等原则，就是要构建一种底线公平的社会分配制度，对弱势社会群体给予额外的补偿。

所谓底线公平，是指政府在保障公民权利平等、机会平等和经济效率的基础上，还要提供保障个人基本生活和发展权利所必不可少的基本公共服务。一个社会如果缺少基本公共服务，那就不能保证个人谋求生存和发展的最基本条件①。为促进底线公平，政府管理需要做到②：

1. 公民基本权利的平等化分配

公民基本权利包括公民的人身自由权和社会参与权。人身自由权具有普适性和平等性特征，一个人对这些权利的拥有并不妨碍他人的等量拥有。社会参与权具有某种程度的排他性，尽管如此，在具体职务和地位的具体人选尚未确定时，应当保障每个公民拥有均等的社会参与机会。政府不能因为任何名目或理由对人身自由和机会平等进行限制。

2. 经济活动收益的功利化分配

功利化分配以个人财富总和最大化为社会分配的基本原则。在政治和思想领域，平等和自由可以有效地统一起来，但在经济和社会领域，平等和自由难免会发生矛盾。为了调动个人积极性和进取精神，经济活动收益的分配需要贯彻效率原则。效率原则有利于做大“蛋糕”，有利于增加社会财富总量。那种不着眼于做大“蛋糕”，仅立足于分“蛋糕”的行为，无法从根本上提高公众需求的满足水平。

3. 基本公共服务的均等化分配

由于个人在天赋、能力、社会关系等方面存在差异性，即使给予每个人平等的发展权利和机遇，人们利用权利和机遇的结果也会存在巨大差异性。有的人成为百万富翁，有的人却穷困潦倒，甚至陷入饥寒交迫的境地。如果无视社会弱势群体的基本诉求，社会就会陷入两极分化状态，进而引发群体性抗争事件。为了保障人人都能享受到经济社会发展的收益，政府有责任界定个人需求的最低满足标准，面向全体社会成员无差别地提供基本公共服务。

4. 维护社会和谐的综合回应性分配

前述三个层次的分配原则尚不足以保障社会和谐稳定。在特定的社会发展和变迁背

---

① 景天魁. 底线公平与社会保障的柔性调节. 社会学研究，2004（6）.

② 杨宏山. 公共政策的价值目标与公正原则. 中国行政管理，2004（8）.

景下，一些社会群体有可能被边缘化，从而产生不公平感、被剥夺感。例如下岗工人、退伍军人、烈士家庭、失独家庭等群体，可能由于突发事件导致利益损失，产生群体性的不满情绪和权益诉求。如果完全不考虑边缘群体的利益诉求，社会共同体就会出现裂痕，社会秩序也会面临挑战。为了维护社会和谐稳定，政府需要对被边缘化的社会群体及其利益诉求给予额外的物质帮助和利益补偿。

11.3.3　底线公平的制度保障

和谐社会要求所有公民都能享受均等的、无差别的基本公共服务。随着经济发展，基本公共服务的标准也在不断提升。在既定的财政收入条件下，保障底线公平，构建惠及全民的基本公共服务体系，需要通过一些制度安排予以保障，具体包括：

（1）明确界定基本公共服务标准。基本公共服务涉及基础教育、最低生活保障、失业救助、廉租住房、公共卫生、医疗救助等民生需求。对于政府来讲，提供基本公共服务、满足社会成员最基本的生存和发展需求是其职责所在；对于公众来讲，享受基本公共服务是一种权利。在收入差距不断拉大的情况下，有必要明确界定基本公共服务的范围及标准，明确各级政府的责任清单。在国家规定的标准上，发达地区可根据财力情况适当提高地方性标准。比如，我国《义务教育法》规定，全国实行九年制义务教育，这并不妨碍发达地区实行十二年制义务教育。对于经济落后地区来讲，中央财政要通过转移支付方式，协助地方政府落实底线责任。

（2）加大社会性财政支出比重。从财政支出结构看，可分为以行政管理支出为主的维持性支出，以政府投资为主的经济性支出，以教育、卫生、公共住房、社会保障为主的社会性支出。目前，在我国城市财政支出中，社会性支出所占比重较低。基于底线公平原则，有必要加大社会性支出比重。社会性支出要从注重重点项目转向注重促进基本公共服务均等化，让低收入群体能够普遍享受基本公共服务。基本公共服务面向普通民众，其实质是对弱势群体提供福利和补贴。

（3）开放高端公共服务领域。政府有责任提供基本公共服务，但并不是说所有公共服务都必须由政府提供。高端公共服务领域有必要实行开放竞争，鼓励企业和社会组织介入，政府主要履行监管职能。例如，政府有责任保障每个学生都能接受九年制义务教育，但这并不意味着要保障每个学生都能上当地最好的学校。对于那些超出底线服务的教育需求，可以引入市场机制，由民办学校提供教育资源，按照“使用者付费”原则，对学生收取费用。

（4）扩大公众参与，提升政府回应性。在公共服务供给过程中，行政部门、官员、企事业单位和市民之间难免存在利益博弈。在城市管理中，经常可以看到有些部门和单位常常以维护公共利益的名义，谋求本行业、本部门、本单位的特殊利益。要保障人人都能享受底线公共服务，就需要扩大公众参与，让弱势群体也拥有表达利益的渠道，能够集体发声并影响决策。群众的眼睛是雪亮的，公众参与和民主监督可以遏制政府部门谋求特殊利益。

11.4 城市事业单位改革

11.4.1 城市社会事业的含义

1. 城市社会事业的概念

社会事业是为满足社会共同需要，负责提供公共服务，由公共部门利用国有资产举办，所需经费全部或部分由公共财政支付的非营利活动。社会共同需要是相对于个人需要和特定社会团体需要而言的，它为界定公共事业提供了基本标准①。城市社会事业不以营利为目的，主要负责提供教育、科技、文化、医疗卫生等公共服务。我国城市社会事业主要由各类事业单位承担，它们直接隶属于党政部门②。

根据国务院制定的《事业单位登记管理暂行条例》，“事业单位”被定义为为了社会公益目的，由国家机关举办或者其他组织利用国有资产举办的，从事教育、科技、文化、卫生等活动的社会服务组织。

我国事业单位现有在职在编人员 3 000 多万人，其中教育、卫生和农技服务从业人员三项相加就占总人数的 3/4，教育系统人员达到一半左右。城市事业单位种类繁多、数量庞大、涉及面广，专业人才和技术知识密集。

2. 城市社会事业的现状

我国城市社会事业是在计划经济体制下由国家包办逐渐建立起来的。1949 年之前，政府兴办的社会事业数量十分有限。一些外国教会、商人和私人基金会也开办学校和医院。新中国成立以后，国家百废待兴、百业待举。在总结解放区经验和借鉴苏联模式的基础上，新政权通过公有化措施，直接出资兴办并垄断社会事业，逐步形成了政府拥有、垄断经营的事业单位管理模式。

20 世纪 90 年代以来，我国开始探索城市事业单位管理体制改革，在教育、科技、卫生、文化等领域引入非国有体制，一些民办学校、培训中心、科研院所、文化团体、医院、体育俱乐部、慈善机构快速成长起来。社会事业改革取得了一定成效，事业单位提供各类服务总量不断扩大。但总体而言，非国有体制在社会事业中的比重很低，政府仍是社会事业的主要提供者。

目前，我国城市社会事业管理具有以下特征：

（1）事业单位行政化。我国城市社会事业普遍由政府主办，具有一定的行政级别，在组织形式、人事管理、福利制度上仿效政府机关，行政化色彩比较浓厚。政府担负着

---

① 黄恒学. 我国事业单位管理体制改革研究. 哈尔滨：黑龙江人民出版社，2000：27.

② 西方国家没有“事业单位”概念，但也存在政府投资的公共部门。有些公共服务由政府直接组织生产，如警务、消防等；有些公共服务需要成立法人组织，政府提供经费并负责监管，由法人组织负责运营，如基础教育、环境保护、城市规划、园林绿化、环卫保洁等。

社会事业的所有者、操办者、管理者、经营者等多种角色。事业单位普遍存在政事不分、事企不分、机制不活的问题。

（2）经费来源财政化。城市社会事业经费大多由财政划拨，政府制定有社会事业专项财务制度，包括经费预算收支科目、经费开支范围、开支标准等。社会事业强调经费投入，却不太注重服务产出及效果，各类公共服务供给与实际需求之间仍存在较大缺口，事业单位的服务质量也不高。

（3）资源配置非社会化。在现行体制下，政府各部门都建立了事业单位体系，分别安排事业人员编制和事业发展经费，形成了“大而全”“小而全”的发展格局，社会事业资源配置效率不高。一些事业单位的图书馆、资料室、实验室、会议室不对外开放，利用率很低。

（4）服务运行低效化。社会事业实行政府包办，公共财政为社会事业经费提供保障，事业单位编制人员属国家公职人员，但工作考核缺乏硬性指标。这种政事不分的社会事业管理体制，造成人浮于事、效率低下。

11.4.2　城市社会事业改革方向

由于政府垄断社会事业存在低效问题，自 20 世纪 80 年代以来，在全球范围内掀起了新公共管理运动。其核心内容是开放社会事业领域，引入市场机制和社会服务，鼓励社会力量兴办社会事业。社会事业改革把原来由公共部门直接提供的公共服务，通过合同外包、业务分担、合作生产等方式，转交给私营公司、非营利组织运作，政府履行财政补贴、资金筹措、业务监督、绩效评估等职能。

目前，我国城市社会事业大多仍隶属于党政机构，国家层面设置国有事业单位，负责生产和供应公共服务。基于供应与生产的区分，政府有责任提供公共服务，但不必亲自生产。有些公共服务只能由政府提供，不适合引入市场机制；有些公共服务可以引入市场和竞争机制，通过公共部门与私人部门、非营利组织合作的方式组织生产。

城市社会事业改革的基本方向是：

（1）提供主体多元化。在传统体制下，政府包办城市社会事业。政府垄断的结果是：事业单位财政支出数额大、运行效率低。鉴于此，需要将市场机制引入社会事业领域，让企业和非营利组织进入社会事业领域。

（2）资金来源多元化。现行社会事业体制实行部门化管理，各部门分别设置事业单位，重复建设导致资源配置效率不高。实行社会事业资金来源多元化，可打破行政分割和部门所有制，提高资源配置效率。

（3）提供方式多样化。社会事业既可以由公共部门提供，也可以由私人部门或民间力量提供，还可以通过公共部门与私人部门的合作来提供。

11.4.3　事业单位改革目标定位

中共中央、国务院印发《关于分类推进事业单位改革的指导意见》，意见提出，事业单位改革要按照“政事分开、事企分开和管办分离”原则，到2020年，建立起功能明确、治理完善、运行高效、监管有力的管理体制和运行机制，形成中国特色的公益服务体系。

1. 对事业单位改革目标的探讨

近年来，一些学者主张以非营利组织为事业单位改革的主导目标模式。这一观点受到了决策部门的重视。在科技、卫生、文化等领域的体制改革文件中，频频出现“非营利组织”这个概念。作为介于政府和企业之间的“第三部门”，非营利组织以弥补市场失灵和政府失灵为使命。在欧美国家，非营利组织已经成长为推动社会进步的一支重要力量。

由于国外非营利组织大多是科研教育、医疗卫生、文化娱乐、慈善救助等方面的社会组织，其功能与我国事业单位具有相似性，一些学者主张按照非营利组织模式改革事业单位。我国事业单位的根本问题不在于非营利定位，而在于政府垄断社会事业。事业单位改革如果不扭转政府垄断，仅依照非营利组织模式进行改革，难以从根本上解决面临的现实问题①。

事业单位改革的基本目标在于开放社会事业领域，引入市场机制和社会组织，培育多元化的社会事业主体。推进事业单位改革，需要鼓励进行多种形式的探索和实践，在坚持政府主导的同时，发挥社会力量和市场机制的作用，实现社会事业提供主体多元化、资金来源多元化、公益服务提供方式多样化。

政府的基本职责在于保障基本公共服务均等化，促进公共服务公平公正。为此，一方面，在财政上要加大对农村和欠发展地区社会事业发展的支持力度，缩小城乡之间、地区之间社会事业发展差距。另一方面，政府要完善相关扶持政策，放宽准入领域，鼓励社会力量兴办公益事业。政府还可通过税收优惠政策，鼓励企业、社会团体和公民个人捐赠社会公益事业。

2. 事业单位的分类改革

根据承担服务的属性，可将事业单位划分为行政类事业单位、经营类事业单位、公益类事业单位三种。

（1）行政类事业单位，逐步转变为行政机构。这类机构承担政府委托的政策研究、政策执行、执法监督、社会管理职能，需要借助公权力履行职能，其业务应纳入行政范围之内，活动经费由财政供给。

（2）经营类事业单位，直接改制成为企业。此类事业单位提供经营性服务，具备自主经营、自负盈亏能力，可作为市场主体参与竞争，包括应用开发型科研、职业培训、社会中介、艺术表演、新闻出版、广播电视等机构。事业单位改制为企业后，要与原行政主管部门脱钩，由履行国有资产出资人职责的机构负责。

（3）公益类事业单位，着力完善法人治理结构。此类机构主要从事科技、教育、文

---

① 朱光明. 非营利机构与我国事业单位改革的目标选择. 中国行政管理，2004（3）.

化、卫生等活动。可根据“政事分开”原则，通过登记授以独立法人资格，强化公益属性，加强政府监管。

我国将从事公益服务的事业单位进一步细分为两类：承担义务教育、基础性科研、公共文化、公共卫生及基层的基本医疗服务等基本公益服务，不能或不宜由市场配置资源的，划入公益一类；承担高等教育、非营利医疗等公益服务，可部分由市场配置资源的，划入公益二类。对公益一类，财政给予经费保障；对公益二类，财政给予经费补助，并通过政府购买服务等方式予以支持。

公益类事业单位需要继续推进以下改革：(1) 健全法人治理结构。行政主管部门减少对事业单位的直接管理，扩大事业单位自主权。(2) 推进人事制度改革。实行公开招聘、竞聘上岗、按岗聘用、合同管理。(3) 健全绩效管理制度。推进实施绩效工资，以考评结果为收入分配的依据。(4) 建立重要信息披露制度。重要事项和年度报告向社会公开。

本章小结

公共服务不同于公共行政，公共服务涉及的人与人之间的关系是平等的，公共行政涉及的则是自上而下的等级关系。根据个人的依赖程度，公共服务可分为基本公共服务和高层次公共服务。提供基本公共服务是政府的职责所在。公共服务供给追求效率、效果、公平、回应性等价值目标。

公平正义是城市管理的核心价值之一。社会公平学说主要有自由主义、功利主义、平均主义、罗尔斯主义。罗尔斯主义主张通过再分配机制对弱势群体有所照顾，使所有社会成员都能享受发展成果。构建惠及全民的基本公共服务体系，需要明确界定基本公共服务标准；加大社会性财政支出比重；开放高端公共服务领域；扩大公众参与，提升政府回应性。

城市公共事业发展的基本方向是提供主体多元化、资金来源多元化、提供方式多样化。事业单位改革需要根据不同单位的特点，分类实施改革和管理。主要承担行政职能的事业单位可转变为行政机构，从事生产经营活动的事业单位可直接改制为企业，从事公益服务的事业单位需完善法人治理结构。

关键术语

公共服务　自由主义　功利主义　平均主义　罗尔斯主义　底线公平
政府责任　事业单位

复习思考题

1. 什么是公共服务？它有哪些特点？
2. 试论政府在公共服务供给中的职能定位。

3. 试论公共服务供给的价值诉求。
4. 社会公平学说主要有哪些?
5. 试论底线公平理论的含义。
6. 试论底线公平的制度保障。
7. 什么是城市社会事业? 简述我国城市社会事业的基本特征。
8. 简述事业单位改革的目标定位。
9. 试论事业单位分类改革的具体内容。

第12章

城市社会管理

社会管理是城市管理的基本职能之一。城市社会管理包括人口管理、公共安全管理、邻避冲突管理、社区管理等内容。人口管理和户籍管理是社会管理的前提和基础。城市社会管理需要发挥多元主体的作用，构建社会协同、公众参与、多元共治的社会治理体系。

重点问题

- 城市人口管理的内容
- 户籍制度改革的利益博弈
- 城市应急管理的运行流程
- 邻避冲突的类型和成因
- 城市邻避冲突的治理之道
- 单位制管理的特点和问题
- 城市社区管理的主体

12.1 城市人口管理

12.1.1 城市人口的构成

城市常住人口由本地户籍人口和外来常住人口构成。随着城镇化进程加快，我国城市人口的比重不断上升，外来常住人口规模也越来越大。2020年底，中国大陆（不包括港澳台）总人口为14.1亿，其中城镇常住人口为9.02亿，常住人口城镇化率为

63.89%。其中，户籍人口城镇化率为45.4%①。目前，我国城市约有3.76亿外地户籍的常住人口，以农民工为主要群体。城市公共服务优先服务于本地户籍人口，外来常住人口面临着差异化的政策待遇。

我们可以通过年龄、性别、户籍等指标，对城市人口构成情况加以分析。

1. 年龄构成

年龄构成是指各年龄组的人数占总人口的比例。一般可以将人口年龄分为四组：婴幼儿组（0～6岁）、小学—中学组（7～18岁）、成年组（19～65岁）、老年组（65岁以上）。一般来讲，65岁以上老人占比在4%以下的为年轻型城市，超过7%的为老龄化城市，达到14%的则为高度老龄化城市。当前，我国城市人口年龄结构的老龄化特征越来越明显。

分析城市人口年龄构成，可掌握以下趋势：（1）城市人口增长趋势。通过比较成年组人口及其就业率，可掌握劳动力规模、就业情况和劳动力供给潜力，进而掌握被抚养人口比例。（2）人口变化趋势。分析育龄妇女数量，可推算人口自然增长率；分析老龄人口增长规模，可判断城市人口老龄化趋势。（3）公共服务需求趋势。通过掌握学前儿童的数量和年龄分布，可预测幼儿园、中小学的入学学生数量，为制定相关政策提供依据。

2. 性别构成

性别构成反映了男女之间的数量和比例关系，影响人口结婚率、生育率和就业结构。城市计划生育工作既要控制人口数量、提高人口质量，也要维护男女性别比平衡。20世纪80年代以来，我国出生人口性别比出现异常升高现象，引起了人口学界的关注。国家统计局2021年发布的信息显示，我国人口性别比为105.07（以女性为100），其中，0～4岁人口性别比为110.98，略高于103～107的正常水平②。

出生人口性别比失衡有着复杂的历史和现实原因，是多方面因素作用的结果。传统生育观念是导致出生性别比失衡的根本因素，社会保障不力构成了经济诱因，现代医学为胎儿性别辨识提供了技术支持，也是导致出生人口性别比失调的间接原因。

3. 户籍构成

户籍构成即根据常住人口的户籍所在地进行分类。改革开放以来，随着劳动力市场逐步放开，大量农民工涌入城市，外来人口比重持续上升。按照是否拥有本地户籍，城市常住人口可分为本地户籍人口和外来常住人口两类，本地户籍人口又分为城镇户口和农业户口。城镇户口又分为家庭户口和集体户口，集体户口主要是高校非本地生源大学生群体、尚无固定住所的单位新进职工群体。

12.1.2 城市人口管理的内容

城市人口管理包括户籍管理、身份证管理、外来人口管理、人口普查与预测、计划

---

① 公安部．我国户籍人口城镇化率达到45.4%．中国青年报，2021-05-10．

② 国家统计局．中国统计年鉴（2021）．北京：中国统计出版社，2021．

生育管理等内容。

1. 户籍管理

户籍管理也称户政管理，是指对户籍人口和外来常住人口进行户口登记和变动管理，以确定管理对象的社会身份以及迁入、迁出情况。我国户籍管理工作由公安部门统一负责，派出所是户籍管理的基层单位，派出所辖区即户口管辖区。户籍登记以户为单位，分为集体户口和家庭户口两类。集体宿舍户口由各单位指定专人协助派出所办理户口登记，分散居住的居民由派出所直接办理户口登记。户籍登记的内容主要包括出生登记、死亡登记、迁出登记、迁入登记、变更或更正登记等。

2. 身份证管理

我国《居民身份证法》规定，凡年满 16 周岁的中国公民都应当向常住户口所在地的户口登记机关申请领取居民身份证。居民身份证登记的项目包括姓名、性别、民族、出生日期、常住户口所在地住址、居民身份证号码、本人相片、证件有效期和签发机关等。居民身份证由公安机关统一印制，是可以证明公民身份的法定证件。身份证的有效期限分为 10 年、20 年、长期三种。16～25 周岁的，发给有效期 10 年的居民身份证；26 周岁至 45 周岁的，发给有效期 20 年的居民身份证；46 周岁以上的，发给长期有效的居民身份证。身份证有效期满、证件丢失或登记内容变更的，可申报领取新证。公安机关在执行任务时，有权查验居民身份证，被查验的公民不得拒绝。

3. 外来人口管理

城市外来人口是指非本市户籍但在本市居住半年以上的流动人口，外来人口管理包括居住登记、办理居住证、计划生育等内容。根据第七次全国人口普查的数据，全国外来常住人口达到 3.76 亿人。其中，跨省流动人口为 1.25 亿人，省内流动人口为 2.51 亿人。

我国城市外来人口所占比重较大。北京、上海、深圳的外来人口更是达到千万。在东莞、佛山、中山、温州、昆山、义乌等制造业发达地区，外来人口已超过本地人口。大量农民工长期在城市居住和就业，其在计划生育、医疗保险、养老保险、住房保障、子女受教育等方面仍依赖于户籍所在地的公共服务，需在居住地和户口所在地之间来回奔波，成了世界上最大规模的流动人口群体。

外来人口提供了廉价劳动力，促进了城市就业竞争，降低了生产成本，提高了劳动生产率，为城市发展做出了重要贡献。大规模的外来人口也有负面影响：外来人口的组织程度低，对社会稳定和社区安全具有不利影响；外来人口的流动性强，导致公共服务需求不稳定；外来人口受教育程度相对较低，诚信意识和遵纪守法观念有待增强，对城市文明建设具有消极影响。

外来人口管理和服务的具体内容主要有：（1）人口登记和居住证制度。常住外来人口须向居住地派出所申报居住登记、申领居住证，其就业、保险、住房、子女就学、申请公共服务等，都以办理居住证为前提。（2）单位制管理制度。城市外来人口管理实行

“谁招工，谁负责”“谁用工，谁管理”。（3）社区制管理制度。将外来人口纳入社区管理和服务体系，保障基本权利，促进社会融合，同时，加强对敏感行业和出租屋的管理，打击违法犯罪行为。（4）综合治理制度。调动多方力量，实行综合治理，保障社会安全稳定。（5）权益保障制度。为保障外来人口的正当权益，近年来，国家出台了一系列政策，要求城市政府对进城农民工公平对待，合理引导，完善管理，搞好服务。

4. 人口普查与预测

人口普查是在某一时间段对人口状况进行普遍调查。开展人口普查，可掌握人口的职业构成、文化构成、年龄构成、民族构成、城乡人口结构、地区人口分布及人口迁移情况。新中国成立以来，我国分别于 1953 年、1964 年、1982 年、1990 年、2000 年、2010 年、2020 年进行了 7 次人口普查工作。根据联合国关于尾数逢“0”年进行人口普查的建议，我国每十年组织一次全国性人口普查①。

人口预测是根据人口的现状和发展特点，运用统计分析方法，推测若干年后人口规模和人口质量。人口预测的前提条件是掌握现实人口状况，包括人口规模、性别和年龄结构、增长速度、迁入和迁出情况等。人口预测对经济社会发展具有决策参考价值，可为制定城市规划、国民经济和社会发展规划提供科学依据。

5. 计划生育管理

我国是世界人口第一大国，人口总量约占世界的 1/5。计划生育是我国的一项基本国策。自 20 世纪 70 年代末，我国开始实施计划生育政策，国家鼓励一对夫妇只生育一个孩子，提倡晚婚、晚育，少生、优生。该项政策有效控制了人口过快增长，但也带来了人口老龄化问题。

自 2013 年以来，计划生育政策经历了从“单独二孩”到“全面二孩”“全面三孩”的政策变迁。致力于提高出生人口素质，促进人口长期均衡发展。2013 年 11 月，中共中央做出决定，启动实施“单独二孩”政策。2015 年 10 月，全国人大常委会修改《人口与计划生育法》，开始实施“全面二孩”政策。2021 年修改后的《人口与计划生育法》规定，“国家提倡适龄婚育、优生优育，一对夫妻可以生育三个子女”。

12.1.3 城市户籍管理制度

1. 户籍管理的含义

户籍制度是指政府部门依法对公民基本信息进行收集、确认和登记的管理制度。为收集人口统计的基本资料，各国都有人口登记制度。西方国家的人口管理一般仅限于公民信息登记，登记内容包括出生、死亡、婚姻、迁移、亲属关系、居住变动等信息。例如，美国的人口登记大体包括三种途径：一是经常性的出生、死亡、结婚、离婚登记，

---

① 张永桃. 市政学. 北京：高等教育出版社，2006：217.

二是不同性质的人口抽样调查，三是每十年一次的人口普查①。

在大多数国家，人口登记不是为了区别公民身份，也不是控制个人就业和迁徙流向，而是为了掌握人口统计数据，为政策制定提供基本信息。人口流动是市场经济的内在要求，它有利于劳动力资源的优化配置。综观当今世界，在和平时期，一个国家的经济越发达，人口迁徙往往也越频繁。在美国、日本和欧盟国家，绝大多数城市家庭会因工作变化而迁移住处。

我国户籍管理实行二元户籍制度，把人口分为农业人口和非农业人口、本地户籍人口和外来常住人口，城市政府提供的公共服务与居民的户籍情况挂钩，政府优先保障本地户籍人口在劳动就业、社会保障、教育培训等方面的公共服务需求。

2. 户籍制度的演进

二元户籍制度创设于新中国成立之初，在 1958 年以后开始全面实施。改革开放以来，随着市场化和城市化的发展，二元户籍制度有所放松，但基本制度仍然具有刚性。

（1）创设二元户籍制度。

新中国成立初期，地方土匪武装和潜伏敌对分子经常从事破坏活动，户籍管理肩负着维护社会治安和保障国家安全的使命。1951 年 7 月，经政务院批准，公安部颁布实施《城市户口管理暂行条例》，在全国建立统一的城市户口登记制度。该条例规定，城市户口管理由公安机关执行，各户均须置备户口簿，如实填写，以备查对；来客住宿超过三日者，须向公安派出所报告；医院须备住院病人登记簿，病人入院出院时须报告；旅店、客栈均须置备旅客登记簿，于每晚就寝前送当地公安机关检阅备查。该条例为维护社会治安和政权稳定发挥了重要作用。

1955 年 11 月，国务院发布《关于城乡划分标准的规定》，把人口统计指标分为“农业人口”和“非农业人口”。1956 年秋天，不少地区粮食歉收，安徽、河南等地区出现大量农民外流②。为减少城市压力，1958 年 1 月，全国人大常委会制定《中华人民共和国户口登记条例》，第一次以法律形式对人口自由流动实施严格限制。该条例规定，公民由农村迁往城市，必须持有城市劳动部门的录用证明、学校的录取证明，或者城市户口登记机关的准予迁入的证明，向常住地户口登记机关申请办理迁出手续。此后，全国各地开始执行户口迁移行政审批和凭证落户制度，把户籍管理与粮油供应、劳动就业、福利保障、义务教育等联系起来，实行城乡隔离、区别对待。

（2）“上山下乡”运动。

1958 年以后，由于受到“大跃进”的影响，加之农业持续歉收，农村人口大量逃荒。根据中央关于精减职工和减少城镇人口的部署，1961—1963 年，全国共精减职工 1 800 万人，减少城市人口 2 600 万。1962 年 12 月，公安部发出《关于加强户口管理工作的意见》，指出对农村迁往城市的人口必须严格控制。自 1963 年起，国家有组织地动员城镇青年“上山下乡”，去农场就业或去农村公社插队。“文化大革命”时期，在“接受贫下

---

① 刘光人．户口管理学．北京：中国检察出版社，1992：80-81.

② 俞德鹏．城乡社会：从隔离走向开放．济南：山东人民出版社，2002：17-18.

中农再教育”的号召下，更多的城镇知青向农村流动。据统计，从1962年到1979年，全国下乡知青总计1 776万人。

（3）改革开放以来的政策调整。

党的十一届三中全会以后，国家政策进行了重大调整，“上山下乡”运动结束。在准许知青返城的同时，1977年11月，国务院批转《公安部关于处理户口迁移的规定》，首次提出“农转非”政策，即每年批准从农村迁入市镇和转为非农业人口的职工家属人数，不得超过非农业人口数的1.5‰①。虽然“农转非”实行配额制，但这意味着在户籍管理政策上开始出现了松动。1980年以后，公安部、人事部相继出台了多项“农转非”照顾政策，准许部分专业技术人员、职工、干部和军人的农村家属“农转非”，可以迁入城镇落户。

改革开放以来，为适应经济发展的需要，国家多次对户籍管理制度进行调整，如允许农民进入集镇落户，取消城市户口的粮油凭证供应体系。1998年7月，经国务院批准，公安部对户口管理进行“四项改革”：1）实行婴儿落户随父随母自愿的政策，学前儿童应当优先予以解决；2）放宽解决夫妻分居问题的户口政策；3）男性超过60周岁、女性超过55周岁，身边无子女须到城市投靠子女的公民，可以在其子女所在城市落户；4）在城市投资、兴办实业，购买商品住房的公民及其直系亲属，凡在城市有合法固定的住所、有合法稳定的职业或者生活来源的，可准许其在该城市落户。

2001年3月，国务院批转公安部《关于推进小城镇户籍管理制度改革的意见》，开始推进小城镇户籍管理制度改革。该文件规定，凡在县级市市区、县人民政府驻地镇及其他建制镇范围内，有合法固定的住所、有稳定的职业或生活来源的人员及与其共同居住生活的直系亲属，均可根据本人意愿办理城镇常住户口。对办理小城镇常住户口的人员，不再实行计划指标管理。以此为标志，广大农民在小城镇基本实现了迁徙自由。

近年来，为吸引投资和人才，大中城市纷纷设置弹性化的落户门槛。大城市普遍对海归、研究生、大学生落户设置绿色通道，实行依申请办理原则。北京、上海这两个城市由于地位特殊，外来人口申请落户门槛依然很高。为吸引高层次人才，北京、上海推出了“居住证”和“积分落户”制度，持有居住证的家庭，在子女入学、社会保障等方面可享受本地市民待遇。

12.1.4 城市户籍制度改革

1. 户籍制度改革的利益博弈

20世纪90年代以来，很多城市启动户籍制度改革，降低外来人口落户门槛。在户籍制度改革中，有关各方的利益诉求具有差异性。

---

① 殷志静，郁奇虹．中国户籍制度改革．北京：中国政法大学出版社，1996：17-18.

（1）中央政府的利益诉求。

中央政府不仅关注经济发展，而且注重政治和社会稳定。经济发展要求推进自由迁徙，优化资源配置，保证劳动力的合理流动性。政治和社会稳定要求加强社会管理，引导并控制社会流动，保障市民福利，维护外来人口基本权益。一方面，中央政府支持城市推进户籍制度改革，促进生产要素的合理流动；另一方面，中央也担心改革过快会损害市民利益，影响城市社会稳定。因而，中央出台具体政策较为谨慎，主要是出台指导性意见。

（2）城市政府的利益诉求。

城市政府提供地方性公共产品和服务时，需要具有一定的财政保障。为发展地方经济、促进经济快速增长，城市政府普遍降低了投资者和高素质劳动者的落户门槛，而对低素质劳动者实行落户限制。在公共服务供给上，城市政府普遍实行本地户籍人口优先政策。除国家规定的基本权利外，城市政府基本不保障外来人口福利。

（3）外来人口的利益诉求。

包括农民工在内的城市外来人口显然对户籍改革持欢迎态度，他们普遍期望降低落户门槛。在现行户籍制度下，本地人口市民享受社会保障和福利待遇，而外来人口却被排斥在外。城市就业、住房、医疗、教育等社会保障与户籍挂钩，外来人口不能享受同等待遇和福利，这强化了本地人与外来人的身份等级意识。

（4）本地人口的利益诉求。

城市户籍人口是现行制度的受益者，他们在基础教育、公共卫生、医疗保障、劳动就业、社会福利等方面享受特殊待遇。他们主张维持现行户籍制度，不愿意放弃既得利益。如果放开户籍管制，本地人口面临的就业竞争将会更为激烈。

2. 户籍制度改革的价值定位

在市场经济体制下，自由迁徙应当成为户籍制度改革的价值导向。传统户籍制度不承认个人选择就业和生活空间上的自由权利，然而一旦允许自由迁徙，“用脚投票”的机制就会发挥作用。为了吸引投资、技术和人才，地方政府必须改进公共服务，从而形成地方政府间竞争。

我国 1954 年《宪法》规定“中华人民共和国公民有居住和迁徙的自由”。1958 年颁布的《户口登记条例》规定农村人口迁入城市必须持有各种证明，它在事实上限制了公民自由迁徙的基本权利。1975 年《宪法》取消了关于公民迁徙自由的条文。1982 年《宪法》也没有恢复公民的迁徙自由权。相对于受过较好教育的高素质劳动者，农民工群体在就业上本来就处于不利地位，户籍制度实际上限制了他们的发展权利。

规定迁徙自由权并不意味着所有劳动者都会行使这项权利，但它赋予具有迁徙意愿的人自由行动权。考虑到人口流动的迁移成本，真正行使自由迁徙权利的只是社会中的少数人群。从户籍制度改革的具体途径看，一方面，要打破城乡二元户籍制度，逐步取消“农业户口”与“非农业户口”之分，为城乡统一的人口登记管理创造条件；另一方面，要弱化人口自由迁徙的制度壁垒，允许具有合法职业、稳定收入、固定住所的外来人口进城落户。

阅读材料

如何看待城市发展的承载力指标

人口向大城市集中，体现的是人民对美好生活的向往。同时，它也是“市场成为配置资源决定性力量”的结果。大城市吸引各类人才集聚，本质上是因为它具有强大的规模经济效应。即使发达国家的特大城市也仍然在集聚更多的人口，更不用说处于城市化进程中的发展中国家。

中国现有的关于城市人口的认识并不符合国际经验。城市规模的决定是个人、企业和政府互动的过程，其基础是企业和居民的选址行为，是市场主体权衡利弊的结果。企业选址追求的是收益最大化，个人选址反映的是对美好生活的向往，人口向着收入更高、就业机会更多和综合生活质量更好的地方迁移。

在市场机制下，企业和个人消耗的资源越多，边际成本越高，所付出的价格也越高。这样，通过市场调节，城市规模必然小于资源与环境容量约束，否则就必须支付一个逼近无穷大的价格，没有企业或个人愿意付出这个价格。

在决定城市规模的基准中，需要让市场机制作为资源配置的决定性力量。当然，自由市场经济机制并不是万能的，需要政府更好地发挥作用，主要体现在两个方面：第一，通过政府掌握的技术和管理手段来增加供给，比如说，上海市建设新水库来增加生活用水供给能力，同时，通过西电东输和西气东输来增加能源供给；第二，政府可以通过政策干预来减少负外部性，比如征收排污费和车牌税，政府还可通过政策来增加正外部性，比如举办公益性的文化活动。

在出现外部性问题时，需要将市场价格机制与行政手段进行最佳配合，来使城市规模接近最优。对于负的和正的外部性，分别可以通过征税或者补贴机制来调节个体行为。在有些领域，涉及跨代的长远目标，比如一块地的用途变更成本极大，而未来需求又充满不确定性，这时由行政手段规划城市地块用途仍然是价格机制有益的补充。

在市场成为决定性力量、政府更好地发挥作用的条件下，不同地理和自然条件的城市会达到不同的最优规模。有些城市发展的产业具有更强的规模经济效应，其规模更大。在偏远且自然条件不好的地区，是不是需要一些小城镇，以及这些小城镇规模有多大，取决于当地能否供给有需求的产品（比如农产品和自然资源）和服务（比如旅游）以及相关产业的就业容量。

每个城市的人口结构也与产业结构有关。大城市的产业更加体现为知识和技术密集型，大学生更多。大学生向大城市集中又在生产中带来辅助岗位的需求，在生活中带来生活服务业的需求，低技能从业者也将向大城市集中。于是，不同地区不同规模的城市就组成了相互分工、协调发展的城市体系。

人为地设定城市的“承载力”缺乏理论基础和国际经验。事实上，这个“承载力”如果是指环境资源总量，那么在长期它是动态可变的。水和能源可以通过运输来增加，关键是运输成本要通过价格机制进入微观主体的决策。即使在给定水资源总量的条件下，产业结构调整也能够增加人口承载力。例如，传统认为北京是严重缺水的。事实上，2015年的北京人口和GDP分别是2001年的1.6倍和6.2倍，而通过产业结构调整，用水总量反而从38.9亿立方米下降到38.2亿立方米，其中，来自地下水的数量从27.2亿立方米下降到16.7亿立方米。同时，北京更多地使用再生水和南水北调的水。如果将北京2015年的农业用水量转为用于居民生活用水，还可以新增800万人口的容量。而这个人口增长空间还没有考虑节水、再生水、海水淡化等管理和技术手段增加水资源的可能性。

对于空气质量，则可以通过产业结构调整和生活方式转变来改善。随着经济发展水平的提高，产业结构将转向以服务业为主，生产性的排污就会下降。在生活中，轨道交通出行将占到大城市通勤的主导地位。在东京，地铁出行占到平时通勤86%，高峰期更是高达90%以上。这时，空气污染就不再是问题。而中国超大城市轨道交通网的密度与东京都市圈相比还有较大差距。

事实上，构成大城市人口规模增长的主要因素根本不是自然资源的承载力，而是人类的技术。给定人们对于大城市生活质量和工作机会的向往，人类造高楼的技术决定了中心城区住房供应的数量和价格，同时交通技术决定了人们在城市内部通勤的时间和成本。居住、通勤这两个成本是生活在大城市的好处，两者又共同决定了个人是留在大城市还是离开，因而也决定了大城市的人口规模。全世界的大城市人口继续增长，说明人口集聚的技术极限仍然没有到来。

人为控制城市低技能劳动力数量会抬高城市生活服务业的成本，危害城市的生活质量和竞争力。运用行政手段控制城市规模，让一部分公民更多地承担城市规模带来的成本，另一部分更多地享受城市规模带来的收益，那也有违市场经济的公平性。在管制大城市人口规模时，一些人口必须回到收入更低的中小城市或农村，为缩小地区间和城乡间收入差距，就必须增加转移支付。换句话说，越是控制大城市的人口（特别是低技能劳动力），在欠发达地区扶贫的任务就越重。

资料来源：陆铭. 城市承载力是个伪命题. 商业周刊（中文版），2017（24）. 有删节。

12.2　公共安全管理

12.2.1　城市安全管理概述

1. 城市公共安全的含义

随着城市规模的扩大和功能的日益多元化，城市安全形势也日益复杂化。近年来，在全球范围内，各种城市危机事件不仅给个人生命和财产造成了巨大损失，还对城市公共安全构成了威胁。城市公共安全具有广义和狭义之分。广义的城市公共安全是指一定时期内城市政治、经济、社会、文化、生态等各个领域的稳定和有序状态，狭义的城市公共安全仅是指城市社会的稳定和有序状态。这里讨论狭义上的城市公共安全。公共安全为城市运行提供了必要的秩序保障，为居民生活提供了良好的环境和氛围，对城市发展具有重要意义。

城市公共安全具有以下特征：

（1）公共性。城市安全问题涉及千家万户的利益，有效防范和处理恐怖袭击、自然灾害、水源污染等危机事件，可以减少生命和财产损失，保障城市发展和公共利益。

（2）脆弱性。现代技术提升了城市运行效率，同时也增加了公共安全隐患。现代城市运行离不开通信、电子、供水、供电、供气等网络系统。这个网络的任何环节出现问题，都可能影响到大量人群。

（3）耗散性。城市风险最初出现时往往呈偶发性和分散性特征，如果不能被及时识别，社会风险的不断积累就会侵蚀公共安全的基础，最终导致"千里之堤，溃于蚁穴"。一般而言，某部门或某领域工作出现差错的概率越大，存在的安全隐患就会越多，发生危机事件的可能性也就越大。为提升城市安全水平，须坚持防微杜渐原则，从细节入手排查潜在风险。

2. 城市安全管理的内容

城市安全管理的目的在于提升城市安全能力。它可以分解为三个方面：首先，从个体层面看，城市安全能力表现为居民自身发展能力的提升；其次，从群体层面看，城市安全能力表现为城市居民互助能力的提升；最后，从城市管理层面看，城市安全能力表现为政府维护社会稳定与公平、促进社会可持续发展能力的提升①。

具体地讲，城市安全管理包括以下内容：

（1）城市灾害管理。灾害是影响城市安全最直接的因素。根据来源和性质，城市灾害可分为自然灾害、事故灾害、公共卫生灾害、社会突发事件灾害四类。城市地区经济发达、人口稠密，在遭遇灾害时，其损失也往往更为惨重，对公共安全的影响也最大。城市灾害管理涉及防灾、减灾、抗灾和灾后重建等内容。

（2）社会治安管理。社会冲突和违法犯罪是城市社会的基本现象。为维护社会稳定，城市管理需要配备警察资源以打击各种违法犯罪行为，保护市民、法人和各类组织的合法权益，保障城市健康、稳定、可持续发展。

（3）城市应急管理。城市应急管理主要针对突发性公共危机事件，提升政府的监测与预警、应急处置、恢复与重建能力。很多危机事件具有不可预测性，往往在没有征兆的情况下突然发生，如果不加防范，会导致巨大损失。提升应急管理能力，既要强化指挥协调中枢系统建设，也要完善应急预案体系。

3. 城市安全管理的原则

城市安全管理不能等到突发公共事件发生以后才采取补救措施，需要提前制定防范和控制预案。加强城市安全管理须遵循以下原则：

（1）以人为本、减少危害的原则。城市安全问题关系到公众的生命财产安全，安全管理必须将社会安全放在第一位，最大限度地减少人员伤亡。在安全管理工作中，要珍

---

① 张永桃. 市政学. 北京：高等教育出版社，2006：300.

惜生命、尊重生命，提升人性化水平。

（2）预防与应急并重原则。城市安全管理不仅要做好突发事件的指挥应对和事后补救工作，还应该居安思危，提前做好预防工作。只有未雨绸缪，强化事前准备工作，提前预警并制定应对预案，防患于未然，才能提升应对和处置水平。

（3）统一领导、综合治理原则。城市安全管理是一项复杂的系统功能，涉及城市管理的各个领域，既要加强指挥协调，建立统一领导和分工协作机制，又要动员社会参与，发挥公众在预防社会风险和安全隐患上的能动性。

4. 城市安全管理的组织体系

城市安全管理的组织体系主要包括五个部分：

（1）信息和预警系统。该系统主要负责信息收集与整理、信息沟通、安全监测、安全预警。畅通的信息传输渠道、及时准确的信息来源，是信息和预警系统的生命。

（2）规划和评估系统。该系统主要负责制定城市安全的预防与管理预案，制定城市安全管理的法规体系，进行安全管理培训、演习，对预防与管理预案进行评估和反馈。其中，评估工作包括政府内部评估和社会评估，社会评估主要由大众传媒和独立分析机构承担。

（3）指挥中枢系统。该系统是城市安全管理组织体系的核心，是安全管理的最高决策机构。根据安全问题的性质和具体情况，可以建立常设性指挥机构，也可以建立临时性指挥机构。

（4）决策咨询系统。该系统主要负责为城市安全管理工作提供必要的技术支持和决策咨询。咨询机构一般由专家或研究机构组成，在知识结构上注重完整性，充分吸纳不同的观点和意见。同时，咨询系统要独立运作，以保证咨询意见的自主性和科学性。

（5）管理执行系统。该系统主要负责执行有关决策，快速应对、处理和解决城市安全问题。城市安全管理的执行系统包括公安、消防、医疗、工程技术等职能部门和专门机构，它们在指挥中枢系统的统一领导和协调下，按职能分工采取协同行动。

12.2.2 城市治安管理

1. 城市治安管理的含义

城市治安管理是指为维护城市社会的有序状态，保护公民生命和财产安全，保障城市发展和日常运行，由公安机关和其他治理主体依法开展预防和打击违法犯罪的各项管理活动。城市是人口、产业、财富高度聚集的地区，是经济活动最活跃的区域，打击违法犯罪活动是城市社会管理的基本职能之一。治安管理是一项综合性很强的工作，其内容包括户口管理、治安巡逻、刑事侦查、消防管理、交通指挥管理，以及对违法犯罪人员的惩罚、教育和改造等。

2. 城市治安管理机关

公安机关是城市治安管理的主责机关，负责统一领导、调动和配置城市警力。直辖市和设区的市的公安机关由市公安局、区公安分局和派出所三部分组成，不设区的市的公安机关由市公安局和派出所两部分组成。市公安局统一领导全市各级公安机关的工作，区公安分局在市局和区委、区政府的领导下开展工作。此外，我国还设有武装警察部队，配合公、检、法机关开展工作。

为了强化治安管理，维护社会稳定，我国实行社会治安综合治理制度，即在党委和政府的统一领导下，充分发挥政法部门特别是公安机关的骨干作用，组织和依靠各部门、各单位和各地区综合运用“打、防、管、建、教、改”等措施，预防和打击违法犯罪活动。城市企事业单位普遍设有安全保卫部门，它们在业务上协助公安机关开展工作，但自身并不具有治安管理权限。基层社区还设有治安保卫委员会、治安联防组织，它们是群众参与性组织，协助公安机关开展一些基础性工作。此外，城市还组建有保安服务公司，培训保安人员，为客户提供有偿保安服务。保安公司的业务活动接受公安机关的监督和指导。

3. 城市治安管理手段

城市治安管理通过预防、控制和处理各类违法犯罪活动来改善城市公共安全状况，维护城市稳定和可持续发展。城市治安管理的主要手段有：

（1）强化信息情报收集。治安管理坚持以预防为主，着眼于把危机化解在萌芽状态。城市治安事件具有突发性、隐蔽性、连锁性、衍生性等特点，一旦发生，有可能造成恶劣影响。治安管理要做好户口登记管理、情报收集和监测工作，及时发现可能引发治安事件的隐患和苗头。

（2）建立网格化巡警机制。为加强治安管理，我国很多城市开始实行网格化巡警机制。它把城市划分为若干个巡区，每个巡区配备责任民警，轮流在街面巡逻。通过划分单元网格，可将治安责任落实到每个民警身上。网格化巡逻机制改变了警察在派出所静态备勤的工作习惯，提高了现场发现违法犯罪行为的能力。

（3）加强社区警务工作。城市治安管理有必要从社区警务抓起，实行重点整治与基层治理相结合。为此，需要加强基层警力配置，实现警务资源社区化，夯实基层警务工作。同时，要把社会治安工作与建设安全小区、安全单位工作结合起来。

（4）完善应急管理系统。社会治安管理事关人民群众的生命和财产安全，关系到城市的声誉和形象，社会影响度很高。为有效应对各种突发事件，必须建立治安应急管理体系，形成“一元指挥”和“整体联动”。我国城市普遍建立有“110”电话报警系统等。遇到重大突发事件，市公安局可以立即启动应急指挥系统，协调多个部门和多方资源联合行动。

12.2.3 城市应急管理

1. 城市应急管理的特征

应急管理是针对突发危机事件采取的快速反应和应对机制。危机是一种非正常的紧急风险状态，对社会正常生产和生活秩序具有严重威胁。一些事件或状态之所以被称为危机，是由于它打破了正常状态，如果不加以控制，个人、群体和整个社会都会遭受严重损失。城市危机事件具有生命周期，它一般包括危机潜伏、危机征兆、危机爆发、危机延续、危机解除五个阶段。应急管理贯穿于危机发展的整个过程。

综观国内外城市应急管理事件，可以总结出一些共同的特征：

（1）完善应急管理法规。为提升应急管理水平，各国普遍重视制定应急管理法规，规范各种灾难和紧急事件的应急程序、处置预案、指挥机构、权力责任、资源配置等。

（2）做好应急准备工作。通过制定应急规划、储备应急物资，进行模拟演练和专业训练，提升政府的应急回应能力。做好应急准备工作，可减少突发危机造成的损失。

（3）提升信息集成能力。应急管理需要强化信息收集、整理、沟通和反馈能力，必须整合多途径获取的信息资源，建立统一的信息中心或信息平台，强化信息集成能力。

（4）建立指挥中枢机构。城市危机事件具有突发性、紧急性和危害性，政府必须快速做出反应，建立指挥中枢机构，协调各部门采取协同行动，消除条块分割、各自为政的现象。一般而言，指挥中枢机构建立于综合协调部门，以行政首长为最高指挥者。

（5）注重社会参与，推进合作治理。突发危机事件与公众利益息息相关，公众参与是快速响应突发事件、提升应急管理水平的社会基础。处置城市危机事件，政府需要调动市民、社区、单位的力量，共同采取行动，控制事态发展，缓和危机影响。

2. 城市应急管理的组织体系

为提高城市政府保障公共安全和处置突发性危机事件的能力，最大限度地预防和减少突发公共事件及其造成的危害，2006 年，国务院发布了《国家突发公共事件总体应急预案》，为城市应急管理提供了规范性指导。它规定，城市政府要制定突发公共事件应急预案，企事业单位也要制定相应的应急预案。

我国城市应急管理的组织体系由领导机构、办事机构、工作机构和专家组构成。

（1）领导机构。城市政府是本行政区域内突发公共事件应急管理的行政领导机构，负责本行政区域内各种突发公共事件的应对工作。

（2）办事机构。市政府办公厅（办公室）设有应急管理办公室，履行值守应急、信息汇总和综合协调职责，发挥运转枢纽作用。

（3）工作机构。各行政部门依据有关法律、行政法规和各自的职责，负责相关类别突发公共事件的应急管理工作。

（4）专家组。城市政府和各工作机构建立了各类专业人才库，可以根据实际需要聘请相关专家组成专家组，为应急管理提供决策建议，必要时专家组可参加突发公共事件的应急处置工作。

3. 城市应急管理的运行程序

我国城市应急管理的运行程序主要有：

（1）监测和预警。针对各种可能发生的突发公共安全事件，城市政府及行政部门需要完善监测预警机制，建立监测预警系统，开展风险分析，做到早发现、早报告、早处置。根据监测分析结果，对可能发生的突发公共事件进行预警。根据危害程度、紧急程度和发展态势，预警一般分为四级：Ⅰ级（特别严重）、Ⅱ级（严重）、Ⅲ级（较为严重）、Ⅳ级（一般），依次用红色、橙色、黄色和蓝色表示。

（2）应急处置。特别重大或重大突发公共事件发生后，城市政府要立即向上级报告。同时，市政府和各部门要根据职责和权限，启动相关应急预案，及时、有效地进行处置，控制事态发展。

（3）恢复和重建。对于突发公共事件，要积极妥善、深入细致地做好善后处置工作。对事件中的伤亡人员、应急处置工作人员，以及紧急调集、征用有关单位及个人的物资，要按照规定给予抚恤、补助或补偿，并对相关人员提供心理和司法援助。有关部门要做好疫病防治和环境污染消除工作。保险监管机构要督促保险公司做好损失理赔工作。对于特别重大的突发公共事件，对起因、性质、影响、责任、经验教训和恢复重建等，要进行调查和评估。恢复重建要制定规划，并积极组织实施。

（4）信息发布。突发公共事件发生后，政府要在第一时间向社会发布简要信息，随后发布初步核实情况、政府应对措施和公众防范措施等，并根据事件处置情况做好后续发布工作。信息发布可采取授权发布、发布新闻稿、组织报道、接受记者采访、举行新闻发布会等形式。

12.3 邻避冲突管理

12.3.1 邻避设施的含义

近年来，随着经济发展和人民生活水平不断提高，公众对居住环境的保护意识越来越强，我国因邻避冲突而发生的群体性事件越来越多，邻避冲突问题越来越受到重视。如何有效预防和管理邻避冲突，已经成为城市管理者必须面对的难题之一。

1. “邻避”与邻避设施

“邻避”这个概念是一个外来词，它来自英语短语“not in my backyard”，直译为“别在我家后院”，简写为“ NIMBY ”。1977 年，M. 奥海尔首次提出了“ NIMBY ”这个概念，用于描述那些能够带来整体性社会利益，但对周围居民产生负面影响的设施①。逐渐地，“ NIMBY ”被广泛运用，用以表达“邻避问题”“邻避设施”“邻避冲突”“邻避性集体事件”等含义。后来，中国台湾和香港地区的学者将“NIMBY”意译为“邻避”或“邻避设施”，这个概念很快在中文世界流行开来。

在英语中，除了“NIMBY”之外，用来表述“邻避设施”的词还有“locally unwanted land use”（LULU，地方不期望的土地利用）、“ not in anybody backyard”（NI-

① O'HARE M. Not on My Block You Don't：Facility Siting and the Strategic Importance of Compensation. Public Policy，1997，24（4）：407-458.

ABY，不要在任何人家后院）、"build absolutely nothing at all near anybody"（BANANA，绝对不要靠近任何人建设）、"not in my term of office "（NIMTOO，别在我的办公室范围内）、"not in my bottom line"（NIMBL，不要越过我的底线）等①。

邻避设施是指服务于广大民众，但可能对生活环境、居民健康与生命财产造成威胁，以至居民希望不要设置在自家居住地附近的设施。邻避设施能够带来社会公共福利，但却具有一定的负外部性，对周边环境具有潜在的危险性，如垃圾堆埋场、垃圾焚烧厂、污水处理厂、化工厂、火力发电厂、无线电基站、变电站、公共厕所等，社区居民普遍不愿意接受这类设施。然而，这类设施会给公众带来较大的便利和福利。

2. 邻避设施的特征

邻避设施有三个显著特征：一是能够带来整体社会利益。这类设施通常对大多数人有好处，能够带来整体福利。二是对邻近地区具有负外部效应。邻避设施会带来一定的环境污染、生态影响、景观影响，可能引发健康问题。这类设施也可能产生一定的经济社会影响，如导致房地产价格下降、影响社区美誉度等。三是成本与效益非均衡分布。邻避设施造成的环境影响和经济成本集中于邻近地区，其成本与效益具有不对称分布特征，居民往往反对此类设施建在住所附近。

3. 邻避设施的等级划分

邻避设施在带来整体社会福利的同时，也给设施所在地的居民带来负外部性效应，容易引发群体性抗争现象。近年来，由于邻避设施的兴建而引发的集体上访、阻塞交通、围堵政府机关、静坐请愿、聚众闹事等群体性行为，给政府管理和社会治安造成很大影响。

根据当地居民的抗拒心态和反对程度，可对邻避设施进行等级划分。一般来讲，车站、公园、医疗与卫生设施、购物中心、邮电设施有轻微的邻避效应，高速公路、加油站、变电所、集贸市场、养老院、自来水厂有中度的邻避效应，飞机场、污水处理厂、垃圾堆埋场、垃圾焚烧厂、核电厂、传染病中心、精神病院、丧葬设施、屠宰场则具有高度的邻避效应。

12.3.2 邻避冲突的类型和成因

1. 邻避冲突的类型

当邻避设施的选址和设置引发周边居民的抗拒心态和抵抗运动时，就会产生邻避冲突。当一种设施建设的效益为全体公众所共享，而负外部效应却由当地居民来承担时，就容易引发当地民众的抗拒心态与反对行动。这种抗议行动就属于典型的邻避冲突。邻避冲突是城市社会冲突的一种重要形式。公众之所以对这类设施持反对态度，是因为它

---

① 王佃利，徐晴晴. 邻避冲突的属性分析与治理之道. 中国行政管理，2012（12）.

们增加了居住环境、生活品质、财产价值等方面的潜在风险，甚至可能导致直接损失。

依据邻避设施的规模和层级，邻避冲突可划分为区域性邻避冲突和邻里性邻避冲突两种类型。区域性邻避冲突的潜在风险影响范围很广，涉及整个地区的环境权益，可能导致区域性的环境污染或财产损失。邻里性邻避冲突的潜在风险影响范围较小，仅涉及邻近居民的环境权益。媒体报道的湖北仙桃垃圾焚烧发电项目抗议事件、北京六里屯垃圾焚烧发电厂抗议事件、广东番禺垃圾焚烧厂抗议事件、江苏吴江垃圾焚烧厂抗议事件，都是仅涉及周边社区的邻里性邻避冲突。

根据邻避效应的诱因，可将邻避冲突分为污染型、风险积聚型、污名型、心理不悦型四类①。污染型冲突是由于邻避设施可能产生空气、水体、土壤、噪声等污染，如垃圾堆埋场、污水处理厂等；风险积聚型冲突的发生概率较低，一旦发生风险将可能在人员和财产方面造成重大损失，如核电站、加油站、煤气站等，都是容易引发冲突的地方；污名型冲突主要是由于社会对该类设施的服务对象存在歧视性认知，如戒毒中心、监狱、传染病医院等；心理不悦型冲突是指该类设施会令人感到心理不悦，从而引发抵制行动，如殡仪馆、火葬场、墓地等。总体看来，污染型、风险积聚型冲突的发生概率较大，污名型、心理不悦型冲突的发生情况相对少。

对于邻避冲突，常常会出现两种对立的观点：一方认为邻避冲突是社会进步的表现，它意味着公民权的发展和民主政治的进步，也是公众环保意识提高的表现，当地居民的抵抗行为不仅是在争取社区利益，也是在阻止不合理的政策决策。另一方认为邻避冲突是居民过于强调个人利益的表现，认为邻避运动导致公共设施的选址和建设无法落实，会对当地发展造成阻碍。

2. 邻避冲突的成因

从根本上讲，邻避冲突是由于邻避设施具有负外部性，邻避设施周边的民众更多地承担了成本，而收益并未明显增加②。具体讲来，邻避冲突是多种因素综合作用的结果。

（1）心理因素。如果没有事前的心理准备，一旦居民得知某项邻避设施将在居住地附近建设，人们的第一反应往往是紧张、焦虑、反对。居民担心邻避设施存在潜在风险，也可能是由于对历史上此类邻避设施所导致的意外事件产生恐惧。

（2）环境因素。污染型邻避设施建成以后，在运营中确实会对周边地区的空气、水、土壤等造成一定污染。

（3）公平因素。大部分居民能理解邻避设施对社会的整体效益，问题在于，人们会质疑为什么该设施偏偏建在自家“后院”，而不是在其他地方。

（4）社区形象因素。有些邻避设施建成以后，会给周边居民造成心理上的不适，从而对地方形象产生负面影响。

（5）房地产价值因素。房地产是重要的不动产，居民担心邻避设施会影响到房产的

① 陶鹏，童星．邻避型群体性事件及其治理．南京社会科学，2010（8）．

② 董幼鸿．“邻避冲突”理论及其对邻避型群体性事件治理的启示．上海行政学院学报，2013（3）．

价值，使家庭财产受到较大损失。

12.3.3　邻避冲突的治理之道

1. 邻避冲突治理的必要性

邻避冲突是公众的环境保护意识不断提升而产生的环境抗争问题，是城市治理经常面临的一种群体性事件。随着市民权利意识、参与意识的不断提升，在“互联网＋自媒体”时代，邻避冲突往往不再是单一的环境问题，而是具有政治、经济和社会影响的公共问题，已经成为城市社会治理的重要领域之一。

对邻避冲突进行治理的必要性在于：

（1）邻避冲突的情绪性反应具有风险性。在邻避冲突中，抗拒的一方坚持环境权益和价值，强调以环境友好为衡量是否兴建公共设施的基本标准，对可能产生的潜在威胁采取敌视态度。如果不引入协商对话或理性干预行动，情绪性反应可能会不断蔓延。

（2）邻避冲突容易引发群体性抗争。在邻避冲突中，争议双方往往各执一端，互不相让。随着时间的推移，如果无法达成妥协，邻避冲突容易升级为大规模的集体性抗争事件。人们经常能看到，一些邻避冲突从个体抗议开始，但很快就会发展为集体性抗议，甚至发展为暴力对抗、集体围攻等非理性行动。

（3）采取回避态度，会使冲突更加激烈。随着城市化的发展与居民权利意识的兴起，我国城市邻避冲突事件不断增多。回避、掩盖邻避冲突并不是解决问题的好办法，反而可能助长对抗情绪。只有正视邻避冲突的存在，准确判断冲突发生的原因，寻求恰当的化解方法，才能缓解矛盾，化解冲突。

（4）邻避冲突可能转化为政治性冲突。邻避冲突是因为这类设施对周边地区具有负外部性，其收益由全社会共享，而风险由周边居民承担。内部冲突本身不是政治性冲突，但如果听之任之，或者处置方式不当，有可能演化为政治性冲突。

2. 邻避冲突的治理手段

邻避冲突治理包括邻避风险治理和邻避事件治理两个方面，不能仅仅着眼于危机事件发生之后的应急管理，需要从源头开始治理，提前考虑邻避设施可能存在的社会风险，将邻避风险也纳入治理之中，建立动态管理机制①。在邻避冲突事件治理中，要加强对触发事件的管理，尽快平息事态。同时，也需运用利益补偿、风险消减、公民参与等机制，尽可能化解冲突。

（1）邻避风险治理。

邻避风险治理属于邻避冲突的前端治理，旨在通过事前主动风险管理，消减发生邻避事件的可能性。为此，政府可主动介入，通过风险评估、风险沟通、公众参与等手段，达到消减风险的目标。风险管理是包含识别、确认与评估风险，做出决策，组织实施与

---

①　陶鹏，童星．邻避型群体性事件及其治理．南京社会科学，2010（8）．

动态监控的整个过程。在邻避设施的选址和建设中，政府需要树立风险意识，推进选址过程的公开，增进社会互动，对周边居民的心理与行为预期进行风险确认与分析评估，掌握利益相关者的关切，将风险纳入决策过程中，以降低可能的风险。

选址过程公开是邻避风险治理的基本要求。如果不公开邻避设施的选址过程，在没有心理准备的情况下，居民在得知其社区是某项邻避设施建设地址后的第一反应往往是诧异和不满①，在意见领袖的助推下，很容易引发群体性抗议。推进信息公开，让公众拥有知情权，允许利益相关者参与进来，增进协商和沟通，可减少居民的情绪性反应。

风险评估和沟通是邻避风险治理的关键环节。现代风险管理强调沟通对于培育理性具有重要作用，开展风险评估、风险沟通，可增进对风险的集体认知，建立信任关系，消减邻避设施潜在的社会风险。为此，政府要找准自身定位，不能执迷于专业性，要重视公众参与，建立风险沟通机制，全方位认知各种可能的风险。提升风险管理能力，最为根本的是掌握各方关切和诉求，在互动中寻求合理的解决手段，采取有力措施进行规制或干预。

第三方评估也是邻避风险治理的一种有效机制。在大多数邻避设施选址和建设过程中，政府处于决策者的地位，是邻避冲突的当事方之一。在这种情况下，寻找双方都信赖的，具有专业性、独立性的第三方，对于风险评估来讲至关重要。在不确定性背景下，社会风险具有主观建构性，官方背景的专家团体容易遭到公众质疑。当信任缺失时，环境影响评估对于消减社会风险的作用就会大打折扣。在这种情况下，独立又具有专业性的第三方容易获得双方信任，并在缓和冲突时发挥重要功能。

（2）邻避事件治理。

邻避事件治理是邻避风险转变为群体性事件之后的治理行动，旨在协调对立双方的利益诉求，达成相关协议并平息事态。邻避型群体性事件发生后，政府部门首先要进行应急管理，尽快化解现场冲突，平息群体性事件。随后，要协调利益相关方的利益诉求，及时提出有效的问题解决办法，化解或缓和矛盾冲突。邻避型群体性事件的利益诉求比较明确，常用的化解冲突手段有利益补偿、风险消减、公民参与等机制。

利益补偿机制。该机制以外部性内部化为导向，对设施周边的居民给予一定的额外补偿。对邻避设施已经或可能发生的损失进行评估，借助一定的方法进行计算，提供相应的利益补偿，可减轻周边居民的损失，从而缓和居民的抗争性。利益补偿包括金钱补偿与福利补偿两种方式。金钱补偿表现为现金给付、税费减免、设置基金、健康保险等。福利补偿表现为提供公共设施、就业机会、医保服务、改善小区环境等。

风险消减机制。该机制以降低可能的损害为导向，对邻避设施采取额外的安保措施。鉴于邻避设施可能或已经出现负面影响，为了降低负外部性，可提供必要的保险措施，减轻居民的恐惧与不安心理，弱化居民的抗争动机。常用的风险消减手段有安全保证、环保标准、环境监测、环保协议、设施搬迁、居民搬迁等。

公民参与机制。该机制以沟通互动为导向，在决策中引入公众参与，通过协商对话增进双方认知，寻求共识决策。环境议题不仅仅是技术问题，也具有社会心理、价值判

---

① 何艳玲．“中国式”邻避冲突：基于事件的分析．开放时代，2009（2）．

断因素。民众的风险认知、集体意识、承受意愿，以及环保与经济发展的权衡等，都会影响邻避冲突事件的处置决策。将邻避冲突事件简化为技术性问题，反而容易激化矛盾，引发更大规模的抗争事件。在政府主导下，构建专家、社群、意见领袖对话平台，开展沟通和对话，可增进认知和理解，协调各自立场，促成矛盾的化解。

12.4 社区管理

12.4.1 城市基层管理的制度变迁

新中国成立后，我国在城市基层社会逐步建立了以单位制为主、以街道－居委会制为辅的管理体制。城市政府通过单位制管理在岗职工，通过街道－居委会制管理闲散人员，对社会进行严格管理和控制。改革开放以来，伴随着经济体制改革，城市基层管理经历了从主要依靠单位制转向主要依靠街道－居委会制的制度变迁。

1. 单位制管理

新中国成立后，为了强化社会控制，单位制逐渐确立起来①。单位制是沿袭革命战争时期军事管理体制的直接结果。新中国成立以后，党的工作重心从农村转移到城市，由于缺乏城市管理经验，党把战争时期的军事组织经验搬到城市管理中来。军事组织的特点是：包括军队、党群团体、政治机构和公营企事业的社会成员，一律实行供给制，依照个人职务和资历定出不同等级的供给标准。20世纪50年代以后，虽然供给制逐步被工资制取代，但单位制不仅没有被削弱，反而得到了强化。单位制的特点在于：

（1）单位直接隶属于党政部门。所有社会组织，即通常所说的“单位”，都由党和政府领导并进行管理；单位内设有党组织系统、行政系统和工青妇等群众系统。所有单位都有一定的行政隶属关系和行政级别，并依此获得按计划分配的社会资源。

（2）社会成员高度依赖于所在单位。在单位制下，几乎所有的城镇正式就业者都被纳入各种单位之中。国家控制的资源通过单位来调配，对于社会成员来说，单位是生活福利的唯一来源，不仅工资收入来自单位，而且住房、副食品补贴、退休金、救济金、医疗保障等都来自单位。

（3）单位职能广泛，管理封闭化。单位是集多种职能于一身的组织，“工作单位对它内部的工作人员不仅付给工薪，而且提供住房、医疗、子女的幼儿园教育等服务”②。每个单位都是一个相当自足的社会组织，各个单位之间除了通过主管部门发生联系外，彼此之间较少发生横向联系。

单位制的后果是：社会成员高度依赖所在单位，单位又依赖于从党和政府那里获得按计划分配的资源，导致社会生活高度政治化。通过单位管理体制，党和政府控制单位，

---

① 路风．单位：一种封闭的社会组织形式．中国社会科学，1989（1）．

② 李强．当代中国社会分层与流动．北京：中国经济出版社，1993：390．

单位控制个人，国家政权对社会资源和社会成员实行全面领导①。由于单位制的高度组织化，国家直接面对民众，可以将各种信息直接传达给民众，但民众却没有有效的形式实现自下而上的沟通。

改革开放以来，经济体制改革对传统单位制管理体制形成挑战。首先，所有制结构变化对单位制构成挑战。过去，国家用单一的公有制经济把所有的职工都纳入国有单位之中。20世纪80年代以来，非公有制经济获得长足发展，体制外出现了自由流动资源，单位不再全面控制职工。其次，市场经济对单位制构成挑战。在计划经济体制下，经济和社会管理主要依靠行政手段，企事业单位成了政府的衍生部门。随着经济体制改革，政企分开、政事分开成为基本趋势，单位制的运行基础逐渐消解。最后，社会流动对单位制构成挑战。改革开放以后，人口流动越来越频繁，单位制管理已经难以继续运行。

2. 街道-居委会制管理

街道-居委会制管理，即依靠街道办事处和居民委员会开展城市基层社会管理。新中国成立后，为了加强对城市的管理和控制，很多城市创建了街道组织和居委会组织。城市基层管理实行以单位制管理为主，以街道-居委会制管理为辅。1954年，全国人大常委会制定并通过了《城市街道办事处组织条例》和《城市居民委员会组织条例》。1989年，全国人大常委会通过并颁布了《城市居民委员会组织法》，进一步奠定了街道—居委会制管理的法律基础。

改革开放以来，城市街道和居委会的管理职能不断增加，甚至出现严重超载问题。一方面，随着经济体制改革的深入，单位承担的社会职能外移，这要求街道和居委会承接这些职能。国有企业改革、事业单位管理以及机关单位后勤体制改革，促使各单位将自己原来承担的政治、行政、社会职能剥离出来。在社会自组织欠发达的情况下，街道和居委会成为单位转移职能的唯一承接主体，它们不得不将单位转移出来的社会职能都承接下来。另一方面，随着老龄人口、下岗失业人员、社会闲散人员以及外来人口的增多，街道和居委会工作增加了大量新内容。此外，随着城市管理重心下移，很多政府部门将大量事务下派到街道，街道工作又增加了很多新任务。

街道和居委会尽管承担了许多新的工作任务，但其管理权力却十分有限。就街道办事处而言，区级政府及各职能部门将大量的事务交给街道，但街道办事处却没有相应的法定地位和权力来承接这些事务。街道办事处不仅在财政和人员编制上受制于上级政府，而且自己没有独立的行政执法权。居委会工作人员的津贴、办公经费、活动开支，都经由街道下拨控制，居委会工作处于被动地位。除了完成《城市居民委员会组织法》规定的日常工作外，居委会还要承担区政府、街道交办的名目繁多的工作任务。“上边千条线，下面一根针”，居委会实际上变成了各级党委、政府部门工作的承受层、操作层和落实层。近年来，随着物业公司和业主委员会的发展，居委会工作出现了新变化。

① 杨宏山. 当代中国政治关系. 北京：经济日报出版社，2002：271.

12.4.2 城市社区建设

1. 社区的概念

“社区”这个概念，最初是由德国社会学家滕尼斯提出的。1887 年，滕尼斯在《社区与社会》一书中，用“社区”表示由具有共同价值取向的同质人口组成的关系密切、守望相助、疾病相抚、富于人情味的社会共同体。此后，“社区”这一概念被各国学者加以引申和扩展。20 世纪以来，社会学的发展中心从欧洲大陆转移到美国，社区研究在美国得到了发展。

20 世纪 30 年代，“社区”概念被引入中国。以费孝通为代表的中国社会学者将英语中的“community”翻译为“社区”。从此，这个概念被沿用至今。在社会学意义上，社区是指区域性社会，即由居住在同一地域内，具有共同联系，彼此交往，并且具有归属感的人组成的社会生活共同体。每个社区都有特定的人口和地域要素，居民之间有着共同的社会交往、心理意识和归属感。

社区的基本功能有：(1) 社会服务功能。这是社区的首要功能。社区通过自组织活动提供社区服务、丰富社区文化、美化社区环境、改进安全状况、提升福利水平。(2) 社会化功能。社会化是指从自然人到社会人的转变过程。社区具有教育和感化功能，在社区交往和行动中，人们将社会规范内化为行动准则。(3) 社会控制功能。社区具有调解矛盾、缓和冲突、维护秩序和保持稳定的功能。(4) 社会参与功能。社区是社会交往和自主组织的场所，是社会成员自我管理和民主自治的舞台。

2. 社区建设的兴起

20 世纪 90 年代以来，由于城市基层管理出现许多新问题，单位制和街道一居委会制管理难以有效应对，国家开始推进城市社区建设。1998 年国务院机构改革，批准民政部在原“基层政权建设司”的基础上，设立“基层政权和社区建设司”，以推动城市社区建设和发展。2000 年 11 月，中共中央办公厅、国务院办公厅转发《民政部关于在全国推进城市社区建设的意见》，要求在全国范围内推进城市社区建设。此后，社区建设在全国城市中轰轰烈烈地开展起来。城市政府加大了社区基础建设的经费投入，通过政策扶持、多渠道筹措资金、资源共享、共驻共建等多种办法改善社区服务条件，社区基础建设和各项事业有了较大发展。此外一些大中城市还对社区规模进行了调整。

社区建设和管理是为了适应城市经济社会转型的客观要求。过去，政府通过单位制、街道一居委会制管理体制，控制人口和职业的流动。经济体制改革以后，“单位人”逐渐变为“社会人”，人们越来越多地靠市场和社区，而不再完全靠单位满足社会需求。随着自由职业者、下岗失业人员等无单位归属人群以及流动人口的不断增加，城市基层政权承担的管理任务越来越繁重。社区建设成为城市基层管理的基本趋向。

3. 城市社区的类型

目前，我国城市社区主要有三种类型：

（1）法定社区。根据《民政部关于在全国推进城市社区建设的意见》，目前我国城市社区的范围“一般是指经过社区体制改革后作了规模调整的居民委员会辖区”。这些社区具有法定地位。《城市居民委员会组织法》规定：“居民委员会是居民自我管理、自我教育、自我服务的基层群众性自治组织。”

（2）自然社区。这是指人们在生产、生活中逐渐形成的人群聚集区，如城市住宅小区、居民小区、家属大院、邻里社区、城中村。这些自然形成的社区具有一定的地域边界，人口规模或大或小，成员之间具有较高的认同感和归属感。在自然社区内部，社会成员之间具有较为密切的联系。

（3）功能社区。这是指人们由于从事某些专门的活动而在一定地域空间内形成的社会共同体。例如，一个军营、一所大学、一个机关大院、一个俱乐部，都构成了功能性社区。这类社区一般具有独特的社区文化和生活方式，社区成员的职业结构具有同质性，社区成员对社区具有较为强烈的认同感和归属感。

上述三类社区并非独立存在，它们的边界经常发生重叠。我国城市大力推进的社区建设主要是指法定社区，在空间上主要是指居委会辖区。

12.4.3 城市社区管理体制

1. 城市社区管理的含义

中国城市社区管理，是指在党委和政府的领导下，由民政部门牵头，以街道办事处为指导，以居民委员会为主体，以社区内各种单位为依托，实行居民自我管理、自我教育、自我服务的组织体系。社区是城市最基层的社会生活共同体，是城市管理的基层组织单元。社区管理是连接居民与政府部门的“桥梁”和“纽带”。

社区管理兼有行政性、社会性和自治性特征。社区成员既是社区管理的对象，也是社区管理的主体。我国城市社区管理坚持“党委领导，政府指导，居民自治，社会协同，居民参与”。

其中，党委领导是指以街道党工委为核心，发挥党组织的领导作用，由党组织总揽全局、把握方向、统筹各方。街道党工委是区委的派出机构，是街道各种组织和各项工作的领导核心，对街道工作实行政治领导、思想领导和组织领导。

政府指导是指政府对社区工作给予指导、支持和帮助。《城市居民委员会组织法》规定：“不设区的市、市辖区的人民政府或者它的派出机关对居民委员会的工作给予指导、支持和帮助。居民委员会协助不设区的市、市辖区的人民政府或者它的派出机关开展工作。”

居民自治是指由社区居民组成居民委员会，依法管理自身事务，实行自我管理、自我教育、自我服务。居民委员会向居民会议负责并报告工作。居民委员会办理本居住地区公益事业所需的费用，经居民会议讨论决定，可以根据自愿原则向居民筹集。

社会协同是指发挥驻社区机关、团体、企业事业组织的作用，发挥社区民办非企业、草根社会组织的作用，形成居民自治与社会力量互联、互补、互动的社区管理和服务网络。

居民参与是指动员和组织社区成员共同参与社区管理，培养居民的归属感和主人翁意识。

2. 城市社区管理的主体

具体来讲，我国城市社区管理主体主要包括：

(1) 基层政权机关。

基层政权机关包括街道党工委、街道办事处和各级行政部门面向社区设置的派出机构。其中，街道办事处是城市基层政府的派出机关，主要负责基层政府交办的各种事项，指导居民委员会工作，反映群众意见和要求。街道办事处虽然不是一级政府，但基本涵盖了政府的所有职能。各职能部门在社区设置的派出机构包括派出所、城管分队、工商所、房管所、社会保障所、环卫中心等。这些机构以“条条”形式出现，负责单一职能的行政管理工作。

(2) 居民委员会。

居民委员会是城市社区管理的法定主体，依法实行自我管理、自我教育、自我服务①。宪法规定，居民委员会是基层群众性自治组织，其任务是办理本居住地区的公共事务和公益事业，调解民间纠纷，协助维护社会治安，并且向人民政府反映群众的意见、要求并提出建议。《城市居民委员会组织法》规定，居民委员会由主任、副主任和委员共 5～9 人组成。居民委员会主任、副主任和委员，由本居住地区全体有选举权的居民或者每户派代表选举产生。居民委员会每届任期 3 年，其成员可以连选连任。

规范地讲，城市街道办事处与居民委员会之间不存在隶属关系，街道办事处指导居民委员会工作，居民委员会协助街道办事处开展工作。在实际中，城市居民委员会大多没有摆脱街道办事处的“腿”的地位，许多居民委员会的干部由街道办事处推荐产生。

(3) 社区企事业单位。

社区管理也要发挥社区内各种企事业单位的作用。驻社区的工厂、商店、学校、医院等企事业单位，不应游离于社区管理之外，而应发挥协同力量，实现社区资源共有共享。目前，在社区管理中，物业管理公司发挥的作用日益凸显，已经成为社区服务的主要供给主体。

(4) 民办社团组织。

在城市社区管理中，还活跃着一些草根性的社团组织，它们通过自我组织方式进行运作。这些组织包括各类行业协会、业主委员会、志愿者组织、康乐组织等，它们按照各自的组织目标和工作程序进行运作，面向特定对象提供社区服务和公益服务。这些社会组织也是社区管理不可或缺的组成部分。

(5) 社区成员。

社区管理兼有行政性、社会性和自治性特征。社区成员既是社区管理的对象，也是

---

① 《城市居民委员会组织法》规定：“居民委员会根据居民居住状况，按照便于居民自治的原则，一般在一百户至七百户的范围内设立。居民委员会的设立、撤销、规模调整，由不设区的市、市辖区的人民政府决定。”

社区管理的主体。社区管理的重大问题，必须经过社区成员大会或社区成员代表大会讨论决定。社区成员通过自组织方式成立居民委员会、社会团体和社区组织，开展自我管理、自我教育和自我服务。

3. 城市社区管理的内容

城市社区管理的总体目标是：建立和完善多层次社区服务网络，实现社区居民“老有所养、幼有所托、孤有所抚、残有所助、贫有所济、难有所帮”①。社区管理涉及社区文化、医疗、计划生育、教育、就业、物业管理、社会治安等工作。概括来讲，城市社区管理的内容主要有：

（1）完成街道办事处交办的任务。

当前，城市社区管理实际上仍承担很多政府职责，居委会负责协助政府部门做好公共卫生、流动人口、计划生育、优抚救济、精神文明建设、青少年教育等工作，向政府反映居民的意见和要求并提出建议。

（2）调解社区纠纷，维护社区和谐。

居民委员会承担着调解民间纠纷、协助维护社会治安、化解社会矛盾的任务。居民委员会通过组织治保会、联防队、巡逻队等自治性组织，在派出所的指导帮助下，负责本社区的安全防范、堵塞漏洞、消除隐患等工作。

（3）搞好社区公益服务工作。

居民委员会办理本社区公共事务和公益事业，维护居民的合法权益，开展便民利民活动，组织居民提供公益服务、互助服务。社区公益服务的内容十分广泛，包括托儿所、幼儿园、养老院、文化活动站、残疾人康复站、道路清扫、小区保洁、垃圾收集、婚姻介绍、环保宣传等。

12.4.4 社区服务供给机制

1. 我国城市社区服务概况

随着经济体制改革的不断深化，单位原来承担的社会管理职能被剥离出来，转交给社区承担，人们越来越依赖社区提供的服务。居民需求的多层次和多样性，对社区服务提出了更高要求。社区承担着越来越多的管理事务和服务项目，在城市管理中的地位日益凸显。社区服务的内容包罗万象，涉及居民生活的各个方面，如治安、消防、卫生、绿化、教育、文化、环保、济贫、助残、扶幼、帮孤、养老、购物等。

我国城市社区服务兴起于 20 世纪 80 年代。此前，城市职工福利主要由单位承担。伴随着改革开放的步伐，企业经营自主权逐渐扩大，要求社会提供相关服务以减轻单位包袱的呼声也日渐高涨。1987 年，民政部在武汉召开会议，提出在城市开展社区服务工作。在中央政府的推动下，城市社区服务迅速发展起来。这一社会运动以改革国家办福

① 多吉才让. 街道工作与居民委员会建设. 北京：中国社会出版社，1996：52.

利、实现“社会福利社会化”为发展目标。随着社区服务的发展，它意外地使“社区”取代“单位”成为城市居民生活的中心舞台①。

近年来，城市社区服务工作取得了长足进展，其问题也很突出。我国城市社区服务是在政府推动下“自上而下”建立起来的。街道办事处为居委会活动提供经费，同时要求居委会承担大量行政性工作。居委会实际上变成了街道办事处的“腿”。当前，很多社区建立了社区服务队伍，但专业化水平还比较低。社区工作人员主要由退休人员、再就业青年和志愿人员组成。由于社区组织发展不充分，加之经费来源不稳定，社区服务难以满足居民多样化的服务需求。

2. 社区服务多元化供给机制

社区服务主体不仅包括政府部门，还包括自治组织、企事业单位和社会团体。为了提高社区服务供给绩效，需要区分服务性质，引入多元化供给机制。根据供给主体和服务性质，可将社区服务分为公共服务、公益服务和商业服务三类，分别采取不同的供给机制②。

（1）公共服务供给。

社区公共服务属于无差别的基础性服务，服务对象是全体社区成员，实行无偿供给，主要由政府、派出机构和公共部门负责提供。工商、社保、民政、房管、建设、城管等行政部门，分别面向社区提供各自负责的公共服务项目。对于公益服务和商业服务，政府不承担供给责任，但负有监管职责。实际上，社会性管制和经济性管制也属于公共服务的范畴。

（2）公益服务供给。

公益服务属于福利性服务，它介于无偿服务和有偿服务之间，服务对象既包括社区中生活困难的群体，也包括社区居民和企事业单位成员，主要由非营利组织、社会团体和志愿组织提供。政府不应包办公益服务，而要适当放松社会管制，赋予公益性社会组织合法地位，可以充分利用各种社会资源扩大公益性服务供给。

（3）商业服务供给。

商业服务属于经营性服务，实行“使用者付费”原则，主要由驻社区企业提供，其服务对象不限，目的在于便民利民，更好地满足居民的高层次需求。商业服务在质量和效率上具有优势。只有多管齐下、互相补位，才能实现社区居民老有所养、幼有所托、孤有所抚、残有所助、贫有所济、难有所帮。

厘清社区服务的不同属性，明确政府部门、自治组织和企业的职责范围，有助于明晰不同社区服务项目的运作机制。这样，各类服务就会井井有条、互不冲突。以社区老年人服务为例，按月领取养老金属于社会保障领域，由社保机构提供服务；老年人购买生活品属于商业服务，由社区企业提供服务；为老人提供精神慰藉、生活关怀，属于公益服务，由社区社会组织提供服务。

---

① 夏玉珍，李骏. 从一元、二元到多元：论社区服务理念的创新. 江汉论坛，2003（10）.

② 杨宏山. 城市社区服务的多中心供给机制. 理论与改革，2009（3）.

《 本章小结 》

人口管理和户籍管理是城市社会管理的基础。我国实行城乡二元户籍制度。改革开放以来，国家降低了中小城市的落户门槛。在市场经济体制下，迁徙自由应当成为户籍制度改革的基本目标。自由迁徙有利于促进地方政府间竞争。

城市安全管理需要提前制定防范和控制预案。安全管理的组织体系包括信息和预警系统、规划和评估系统、指挥中枢系统、决策咨询系统、管理执行系统五个部分。城市应急管理的运行程序包括监测和预警、应急处置、恢复和重建、信息发布等。

如何有效预防和管理邻避冲突是城市管理必须面对的难题之一。根据产生的诱因，邻避冲突可分为污染型、风险积聚型、污名型、心理不悦型四类。邻避冲突治理包括邻避风险治理和邻避事件治理两个方面，既要从源头治理，也要对邻避事件进行管理，运用利益补偿、风险消减、公民参与等机制，尽可能化解冲突。

中国城市基层管理经历了从单位制为主走向街道-居委会制为主，进而启动城市社区建设的改革历程。目前，城市社区主要有法定社区、自然社区、功能社区三种类型，国家注重推进法定社区建设。城市社区管理坚持"党委领导，政府指导，居民自治，社会协同，居民参与"，社区管理需要发挥政府、市场和社会三方面的作用。

《 关键术语 》

城市人口　　常住人口　　户籍制度　　自由迁徙　　应急管理　　邻避设施
邻避冲突　　单位制　　社区　　社区管理

《 复习思考题 》

1. 城市人口管理主要包括哪些内容？
2. 试论城市户籍制度改革的利益博弈。
3. 试论城市户籍制度改革的目标定位。
4. 简述城市安全管理的原则。
5. 简述城市应急管理的运行流程。
6. 简述邻避设施的含义与特征。
7. 简述邻避冲突的类型。
8. 试分析邻避冲突的成因。
9. 试论邻避冲突治理。
10. 什么是单位制管理？什么是街道—居委会制管理？
11. 简述社区的概念和功能。
12. 简述我国城市社区管理的基本原则。
13. 我国城市社区管理的主体主要有哪些？

第13章

城市治理创新

一个善治的政府不仅应当是精简、高效、廉洁的政府，而且应当是勇于创新的政府。城市治理创新包括公共服务供给创新、政府自身创新两个方面。政府自身创新又涉及组织结构创新、业务流程创新、信息技术创新等内容。本章基于近年来我国城市治理创新实践，介绍城市经营理论与实践、城市治理变革、网格化城市管理、市政绩效评估等内容。

重点问题

- 城市经营的推动因素
- 城市经营的问题和对策
- 城市治理变革的理论争论
- 城市治理变革的制度创新
- 网格化城市管理的构成要件
- 网格化城市管理的制度创新
- 市政绩效评估的主要形式
- 市政绩效评估的问题与对策

13.1 城市经营理论与实践

13.1.1 城市经营的概念内涵

城市经营也称经营城市，是指把城市看成企业一样进行经营管理。城市经营的理念借助于企业经营的理念，要求把城市当作一个企业来经营，其中心是引入市场机制，优化城市土地等公共资源配置，从中产生经济效益。

1. 城市经营的概念

城市经营不能以政府利益为单一的目标诉求，不能简单地界定为保值增值或提升财力。城市经营要获取正当性，须以增进公共利益、促进可持续发展为使命。鉴于此，我们将城市经营界定为对可经营性资产（资源）进行市场化运作，以扩大财政来源，提升基础设施和公共服务供给水平，提高城市竞争优势。

随着经济体制改革，政府逐渐退出私人领域管理。城市经营通过引入市场机制，将城市政府支配的可经营性资产（资源）推向市场，通过市场化操作获取收益，以支持基础设施建设和公共服务供给。城市经营的具体内容包括土地、旅游、矿产、基础设施等有形资产，以及文化、精神遗产等无形资产，政府对其使用权、经营权、冠名权等相关权益进行市场化运作。

城市经营在国外也有实践。日本神户市前市长宫崎辰雄提出，城市经营就是“以最小的市民负担获取最大的市民福祉”①。发达国家城市经营的具体做法主要有：

（1）企业化管理。西方国家政府管理遵循“多掌舵少划桨”的原则，政府负责公共产品和服务供给，但将大量的生产任务外包给企业。城市道路、公园、广场、给排水等基础设施建设，以及垃圾收集、污水处理、公共交通等，普遍实行企业化运作。城市管理引入市场竞争机制，让纳税人的钱花得更有效率。公共支出注重预算控制、绩效评估、成本核算和审计监督。

（2）经理性职位。城市政府设有专门的经理性质的职位，招聘高级管理人员，负责具体项目的经营管理活动。美国有一种市政体制叫议会经理制，由市议会聘请一位专业管理人才担任城市经理，把公共事务交给城市经理进行专业化管理。城市经理的工资很高，属于职业经理人才。

（3）公私合作。城市政府常采用公共部门与私人部门合作的形式，通过合同外包、合作生产、财政补贴、特许经营等方式提供公共服务。在美国中小城市中，环保、建筑、规划等服务，常不是由政府直接提供，而是与私人部门签订合同，委托企业提供。

2. 城市经营的特点

（1）城市经营的基本手段是引入市场机制。城市经营将市场机制和企业化运作引入城市管理。近年来，很多城市对公共资源进行市场化运作，采取有偿使用、协议出让、委托经营、股份合作等多种经营形式，缓解了城市建设资金短缺问题。

（2）城市经营的目的是提高城市竞争力。城市经营不应以政府利益最大化为根本诉求，而是在有限的财力下，提高基础设施和公共服务供给水平，提升城市吸引力和竞争

---

① 神户市在城市经营方面的做法主要包括发行地方公债以筹集建设资金、开发旅游胜地六甲山、填海建造港湾人工岛、超前收购土地以备基础设施建设、根据受益者负担原则要求房地产开发商负担基础设施建设的部分资金等。宫崎辰雄．神户的城市经营．天津：天津人民出版社，1986：3.

力。当前，许多城市将城市经营定位为弥补财力不足，这容易引发争议，导致“短视”行为。

（3）城市经营的主体是城市政府。城市政府对城市土地、水资源、矿产资源、基础设施、公用事业等具有支配权。政府可对土地使用权、市政公用事业特许经营权、路桥冠名权等进行市场化运作。

（4）城市经营的对象是可经营性公共资源。并非所有公共资源都可用于城市经营，有些资源须面向全体市民提供，如城市公共安全、消防设施、环保设施、广场绿地、公立学校等。

13.1.2 城市经营的理论支持

我国理论界对城市经营行为存在争议。有观点认为，城市经营是城市政府急功近利的行为，有损社会公平。但也有观点认为，城市经营是城市治理创新的新举措。如同市场机制存在缺陷，资源配置却又依赖于它一样，城市经营也有问题，但城市管理同样无法离开它。“用脚投票”理论、企业化政府理论都为城市经营提供了理论支持。

1. “用脚投票”理论

1956 年，美国学者蒂博特在《地方支出的纯理论》一文中，提出了著名的“用脚投票”理论，亦称“蒂博特模型”[①]。该理论提出，消费者的迁徙和居住选择对提高地方政府的效率具有重要作用。只要生产要素在空间上可以自由流动，城市之间的竞争就难以避免。在自由迁徙的制度前提下，厂商和居民通过“用脚投票”，选择税收和公共产品比值最好的地方，它促使每个地方政府都争取地方性公共产品的有效供给，从而形成了地方政府间的竞争态势。

“用脚投票”引起了城市政府间的竞争。一个城市管理得好，投资者和劳动者就愿意迁入。相反，如果该市税收很高而公共服务很差，投资者和居民就会选择迁出。投资者和居民的“用脚投票”行为，会对地方政府产生竞争压力。为了提高城市竞争力，政府必须提供更好的公共服务，必须想方设法扩大财政来源。同时，凡是能够调动市场力量参与运营的公共领域，政府都应该鼓励私人部门参与其中。

2. 企业化政府理论

20 世纪 80 年代以来，面对财政危机、信任危机和信息技术革命的挑战，西方国家城市治理兴起新公共管理运动，倡导以企业精神改造公共部门[②]。在此背景下，企业化政府成为政府改革的一种战略选择。企业化政府理论是一种市场导向的政府管理理论，它强调以结果为本、顾客（市民）至上，注重成本一收益分析，注重运用目标管理、绩效

① TIEBOUT C M. A Pure Theory of Local Expenditures. Journal of Political Economy，1956（64）.

② HOOD C. A Public Management for All Seasons. Public Administration，1991，69（Spring）：3-19.

管理工具，以取代传统的科层控制体系。

在美国，由于经济状况不佳，联邦政府对城市的财政援助明显减少，城市在财政预算上面临艰难局面。市民期望政府提供更多的公共服务，但却不愿意增加税收。面对财政约束，城市政府不得不“少花钱多办事”，努力降低成本，削减支出和服务项目，提升生产力。于是，引入市场机制逐渐成为公共服务供给的一种政策选择。

在此背景下，一些改革者提出“重塑政府”的口号。其中，最具代表性的是戴维·奥斯本和特德·盖布勒撰写的《改革政府：企业精神如何改革着公营部门》一书。该书提出了重塑政府的十条原则。重塑政府的主题是“政府应多掌舵少划桨”，它呼应了后凯恩斯主义和新自由主义的公共治理基调，为缓和财政危机、削减财政开支、改善城市服务提供了管理战略。

企业化政府理论认为，政府应最大限度地利用市场机制，可在政府内部建立仿企业化管理流程，把企业经营注重成本控制、结果为本、目标导向、顾客满意度等引入政府管理，实现“少花钱多办事”。企业化政府理论提出，政府要通过“投资”获取“收益”，而不是一味地浪费公共资金和财产，要把竞争机制引入政府的公共产品和公共服务提供之中，按照业绩而不是按照需要进行预算拨款，要从注重对社会问题的治疗转向注重对未来不确定性的预防。

13.1.3 中国城市经营的实践发展

20 世纪 90 年代以来，我国城市经营行为快速兴起，它将市场机制和企业化运作引入城市公共资源领域，明显加快了城市发展。

1. 城市经营的推动因素

（1）弥补财政资金缺口是城市经营的初衷。改革开放以后，基础设施落后成为制约城市发展的瓶颈。为了拓展城市建设资金来源，很多城市开始实施城市经营。它按照“谁投资，谁受益”的原则，把可经营性建设项目推向市场，调动社会力量参与城市建设。

（2）城市土地制度改革提供了制度支持。大规模的城市经营行为肇始于城市土地制度改革。1988 年通过的《宪法》规定，“土地的使用权可以依照法律的规定转让”。进入 20 世纪 90 年代，国家出台城镇国有土地使用权出让和转让政策，它催生了土地市场，使城市土地资源变为了可经营性资产。

（3）城市间竞争助推了城市经营行为。投资者在选择投资地点时十分看重城市投资环境和基础设施条件。为了吸引投资，城市政府需要改善基础设施。在财政资金不足的情况下，很多城市出台优惠政策，鼓励民营企业投资基础设施和公用事业。

（4）快速城市化提供了普遍需求。当前，我国正处于快速城市化阶段，基础设施和公共服务需求急剧扩张，公共交通、医疗卫生、环境保护、社会治安等软硬件系统都承受着压力。依赖税收收入远不能满足城市发展的实际需要，引入和利用市场机制，成为城市发展自身的普遍做法。

2. 城市经营的主要表现

我国城市管理中的经营行为主要表现在三个领域：

(1) 国有资源出让。政府将国有资源推向市场，具体包括国有土地使用权出让、路桥冠名权拍卖、国有资产出租等。其中，土地是城市最大的存量资产，我国城市经营的核心就是经营土地。城市政府通过征用农业用地、出让国有土地使用权，可以获取丰厚收益，已成为城市财政的重要来源之一。

(2) 基础设施融资。开放一部分基础设施投资项目，吸引外资和民间资本进入，实行基础设施投资主体多元化、运行机制市场化，增加基础设施供给，提高基础设施运作效率。

(3) 公共服务外包。区分“掌舵”和“划桨”职能，政府承担掌舵职能，不亲自提供公共服务，而是将其外包给企业或社会组织，由后者承担公共服务提供任务，如道路保洁、垃圾收集、园林绿化、市政设施维护等。

13.1.4　城市经营的问题与对策

当前，我国城市经营以弥补政府财力不足、获取资金为导向。城市经营是一把双刃剑，如果运用得好，可以增加财政收入，提升市民福利水平；倘若运用失当，也可能变成谋求私利的工具。

1. 城市经营的主要问题

(1) 圈地卖地。一些城市以开发区建设、新城建设、基础设施建设为名，大量违规征用农业用地，国家主管部门不得不出面进行专项清理整顿。

(2) 侵占农民利益。在土地征用和出让中，城市政府和房地产企业分享了土地用途转换的丰厚收益，土地的原来所有者——农民集体的收益却没有得到应用保障。城市政府从土地所有权出让中获得的土地收入在地方财政中所占的比重很高。政府在对被征地农民进行补偿时，只是按照被征用土地的原用途给予补偿，补偿标准过低，根本无法与国家赋予农民的长期且有保障的土地使用权、收益权和转让权相称。

(3) 损害市民利益。在旧城改造和房地产开发中，也存在地方政府和开发商触及市民利益的现象。一些城市因拆迁引发尖锐的社会矛盾，群体性事件时有发生。一些城市利用城市经营之名，大搞“政绩工程”。有的历史文化名城在核心街区花费几个亿建设现代广场，不仅中断了历史文脉，而且破坏了城市整体风貌。此外，在城市公用事业和公共服务的市场化经营中，也存在牺牲市民利益的现象。

(4) 滋生腐败。在城市经营中，土地征收、征用的审批权控制在领导手里。谁能拿到批条谁就能优先获得土地使用权，为腐败现象的滋生提供了温床。一些行政部门下属的事业单位，实际上是以中介机构为名变相收取政府垄断经营的费用。因此，规范市场经济秩序，首先要规范政府行为。

阅读材料

城市经营的反对声音

当前，在快速城市化的过程中，很多城市喊出了“城市经营”的口号。城市经营以政府为行为主体，以城市为对象，以城市资源特别是土地资源和品牌为依托，以城市营销、资源转让和资本运作为主要手段，开展以营利为目的的经营活动。在城市经营中，政府被赋予与企业类似的功能。一些研究者对这种现象持反对意见，认为政府不能经营城市，理由在于：

（1）作为公共事务管理者，政府不能成为经营主体。城市经营以营利或追求利益最大化为目的，而政府是公共事务的管理者和协调者，是公共组织和非营利性组织，其收入主要来源于税收，不能以营利为目的。政府可以管理城市，但不能经营城市。由政府经营城市，会形成“与民争利”的局面。

（2）政府经营城市违背了政企分开的基本原则。政府和企业是两种性质不同的组织，政企分开是市场经济的基本要求。城市经营行为会造成政府既当“裁判员”又当“运动员”，这种双重角色容易造成政府职能错位，不利于政府切实履行公共服务职能。

（3）城市经营与建设服务型政府相矛盾。城市经营使政府管理形成“赚钱”意识，凡事都会以“是否有钱可赚、能赚多少钱”为标准。权力直接进入市场，就谈不上公共服务了，而且危害很多，容易导致大规模的“设租”和腐败现象。

（4）城市经营使政府变成了“土地贩子”。城市政府可能为了获取土地级差收益，以低价将农业用地从农民手中征用过来，或以公共目的为名收回城区土地所有权，然后再以高价出让给开发商。土地出让金已经成为地方政府的重要财源之一，有些地方的土地所得甚至占到了当地财政收入的一半以上。

资料来源：闻新国，等．政府“经营城市”是否可为．中国经济周刊，2004（43）；李佐军．政府“经营城市”不可为．新京报，2004-09-24．

2. 城市经营的改进对策

（1）拓展城市基础设施建设融资途径。快速城市化对基础设施具有旺盛需求，城市经营在我国兴起的原因之一，是为了缓解城市基础设施建设资金不足的问题。作为基础设施融资工具的市政债券给我们提供了解决问题的有益思路。城市经营有必要借鉴国外经验，拓展城市基础设施建设融资渠道。

（2）改革和完善征地制度。在现行征地制度下，城市化的巨大收益主要由城市政府和开发商获得，农民被征用土地的补偿标准偏低。鉴于此，有必要改革征地制度，保证农民成为工业化和城市化的受益者。目前，土地出让金的收取形式（政府一次性收取土地使用权期限内的全部使用费）也不合理。

（3）完善公众参与制度。完善政府决策的公众参与机制，可以避免城市经营出现劳民伤财的现象。为此，需要推进透明政府建设，完善政府信息披露、决策听证、价格听证、热线电话、市长接待日等制度。有效的公众参与，有利于促进城市经营良性发展。

（4）完善法治约束机制。我国城市经营是在政府主导下进行的，缺乏刚性的权力监督和约束机制，存在长官意志和急功近利的现象。一些政府领导为了追求任期政绩，把营利当作城市经营的唯一目的，结果是不该批的地批了、不该建的建筑建了、不该卖的资产卖了。为扭转这一局面，需要完善法治体系，使城市经营做到有法可依、违法必究。

13.2　城市治理变革

13.2.1　治理和善治的含义

为了弥补传统政府管理模式的不足之处，20 世纪 80 年代以来，西方政治学和行政学界开始思考如何重塑政府，各国政府也开始了治理变革的实践探索。在此背景下，治理理论开始流行起来。在英语中，“治理”（governance）这个概念很早就被使用，用以表达“统治”“控制”“支配”等含义。20 世纪 80 年代以来，西方学者赋予“治理”新的含义。在概念上，“治理”逐渐与“行政”（administration）、“统治”（ruling）区别开来。“治理”主张政府与市场机制、社会力量合作以更好地促成公共目标。

治理与统治、行政的区别在于：

（1）管理主体不同。治理的主体具有多样性，既包括政府机关，也包括社会组织和私人机构；行政和统治的主体只能是公共权力机构，以政府机构为唯一的权威管理主体，所有公共事务都是政府说了算。

（2）管理手段不同。治理不再强调政府单方面的控制、支配和干预，转而强调政府与社会、市场的合作。治理的手段既包括行政控制，也包括对话、合作、协商和建立伙伴关系；行政和统治主要凭借国家强制力进行行政控制与命令。

（3）权力运行方向不同。治理的权力运行方式是自上而下的指挥和自下而上的社会参与相结合，对公共事务实施多中心管理；行政和统治的权力运行方向总是自上而下的，它通过官僚科层体制进行单向度管理。

治理理论主张，公共管理要从统治走向治理，从善政（good government）走向善治（good governance）。城市善治的基本要求包括：（1）法治性。法律是城市管理的基本准则，城市行政和社会行动要在法律规范之中进行。（2）透明性。城市管理实行政务公开、信息公开。（3）责任性。公共部门对自身行为负责，出现过错和过失须承担相应责任。（4）回应性。政府对社会需求要及时做出反应，主动向公民征询意见并采取回应行动。（5）有效性。政府管理效能更好，包括经济、效率、效益三个方面。（6）参与性。城市政策过程注重公民参与。（7）廉洁性。官员廉洁奉公，腐败现象受到抑制。

13.2.2　城市治理的价值导向

学者们从不同的制度环境和价值诉求出发，构建了多元化的城市治理理论。代表性的有多中心理论、新公共管理理论、自主治理理论、协同治理理论、整合治理理论、整体治理理论、运动式治理理论等。总结起来，这些理论可分为两种不同的价值导向：一些理论注重民主导向，主张开放性参与，发展直接民主、协商民主，如多中心理论、协同治理理论；另一些理论注重结果导向，主张有限参与，由政府主导决策过程并组织实施，如新公共管理理论、整合治理理论、整体治理理论、运动式治理理论。

民主导向的城市治理发展“对话式民主”[①]，建立开放论坛，促进平等参与和互动交流，在交换信息、辩论和协商中增进共识，运用协商民主改进公共治理。民主价值的倡导者认为，善治的基础来自公民参与和自治。登哈特提出，“在一个民主政体中，需要做的正确事情恰恰是更多的参与”，更多的参与有助于强化政府责任，改进公共政策质量，提升政策执行效果，增加对政府的信任度，建立一种新型合作关系[②]。

效率取向的城市治理并不排斥公民参与，但主张将公众参与限定在有限的范围之内。公众总是既希望参与决策，又要求政府迅速行动，如果对公众参与不加限制，势必导致行动迟缓，甚至错失最佳时机。效率取向的研究者提出，公众不具有足够的信息和知识来参与复杂问题的讨论，城市治理必须在行政效率和公众参与之间寻求平衡，形成一套规范，对参与的范围、方式、时限做出规定[③]。

13.2.3 城市治理创新的主要领域

城市治理理论打破了长期以来的政府与市场、政府与社会两分的思维方式，不再把它们看作对立范畴，主张政府与市场主体、社会力量建立合作关系。改进城市治理，有必要在以下方面推进政府创新。

1. 建设有限政府

长期以来，我国城市管理具有“全能政府”的特征，城市政府是城市建设、管理和维护的主体力量。城市发展和规划的决策权几乎完全掌握在政府手里，基础设施建设资金也主要由政府筹措。全能政府模式存在官僚主义、机构臃肿、职能错位和效率低下等问题。城市管理要转变“全能政府”理念，推进“有限政府”建设，政府的主要职责在于纠正市场失灵、社会失灵问题，凡是市场、社会能够自主解决的问题，政府都应该退出来。

2. 发展跨界合作

市民总是期待更多、更好的公共服务，城市经常面临资金筹集问题。如何在既定的财政收入规模下改进公共服务呢？一条有效的途径就是发展跨界合作，利用市场和社会主体及其掌握的资源，改进城市公共服务供给，提升政府治理能力。政府负责公共产品和服务的供给决策，其生产则可引进市场和社会机制，由私人部门、非营利组织负责实

---

① DRYZER J S. Discursive Democracy: Politics, Policy and Political Science. New York: Cambridge University Press, 1990.

② 登哈特 J，登哈特 R. 新公共服务：服务，而不是掌舵. 北京：中国人民大学出版社，2004：51.

③ 彼得斯. 政府未来的治理模式. 北京：中国人民大学出版社，2001：69.

施。这种跨界合作和伙伴关系是新公共管理的精髓所在①。

3. 扩大公众参与

公众参与是民主治理的底线要求。居民是城市的主人，城市的意义在于让生活更美好。城市管理应坚持以人为本，居住者对城市设置期望，政府的价值在于满足公共期望。城市管理工作就是要理解并尊重公众需求，基于现实情形进行决策，培育公众参与，并将公众参与转化为一种政策支持。公众参与城市治理可减少彼此间的隔阂和误解，增强市民的归属感和责任感。公众参与制定的政策更易于被市民和社区接受。即使居民反对一项政策议程，公众参与也会使居民提高对该政策的容忍度。决策听证、价格听证、民意调查、公众论坛、在线对话、热线电话等，都是公众参与的有效途径。

4. 发展电子政务

电子政务通过设置安全的政府内部互联网络和中央数据库，运用信息技术改进政府与其他行动者之间的交往系统。信息技术是推进城市治理变革的引擎之一，是建设透明政府和责任政府的重要工具。应用电子政务系统，可加快信息传播，提高信息共享性，促进政府机构之间的有效互动和相互合作，提升政府事务和行动的效率；电子政务可降低信息传递和存储成本，进而降低行政成本；发展基于网络的服务供给，可为市民提供获取政府信息和公共服务的便捷路径；电子政务通过重新设计流程，可改变工作人员的角色，使行政程序变得更有效率。

13.3 网格化城市管理

13.3.1 网格化城市管理的实施背景

21世纪以来，我国很多城市在探索城市治理创新。其中网格化城市管理利用信息技术改造行政流程，创建城市管理监督指挥中心，专门负责网格监督、发现和反馈问题，并对问题处置进行绩效考核，显著提升了城市管理水平。

1. 传统城市管理存在的问题

传统城市管理主要基于专业分工，依赖部门化运作，对于问题采取运动式管理方式，虽然可以在短期内调动多方力量进行应对，但也存在以下问题：

（1）城市问题的识别和回应效率低。

当前，中国城市化迅猛发展，城市人口数量快速增加，城区面积快速扩展。相对而言，城市管理的信息捕捉、问题识别和回应能力有待提升，城市管理还有很多盲区。一些市政基础设施破损后不能及时修复；一些市政公用事业经营不善，市民抱怨很久，相关政府部

---

① 萨瓦斯. 民营化与公私部门的伙伴关系. 北京：中国人民大学出版社，2002.

门也不回应。

（2）部门各自为政，难以统合协调。

当前，中国城市管理部门设置普遍存在分工过细、各自为政、多头管理、条块分割的问题。由于机构众多、职能交叉，有利可图的事情，相关部门都会抢着管；无利可图的事情，大家就互相推诿和躲避。这种部门主导型城市管理模式，使跨部门协调和综合执法存在困难。

（3）缺少长效的监管机制。

针对存在的突出问题，一些政府部门热衷于搞突击性管理和运动式管理，即在短期内动员大量的人力物力，寄希望于通过集中整治解决问题。突击性管理属于非常态管理手段，尽管它在短期内可能奏效，但难以形成长效机制。不仅如此，突击性管理还容易引发利益冲突和社会矛盾。

（4）缺少独立绩效评价机制。

在传统城市管理模式下，行政执行权与监督权不分，部门既是管理者，也是监督者和评价者，缺少独立的绩效评价机制。基层机构倾向于“报喜不报忧”，喜欢夸大成绩，遇到问题可能竭力瞒报、漏报。

2. 信息技术促进城市管理创新

21 世纪以来，很多城市在探索城市治理的新思路、新模式。一些城市利用信息技术，整合热线电话，推行网格化城市管理系统，取得了明显成效。

热线电话是一种低成本的问题信息采集手段。当市民发现问题或投诉时，可直接拨打热线电话。呼叫中心接到电话后，将问题信息发送给责任单位，责任单位负责处理并向呼叫中心反馈处理结果。目前，不少城市设有统一的非紧急救助热线电话，各部门还设有本系统的热线电话。

网格化城市管理系统建有专门的监督指挥中心，负责网格巡逻、发现问题并反馈问题信息，实行监督权与执行权相分离，通过集成问题信息进行绩效管理，促使各部门切实履行法定职责，在一定程度上实现了城市管理的精细化、标准化和动态化。

2004 年，北京市东城区尝试以信息化推动城市管理创新，构建网格化城市管理模式。2005 年 7 月，建设部下发文件，决定在全国推广网格化城市管理模式。此后，上海、南京、深圳、成都、杭州、武汉、扬州等城市纷纷仿效，建设网格化城市管理系统。

13.3.2 网格化城市管理的构成要件

1. 单元网格

将城市区域划分为若干边界清晰的地域单元，形成一个个无缝拼接的单元网格，实现了小区域分块管理。单元网格构成了网格化城市管理的基本单位。网格化城市管理由于细分了单元网格，配置了专门的监督员，所以可避免出现管理盲区。

2. 监督员

监督员负责在单元网格内巡逻，发现城市问题立即上报。其中，城市问题包括部件问题和事件问题两类。部件是指网格内的各项基础设施，事件是指有碍正常秩序的各类事件。

3. 信息采集设备

该系统以手机为原型，研发设计了可移动的信息采集设备。它可以即时采集现场的问题信息，具有通话交流、短信交流、表单填写和传送、语音群呼、无线定位、录音和图片传送等功能。网格化城市管理系统也通过热线电话获取问题信息，市民可拨打政府热线电话反映问题或举报。

4. 信息网络系统

网格化城市管理建有专门的信息网络系统，便于监督员、监督指挥中心、各行政部门进行沟通和传递信息。依托信息网络系统，城市管理监督指挥部门不仅可对立案信息进行动态管理，还可随时集成数据库信息。

5. 监督指挥平台

网格化城市管理设置专门的监督指挥中心，实行监督权、评价权与管理权分离。监督指挥中心负责问题立案和追踪监督，并依据问题立案和处置情况对各部门履行职责情况进行评价。

13.3.3　网格化城市管理的流程和方法

1. 网格化城市管理的流程

网格化城市管理的流程设计在不同城市的实际情况有所不同。大体而言，基本流程包括七个环节。

(1) 信息收集。

网格化城市管理聘有专职监督员，负责发现并上报城市问题。监督员在各自负责的单元网格内不间断地巡逻，当发现问题后，立即用信息采集设备进行现场拍照，并将问题情况（时间、地点、问题编码）迅速反映给城市管理监督指挥中心。同时，监督指挥中心也通过热线电话和政务网站收集公众的在线举报信息。

(2) 案卷建立。

监督指挥中心收到反映的问题信息以后，立即进行信息分析和问题甄别。基于数据库资源，监督平台的工作人员通过信息比对，快速识别问题并做出判断。如果反映的问题符合立案标准，工作人员则通过监督平台进行立案。

(3) 任务派遣。

问题立案后，监督指挥中心根据问题归属，立即派遣相关行政机构或专业部门到现场进行处理。根据层级安排，区级监督指挥中心有权直接指挥区属行政机构和专业作业部门。如果确定是市属部件或市管事务发生问题，区级监督指挥中心则须上报市级平台，由市级监督指挥中心协调市级部门进行处理。

（4）任务处理。

任务处理主要由相关行政机构和各专业部门承担。比如，垃圾清理和渣土堆放问题由环卫部门承担，校园安全由学校、公安部门和教育行政部门共同承担，街头非法广告由城管执法部门负责清理。网格化城市管理系统本身并不承担任务处理的责任，而是通过信息驱动和监督指挥，促使行政机构和各专业部门履行责任。

（5）结果反馈。

行政机构和专业部门现场处理完问题后，需要向监督指挥中心报告处理结果。监督指挥中心派遣监督员到现场进行核查。这种信息反馈机制不仅注重任务处理，而且强化了结果控制。

（6）核实结案。

如果现场核实问题已经解决，现场核查与处理反馈的信息一致，则给予结案。行政机构或专业部门若不能在规定时间内履行责任，致使案件不能在限定的时间内结案，则应承担相应责任。

（7）综合评价。

网格化城市管理系统在运行过程中，系统平台会自动存储相关数据资料。这些数据资料，尤其是各部门发生问题、结案率、回应效率等方面的统计数据，可以通过图表、排名等方式显示出来，为考核评价各部门的绩效状况提供依据。

网格化城市管理流程如图 13-1 所示。

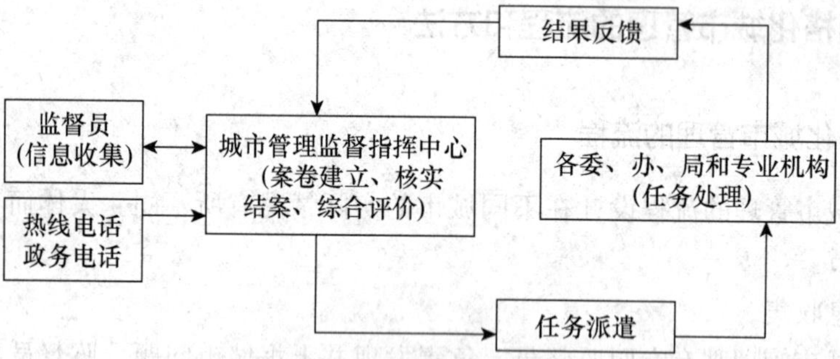

图 13-1 网格化城市管理流程

2. 网格化城市管理的方法

网格化城市管理通过及时发现和识别各类问题，基于问题信息实施立案监督和追踪评价，促使各部门、各机构及时处置问题。网格化城市管理的基本方法主要有：

（1）单元网格管理法。

网格化管理把城市辖区划分成若干单元网格，每个单元网格都配有监督员，分别对分管的单元网格实施动态监督，发现问题后立即上报监督指挥中心。各个单元网格实行无缝拼接，确保城市管理不留盲区。通过划分单元网格，进一步明确了城市问题的识别和处置责任，监督员负责发现问题，监督指挥中心启动立案监督，相关责任主体负责问题处置。

（2）动态监督管理法。

缺乏有效的外部监督是滋生政府惰政的温床。往往是城市问题积累到一定程度，市民普遍不满或导致严重后果之后，经由媒体报道或领导批示后，相关部门才会突击强化管理工作。网格化城市管理设置了独立于各部门之外的监督指挥中心，专门负责发现问题、立案监督、信息反馈，实现了监督权与执行权相分离。这种动态监督和反馈机制，使各部门的工作都得到了有效监督。

（3）绩效评估管理法。

网格化城市管理系统利用信息平台的数据库，按照预先设计的评价模型和指标体系，可自动统计并形成绩效评估结果。与人为的定性评价不同，基于数据库的绩效评估由计算机完成，不受人情关系的影响。绩效评估的对象包括政府职能部门、专业机构、街道办事处、社区居委会、驻社区单位、“门前三包”责任主体等。每月、每半年或每年，监督指挥中心发布绩效报告，各部门的绩效情况一目了然。

13.3.4　网格化城市管理的成效与局限性

1. 网格化城市管理的成效

（1）从粗放式管理走向精细化管理。

监督员和市民在第一时间发现问题，监督指挥中心在第一时间立案，并将任务派遣给责任单位。责任单位到现场处置后，将结果反馈给监督指挥中心。这种即时发现问题、即时传递信息、即时处置问题的流程安排，使城市管理由粗放型走向精细型。

（2）从运动式管理走向常态化管理。

传统城市管理在信息获取上处于被动状态，往往是问题积累到一定程度，对城市运行产生明显负面影响以后，才会引起城市管理部门的关注。网格化城市管理由监督员在单元网格内巡逻，专门负责发现问题和上报问题。单元网格覆盖了整个城区，城市管理可以不留死角。

（3）从各自为政走向跨部门管理。

针对传统城市管理存在的监管不分、职责交叉、互相扯皮的问题，网格化城市管理系统通过设立专门的监督指挥中心，建立了执行和监督相分离的体制。各部门都有明确的管理责任和服务标准，都要接受监督指挥中心的统一调度。各部门在接到任务派遣通知以后，要在规定的时间内处理问题，并将处理结果反馈给监督指挥中心。

（4）从随意性管理走向标准化管理。

近年来，城市管理存在“以罚代管”“暴力执法”的现象。网格化城市管理利用信息传导机制，促使相关部门履行职责，做到规范执法、文明执法。只要市民电话举报或监督员发现问题，经由监督指挥中心立案，追踪监督系统就会自行启动，相关部门不得推脱责任。监督指挥中心掌握问题信息后，定期形成统计数据报告给市长（区长）。

2. 网格化城市管理的局限性

网格化城市管理系统也存在一些问题：

(1) 倚重监督员收集信息，市民参与不足。

目前，网格化城市管理普遍依赖监督员通过巡查发现问题，市民通过热线电话反映问题只是作为辅助性手段。监督员发现和上报问题，属于政府系统内部的监督机制，而市民通过热线电话投诉和反映问题，属于公众参与和外部监督机制。与内部监督相比，外部监督更直接地反映了居民需求。

(2) 过于注重技术装备，行政成本较高。

近年来，为建设网格化城市管理系统，一些城市投入了大量资金，用于设备购置、系统建设和人员培训。不少城市设置了专用监督指挥大厅，购置了电子大屏幕。然而，在实际运作中，很多设备和系统利用率不高。例如，电子大屏幕一般只是在领导视察、客人参观时才会启动。建设网格化城市管理系统，需要摆脱重视装备、演示功能，忽视实际成效的思维误区，着力提高实际效果。

(3) 绩效评价报告仅限政府内部掌握。

目前，大多数城市的绩效评价报告仅报送市领导和部门负责人，供政府内部掌握，并不对社会公开。如果能够提高行政透明度，通过政府网站或媒体公开发布绩效数据，让市民也可以获悉各部门的绩效情况，则有助于形成一种社会压力，促使各部门提升回应性和公共服务效率。

13.4 市政绩效评估

13.4.1 市政绩效评估的含义

1. 市政绩效评估的含义

市政绩效，也称“公共生产力”“政府业绩”“政府作为”等，通常是指城市政府在一定时期内取得的业绩。市政绩效评估依据一定的指标、标准和程序，对城市政府部门或公共项目在一定时期的业绩做出评价，包括绩效测量与部门（项目）评价两个方面。其中，绩效测量包括设置绩效目标、开发绩效指标、收集绩效信息、分析绩效信息以及汇报绩效结果等环节。部门（项目）评价是指将部门（项目）工作进展情况与绩效目标进行比较。开展市政绩效评估，运用产出和结果信息，可促使行政部门提升回应性、责任感和有效性。

市政绩效评估可追溯到 20 世纪初。1906 年成立的纽约市政研究所，首次把绩效评估技术应用于城市政府及其职能部门①。1938 年，克拉伦斯·E. 里德利和赫伯特·A.

---

① WILLIAMS D W. Measuring Government in the Early Twentieth Century. Public Administration Review, 2003 (63): 643-659.

西蒙的经典著作《市政活动的测量》，给效率导向的政府绩效测量运动注入了巨大的动力①。20 世纪七八十年代以来，西方国家的市政绩效评估呈快速发展之势。90 年代以后，结果导向逐渐取代效率导向成为市政绩效评估的主导模式。

阅读材料

纽约市警务绩效管理系统

20 世纪八九十年代，美国纽约市暴力犯罪问题严重，发案率居高不下，曼哈顿一些街区被评价为全美最危险的街区。但到 90 年代中期以后，纽约市治安状况显著好转。其中，一项名为“CompStat”的警务绩效管理系统发挥了关键作用。

1993 年，共和党候选人鲁道夫·朱利安尼当选为纽约市第 107 任市长。朱利安尼任命威廉·布里顿为警察局局长。布里顿意识到，纽约市在预防犯罪方面效率不高，街头巡警要花很长时间才能识别和掌握犯罪线索，在警察破案之前，罪犯已经作案多起，甚至改变作案模式。布里顿认为，纽约警察机关的主要问题在于获取问题信息迟缓。信息分散在不同卷宗和系统之中，缺少集成，无法共享和交流。

为解决上述问题，纽约市建立了 CompStat 系统。5 年后，纽约市犯罪率下降了 57%，凶杀案下降了 65%。CompStat 系统有效降低了犯罪率，重新恢复了市民的安全信心。该系统还获得了地方政府创新奖，已成为城市警务治理的成功典范。

CompStat 系统记录纽约市各街区报告的犯罪信息。在定期举行的全市犯罪形势分析会议上，电子大屏幕显示各类犯罪的统计数据及分布地图。统计数据包括谋杀、强奸、抢劫、入室行窃、大宗盗窃、枪击事件，以及事件受害人、枪支、逮捕和传票签发情况等内容。各类统计都分别给出每周、每月和每年的数据，通过比较可以得出各管辖区警务治理的绩效。在会议现场，绩效不佳的辖区警长要当场回答相关提问，并做出绩效承诺。

CompStat 系统通过发布和共享犯罪信息，给指挥官提供了警务决策所必需的最新情报，使得各辖区警务部门能够及时掌握犯罪数据并预测趋势，从而快速配置警务资源，及时预防和控制犯罪行为。

CompStat 系统的构成要件包括：

（1）装有电子显示屏的会议场所。CompStat 系统有一个专用的圆桌会议室，会场设有投影机和电子大屏幕，可以将相关绩效数据和犯罪地图投影到大屏幕上。

（2）警务绩效分析会议。纽约市警察局每周召开两次警务绩效分析会议，由警察局局长主持，分析最新犯罪统计数据。76 个管辖区、9 个服务区和 12 个公路巡逻区的负责人都参加会议，并在会前报告主要犯罪类型、犯罪嫌疑人逮捕数量等数据。

（3）绩效数据分析。CompStat 系统向各辖区指挥官发布总体犯罪情况、犯罪类型增减趋势、破案率情况、各类犯罪嫌疑人情况、市民投诉情况等数据。

（4）犯罪地图。CompStat 系统利用 GIS 技术开发了犯罪地图，可以显示哪些地点经常拨打“911”紧急救助电话、哪些地点经常报告犯罪案件、哪些俱乐部经常发生暴

---

① RIDLEY O E，SIMON H A. Measuring Municipal Activities：A Survey of Suggested Criteria and Reporting Forms for Appraising Administration. Chicago：International City Managers Association，1938.

力事件、哪些楼房经常会有家庭暴力投诉等。这样，可以把警力资源部署在最可能发生犯罪的地点。

（5）质询和承诺。CompStat 系统通过召开警务绩效分析会议持续进行绩效追踪，引入质询和承诺机制，拓展控制犯罪的新思路。警察局局长亲自过问绩效数据，询问如何应对犯罪新趋势，并要求各分局做出承诺，这给分局带来很大压力。为减少犯罪发生率，警务机关将更多警务资源分配到敏感和案件多发地区。

CompStat 系统改变了警务管理的评价标准。过去刑事警务的评价标准是逮捕数量，如果逮捕的罪犯数量增加，就被认为业绩突出，但 CompStat 系统使预防犯罪成为工作重心。与回应犯罪相比，显然预防犯罪更有价值。

资料来源：杨宏山，皮定均. 合作治理与社会服务管理创新. 北京：中国经济出版社，2012：97-99.

13.4.2 市政绩效评估的主要形式

改革开放以来，随着政府工作转向以经济建设为中心，中国城市开始探索绩效评估工作，目前已有大量实践。

1. 目标管理责任制考核

20 世纪 80 年代中期，一些城市开始探索目标管理责任制考核，将上级确立的行政目标逐次进行分解和细化，形成一套指标体系，以此为考评和奖惩的依据，并在上下级组织之间签订责任书①。目标管理责任制以政府责任制和部门责任制为主，以专项工作责任制为补充。专项工作责任制针对非常规性的专项工作进行考核，如食品安全、安全生产、文明城区建设等。

2. 政府效能建设

政府效能建设发端于 20 世纪 90 年代末。它在政府系统设置专门机构负责效能监督，通过建立岗位责任、服务承诺、目标考评、重点督察、检查验收、绩效评估等管理机制，强化对部门履行职能的监控和考核②。21 世纪以来，很多城市建立了效能建设领导体制和工作机制。

3. 党政领导班子实绩考核

20 世纪 90 年代中期，我国开始对市县党委、政府领导班子进行实绩考核③。2006

---

① 王汉生，王一鸽. 目标管理责任制：农村基层政权的实践逻辑. 社会学研究，2009（2）.

② 周志忍. 效能建设：绩效管理的福建模式及其启示. 中国行政管理，2008（11）.

③ 1994 年，党的十四届四中全会提出，要根据不同领导职务的不同特点，制定科学的考核体系和标准，对工作实绩进行全面考核和准确评价。1995 年中央组织部下发《县（市）党委、政府领导班子工作实绩考核试行标准》。该文件决定从县市开始加强党政领导工作实绩考核，考核项目包括经济建设、社会发展和精神文明建设、党的建设三个方面，涉及 100 多项具体指标。此后，地方党政领导班子实绩考核成为一种制度安排。

年 7 月，中共中央组织部下发文件，要求对县级以上地方党政领导班子和领导干部实行综合考核评价。2009 年，党政领导班子实绩考核采取综合指标体系，既包括经济发展指标，又包括社会发展、可持续发展的指标。

4. 公众满意度评估

20 世纪 90 年代后期以来，一些城市开始将公众满意度纳入政府绩效评估，主要形式有“公众评议政府”“网民评价政府”“民意测评职能部门”等。例如，南京市开展“万人评议政府”，沈阳市开展“市民评议政府”。这些活动反映了地方政府吸纳民意、凝聚民心的愿望。

13.4.3 市政绩效评估存在的问题

1. 绩效评估机构有待整合

推进政府绩效评估，需要授权专门机构开展绩效测量，保障评估机构的权威性。西方国家开展市政绩效评估的基本做法，是授权专门机构负责这项工作，例如美国巴尔的摩市的 CitiStat 绩效评估系统，就是由专门机构来运作的。目前，中国很多城市的绩效评估工作由多个部门分别实施，形成多头评估局面，既造成重复评估，也降低了评估的权威性。

2. 绩效评估内容有待扩展

政府绩效评估是对政府及部门工作的综合测评，各部门运作及其结果都应当纳入绩效评估之中。从我国各城市的实践看，政府绩效评估主要围绕贯彻执行上级决策部署和地方党委、政府重点工作任务，由上级制定考评标准和办法。绩效评估主要关注重点工作和重大项目，而对一般行政、基础性公共服务的监控和评估相对弱化，呈现出选择性评估的特点。

3. 满意度评估流于形式

由于目标责任制考核致使基层政府存在选择性偏向，近年来，一些城市引入公众评议政府，试图提升行政机关的服务意识，改进政府与公众的信任关系。从实际结果看，满意度测评未能达到预期效果，内部控制仍是我国政府绩效评估的基本目标导向。有的满意度测评活动在开始时声势浩大，评估之后就不了了之①。

4. 评估结果的信息应用不够

信息应用对于改进市政绩效具有重要作用，市政绩效评估的实质就是利用绩效信息促使管理者将注意力从投入和过程导向转向产出和结果导向。目前的市政绩效评估侧重于奖励高绩效的组织和个人，在评估结果与政府决策之间缺少制度化的连接机制，尤其

---

① 王锡锌. 对“参与式”政府绩效评估制度的评估. 行政法学研究，2007 (1).

未能将绩效评估结果与部门预算决策联系起来。各类绩效评估结果的信息公开程度不够，评估结果的信息利用有待改进。

13.4.4 市政绩效评估的制度建设

推进市政绩效评估工作，需要构建制度化的评估体系，形成标准化的评估流程和管理工具。具体来讲，主要涉及以下几个方面：

1. 提升评估机构的权威性

提升绩效评估的权威性，有必要整合现行的多部门评估机制，提升评估机构的权威性。可供选择的制度安排，一是授权专门机构统一负责部门绩效评估工作，各行政机关分别向绩效评估机构送交绩效计划和绩效报告，由后者对各部门绩效结果进行复核和分析；二是在各级政府成立高层次的绩效评估委员会，统一领导部门绩效评估工作，并指导相关部门开展专项绩效评价与管理。

2. 完善绩效管理工具

绩效评估的主要工具包括中长期绩效规划、年度绩效计划、年度绩效报告、专项绩效评估报告、绩效评估分级工具等。其中，中长期绩效规划就各部门在未来一定时期内的使命、基本目的和目标等进行规划；年度绩效计划涉及部门所有的项目活动及考核指标；年度绩效报告根据实际结果来评估年度目标的实现程度，总结部门工作的经验教训；专项绩效评估报告就某个方面的政府工作开展专门评估并形成报告，如绩效预算评估报告、节能减排评估报告等；绩效评估分级工具在对部门绩效进行测量的基础上，通过加权计算出部门绩效的得分和等级，形成部门绩效的比较评价机制。这些管理工具可为实施绩效评估提供基本抓手。

3. 构建复合型评估体系

城市治理既要满足产出和效率需求，也要回应公众需求和价值偏好，提升公众满意度。为此，在部门自评、指标考核的基础上，需要引入公众评价机制，形成内部评价与外部评价相结合的复合型评估体系，全面反映各部门的真实绩效状况。近年来，一些地方政府通过整合热线电话，建立统一的公众投诉中心，为公众评价政府提供了新途径。通过集成公众投诉反映的问题领域，可获取各部门服务的不满意数据，形成基于投诉率的参与型评估机制。

4. 推进绩效信息公开

目前，我国城市绩效评估结果一般仅限政府内部使用，通报党政领导和组织人事部门，将评估结果与奖惩激励机制挂钩，作为干部考核和任用的依据。提升绩效评估的有效性，亟待推进绩效信息公开，面向社会发布绩效评估报告。绩效信息公开及相应的问责机制，将会形成一种外部压力，促使公共部门强化结果管理，更好地满足公众、使用者和纳税人的公共服务需求。

阅读材料

巴尔的摩市 CitiStat 绩效评估系统

应用信息技术建设城市绩效评估系统，提升政府回应性和公共服务效率，已经成为城市治理创新的重要领域之一。这里以美国马里兰州巴尔的摩市 CitiStat 绩效评估系统为例。

自 2000 年以来，巴尔的摩市通过实施一项名为"CitiStat"的市政绩效评估系统，为提升公共服务水平提供了有效治理工具①。2004 年，CitiStat 绩效评估系统被哈佛大学授予政府管理创新奖。

CitiStat 绩效评估系统是一种数据驱动的决策分析、绩效管理和追踪评价系统。1999 年 12 月，马丁·J. 奥麦利当选巴尔的摩市市长。当时，巴尔的摩市面临一系列管理难题：政府雇员缺勤严重，行政机构反应迟缓，政府预算赤字严重，犯罪率居高不下。奥麦利市长决心扭转这一局面。2000 年 6 月，巴尔的摩市政府雇用了由几个人组成的 CitiStat 工作团队，就这样，该项目开始运作。从字面上看，"CitiStat"由"city"与"statistics"两个单词组成。CitiStat 绩效评估系统根据一定的标准收集城市运行的信息并形成统计数据。这些数据涉及安全、消防、健康、住房、交通、社区发展、水资源、固体废弃物、公园管理等领域。在每隔两周召开的 CitiStat 会议上，市长、市长办公室高管和各部门负责人一起开会，CitiStat 办公室工作人员负责报告各部门的绩效数据。

CitiStat 绩效评估系统的组成要素主要包括以下五个方面：

(1) 会场。也就是装有电子大屏幕的专用会议场所。在会场中，市长和市政高管拥有专门座位。会场有一个讲台，供 CitiStat 办公室人员和各部门负责人汇报绩效情况。会场配有投影设备，可将 PPT 文件（数据、图表和地图）投影到大屏幕上。

(2) 人员。也就是擅长数据分析的工作人员。他们能够把大量的数据去粗取精，找到重要变量并据此判断绩效是否改进。2005 年，巴尔的摩市聘有 8 名专职数据分析人员，其中包括 1 名项目主任。

(3) 数据。巴尔的摩市主要依赖"311"非紧急救助热线电话获取信息。同时，要求相关部门定期提交财政和运营数据。当市民拨打热线电话投诉或提出服务申请时，呼叫中心会将问题输入计算机系统，汇总录入的电话信息可为测量各行政机构的工作绩效提供基本依据。

(4) 会议。定期组织正式会议是绩效管理的核心构成要素。巴尔的摩市每隔两周召开一次 CitiStat 会议，市长、市长办公室高管和各部门负责人均会参加。CitiStat 办公室可现场演示相关统计数据。市长和政府高官一起讨论分析统计数据。

---

① BEHN R D. The Varieties of CitiStat. Public Administration Review，2006 (May/June)：332.

（5）追踪。追踪是提升公共服务绩效的重要保障。在对统计数据进行分析的基础上，会议当场形成决策，并要求相关负责人做出承诺。同时，它还通过数据追踪和对比机制，保证这些决策能够改进绩效状况。在下一次 CitiStat 会议上，大家将最新统计数据与过去的数据进行比较，检查相关部门是否采取了行动、绩效是否改善。

CitiStat 绩效评估系统通过持续的信息收集和数据分析，使市长可以识别哪些市政领域处于低效状态，并寻求改进对策。它促使各部门努力改进服务绩效，识别并优先解决市民关注的热点问题。CitiStat 绩效评估系统的成效主要表现为：（1）改进了公共服务效率。在应用 CitiStat 系统的第一年，巴尔的摩市政府大大缩短了市民投诉的回应时间。（2）降低了城市犯罪率。2000 年启用 CitiStat 绩效评估系统时，该市暴力犯罪率在全美 30 个大城市中排名第二，使用一年后犯罪率下降了 14%。（3）降低了行政成本，节约了财政资金。应用 CitiStat 绩效评估系统的第一年，该市节约了 1 300 多万美元经费①。从 2000 年到 2007 年的 7 年时间里，CitiStat 绩效评估系统共节约了 3.5 亿美元财政资金。

（6）自身运行成本很低。CitiStat 绩效评估系统的全职人员最少时只有 3 个人，近年来由于增加了新职责，工作人员有所增加，但也只有 8 个人。建设该系统总计花费 28.5 万美元，每年运行成本约 40 万美元，主要用于支付人员薪水。

由于 CitiStat 绩效评估系统取得了显著绩效，近年来，很多城市领导人纷纷访问巴尔的摩市，观摩 CitiStat 绩效评估系统的运行情况。现在，美国很多大城市借鉴巴尔的摩市的经验，建立了各自的公共服务监管系统。例如，亚特兰大市建立了 ALTStat 系统，普罗维登斯市应用了 ProvStat 系统，圣路易斯市开发了 CitiView 系统，旧金山市建立了 SFStat 系统，萨默维尔市实施了 SomerStat 系统，锡拉丘兹市建立了 SyraStat 系统。

巴尔的摩市 CitiStat 绩效评估系统取得成效的基本经验是：领导层重视绩效管理，汇总信息形成绩效数据，并将绩效数据引入决策会议，持续进行绩效评价，公开和分享绩效数据。CitiStat 绩效评估系统创造了一种决策分析系统，使市长能够掌握各部门的绩效状况。过去，各部门分别实行暗箱运作，彼此并不知情。各部门负责人提交厚厚的绩效和预算报告，使市长工作陷入大量数据之中。CitiStat 绩效评估系统由专职人员负责绩效分析，并以简洁直观的图表形式表现出来，便于市长和高级官员捕获有效信息，识别真实问题，及时采取有效的决策行动。

资料来源：杨宏山．数据绩效分析与城市管理创新．中国行政管理，2008（6）．

《本章小结》

城市经营将市场机制引入公共管理领域，通过公私合作的方式，协同提供公共产品和服务。规范城市经营行为，需要拓展城市基础设施建设融资途径，改革和完善征地制

① BENS C. CitiStat，Performance Measurement with Attitude. National Civic Review，2005（Summer）：78-80.

度，完善公众参与制度，完善法治约束机制。

城市治理有必要推进有限政府建设，发展多元主体合作治理，扩大公众参与和民主治理，推进电子政务建设。现代信息技术为城市治理创新提供了有效工具。近年来，我国很多城市建立了网格化城市管理系统，强化网格化巡逻与监督、实现监督权与管理执法权相分离，将绩效评价引入政府内部治理。

市政绩效评估按照一定的程序，对城市公共部门在一定时期的业绩做出客观、公正和准确的综合评判。目前，我国市政绩效评估的形式主要有目标管理责任制考核、政府效能建设、党政领导班子实绩考核、公众满意度评估等形式。加强市政绩效评估有必要提升评估机构的权威性，完善评估工具，改进评估体系，推进绩效信息公开。

关键术语

城市经营　　用脚投票　　政府善治　　城市治理　　新公共管理　　网格化城市管理　　市政绩效评估

复习思考题

1. 什么是城市经营？它有哪些特点？
2. 简述我国城市经营的推动因素。
3. 试论我国城市经营存在的问题和对策。
4. 什么是治理？简述城市治理与城市经营的区别。
5. 试论我国城市治理创新的发展趋向。
6. 简述网格化城市管理的含义和构成要素。
7. 简述网格化城市管理的基本流程和管理方法。
8. 简述网格化城市管理的主要成效。
9. 分析网格化城市管理的成效和局限性。
10. 简述市政绩效评估的含义。
11. 我国市政绩效评估主要有哪些形式？
12. 我国市政绩效评估存在哪些问题？
13. 试论完善市政绩效评估的制度建设。

主要参考文献

陈昌盛，蔡跃洲．中国政府公共服务：体制变迁与地区综合评估．北京：中国社会科学出版社，2007.

陈平．数字化城市管理模式探析．北京大学学报，2006（1）.

成思危．中国城镇住房制度改革．北京：民主与法制出版社，1999.

仇保兴．城市经营、管治和城市规划变革．城市规划，2004（2）.

董幼鸿．“邻避冲突”理论及其对邻避型群体性事件治理的启示．上海行政学院学报，2013（3）.

冯东方．中国城市环境现状及主要城市环境管理措施．城市发展研究，2001（4）.

顾朝林，等．城市管治：概念、理论、方法、实证．南京：东南大学出版社，2003.

胡象明，唐波勇．整体性治理：公共管理的新范式．华中师范大学学报（人文社会科学版），2010（1）.

何艳玲．“中国式”邻避冲突：基于事件的分析．开放时代，2009（2）.

江曼琦．城市空间结构优化的经济分析．北京：人民出版社，2001.

景天魁．底线公平与社会保障的柔性调节．社会学研究，2004（6）.

李莉，王旭．美国公共房屋政策的演变及其启示．东南学术，2007（5）.

李群．我在美国当市长助理．北京：新华出版社，2004.

林家彬．“城市经营”热透视．红旗文稿，2004（5）.

刘君德，等．中外行政区划比较研究．上海：华东师范大学出版社，2002.

刘尚希，李成威．财政“省直管县”改革的风险分析．当代经济管理，2010（10）.

龙菲．西方城市治理及其对我国的启示．城市问题，2004（2）.

路风．单位：一种封闭的社会组织形式．中国社会科学，1989（1）.

陆铭．大国大城．上海：上海人民出版社，2018.

马彦琳，刘建平．现代城市管理学．2 版．北京：科学出版社，2005.

毛寿龙，等．西方政府的治道变革．北京：中国人民大学出版社，1998.

潘小娟．市政管理体制改革：理论与实践．北京：社会科学文献出版社，1998.

浦善新．中国行政区划改革研究．北京：商务印书馆，2006.

石楠．试论城市规划中的公共利益．城市规划，2004（6）.

宋博通．从公共住房到租金优惠券：美国低收入阶层住房政策演化解析．城市规划汇刊，2002（4）.

苏鹏飞．从伯克利市宪章看美国的地方自治制度．美国研究，1999（3）.

陶鹏，童星．邻避型群体性事件及其治理．南京社会科学，2010（8）.

汪大海，魏娜，郇建立．社区管理．2 版．北京：中国人民大学出版社，2009.

王德起，谭善勇．城市管理学．北京：中国建筑工业出版社，2009.

王佃利，徐晴晴．邻避冲突的属性分析与治理之道．中国行政管理，2012（12）.

王佃利，张莉萍，高原．现代市政学．3 版．北京：中国人民大学出版社，2011.

王洪芬，刘锡明．城市规划与管理．北京：经济日报出版社，1995.

王世联．住房保障政策的国际经验与借鉴．世界经济情况，2006（19）.

王锡锌．对“参与式”政府绩效评估制度的评估．行政法学研究，2007（1）.

王旭．美国城市化的历史解读．长沙：岳麓书社，2003.

夏书章．市政学引论．北京：中共中央党校出版社，1994.

谢庆奎，杨宏山．对我国地方行政层级设置的思考．红旗文稿，2004（4）.

谢庆奎，等．中国地方政府体制概论．北京：中国广播电视大学出版社，1998.

谢文蕙，邓卫．城市经济学．2 版．北京：清华大学出版社，2008.

杨灿明，李景友．公共部门经济学．北京：经济科学出版社，2003.

杨宏山．“省管县”改革：市县分治还是混合模式．北京行政学院学报，2014（1）.

杨宏山．澄清城乡治理的认知误区．探索与争鸣，2016（6）.

杨宏山．数据绩效分析与城市管理创新．中国行政管理，2008（6）.

杨宏山．整合治理：中国地方治理的一种理论模型．新视野，2015（3）.

杨团．非营利机构评估：上海罗山市民会馆个案研究．北京：华夏出版社，2001.

叶海平，陶希东．大都市公共政策．北京：北京大学出版社，2007.

叶裕民．中国城市化之路：经济支持与制度创新．北京：商务印书馆，2001.

张波，刘江涛．城市管理学．北京：北京大学出版社，2007.

张军，高远，傅勇，等．中国为什么拥有了良好的基础设施?．经济研究，2007（3）.

张永桃．市政学．北京：高等教育出版社，2006.

赵民，陶小马．城市发展和城市规划的经济学原理．北京：高等教育出版社，2001.

赵燕菁．从城市管理走向城市经营．城市规划，2002（11）.

周其仁．产权与制度变迁：中国改革的经验研究．北京：北京大学出版社，2004.

周雪光．运动型治理机制：中国国家治理的制度逻辑再思考．开放时代，2012（9）.

周志忍．效能建设：绩效管理的福建模式及其启示．中国行政管理，2008（11）.

朱光明．非营利机构与我国事业单位改革的目标选择．中国行政管理，2004（3）.

踪家峰．城市与区域治理．北京：经济科学出版社，2008．

奥尔森．集体行动的逻辑．上海：上海三联书店，1995．

奥克森．治理地方公共经济．北京：北京大学出版社，2005．

奥斯本，盖布勒．改革政府：企业精神如何改革着公营部门．上海：上海译文出版社，1996．

奥斯特罗姆．美国公共行政的思想危机．上海：上海三联书店，1999．

奥斯特罗姆．公共事务的治理之道．上海：上海三联书店，2000．

彼得斯．政府未来的治理模式．北京：中国人民大学出版社，2001．

博克斯．公民治理：引领21世纪的美国社区．北京：中国人民大学出版社，2005．

戈德史密斯，埃格斯．网络化治理：公共部门的新形态．北京：北京大学出版社，2008．

宫崎辰雄．神户的城市经营．天津：天津人民出版社，1986．

赫希曼．经济发展战略．北京：经济科学出版社，1991．

矶村英一．城市问题百科全书．哈尔滨：黑龙江人民出版社，1988．

金登．议程、备选方案与公共政策．北京：中国人民大学出版社，2004．

柯武刚，史漫飞．制度经济学：社会秩序与公共政策．北京：商务印书馆，2000．

罗森布鲁姆，克拉夫丘克．公共行政学：管理、政治和法律的途径．北京：中国人民大学出版社，2002．

芒福德．城市发展史：起源、演变和前景．北京：中国建筑工业出版社，1989．

摩根，英格兰，佩利塞罗．城市管理学：美国视角．6版．北京：中国人民大学出版社，2011．

诺斯．制度、制度变迁与经济绩效．上海：上海三联书店，1994．

佩鲁．略论增长极概念．经济学译丛，1988（9）．

萨巴蒂尔．政策过程理论．北京：生活·读书·新知三联书店，2004．

萨拉蒙．公共服务中的伙伴：现代福利国家中政府与非营利组织的关系．北京：商务印书馆，2008．

萨瓦斯．民营化与公私部门的伙伴关系．北京：中国人民大学出版社，2002．

雅各布．美国大城市的死与生．南京：译林出版社，2005．

礒崎初仁，金井利之，伊藤正次．日本地方自治．北京：社会科学文献出版社，2010．

约翰斯顿．人文地理学词典．北京：商务印书馆，2004．

张庭伟．新自由主义、城市经营、城市管治、城市竞争力．城市规划，2004（5）．

ANSELL C，GASH A．Collaborative Governance in Theory and Practice．Journal of Public Administration Research and Theory，2007（18）．

BARRETT C．Everyday Ethics for Practicing Planners．APA Planners Press，2001．

BEHN R D．The Varieties of CitiStat．Public Administration Review，2006（May/June）．

BENS C．CitiStat，Performance Measurement with Attitude．National Civic Review, 2005 (Summer).

BERRY B J L. Urbanization and Counterurbanization. Berkeley Hills. CA: Sage Publication, 1976.

BISH R L, OSTROM V. Understanding Urban Government. Washington, D. C.: American Enterprise Institute, 1973.

BRENNER N, THEODORE N. Space of Neo-liberalism: Urban Restructuring in North America and Western Europe. Oxford: Blackwell, 2002.

BUGUE D J. The Population of the United States: Historical Trends and Future Projection. New York: The FreePress, 1985.

BURNS N. The Formation of American Local Governments: Private Values in Public Institutions. New York: Oxford University Press, 1994.

COASE R H. The Problem of Social Cost. Journal of Law & Economics, 1960 (3).

CONANT R W, MYERS D J. Toward a More Perfect Union: The Governance of Metropolitan America. San Francisco: Chandler & Sharp Publisher, 2002.

DAHL R A. Who Governs? Democracy and Power in an American City. New Haven: Yale University Press, 1961.

ELKIN S. City and Regime in the American Republic. Chicago, IL: University of Chicago Press, 1987.

EMERSON K, NABATCHI T, BALOGH S. An Integrative Framework for Collaborative Governance. Journal of Public Administration Research and Theory, 2011, 22 (1).

FLYNN N. Public Sector Management. London: Prentice-Hall Harves-ter, 1997.

FOSTER C D. Privatization, Public Ownership and the Regulation of Natural Monopoly. Oxford: Blackwell, 1992.

GAVIN W J, HAMILTON D K. Governing Metropolitan Areas: Response to Growth and Change. New York: Garland, 1999.

HENDERSON L J. The Baltimore CitiStat Program: Performance and Accountability. Washington, D. C.: IBM Endowment for the Business of Government, 2003.

HUNTER F. Community Power Structure: A Study of Decision Makers. Chapel Hill: University of North Carolina Press, 1953.

JACKSON K T. Crabgrass Frontier: The Suburbanization of the United States. New York: Oxford University Press, 1985.

JESSOP B. Liberalism, Neo-liberalism and Urban Governance: A State-Theoretical Perspective. Oxford: Blackwell, 2002.

LEVY J M. Contemporary Urban Planning. N. J.: Prentice Hall, 2000.

LINDBLOM C E. Still Muddling, Not Yet Through. Public Administration Review, 1979 (39).

LOGAN J, MOLOTCH H. Urban Fortunes: The Political Economy of Place.

Berkeley：University of California Press，1987.

MCGINNIS M D. Polycentricity and Local Public Economics. Ann ARBOR：University of Michigan Press，1999.

MORGAN D R，ENGLAND R E，PELISSERO J P. Managing Urban America. Washington，D. C.：CQ Press，2007.

NEWELL C. The Effective Local Government Manager. 2nd Ed. ICMA，1993.

OSTROM V，BISH F P. Comparing Urban Service Delivery Systems：Structure and Performance. Beverly Hills，Calif.：Sage Publications，1977.

OSTROM V，TIEBOUT C M，WARREN R. The Organization of Government in Metropolitan Areas：A Theoretical Inquiry. American Political Science Review 55，1961 (December).

OSTROM V. The Meaning of American Federalism：Constituting a Self－Governing Society. San Francisco，Calif.：Institute for Contemporary Studies Press，1991.

O'HARE M. Not on My Block You Don't：Facility Siting and the Strategic Importance of Compensation. Public Policy，1997，24 (4).

PELISSERO J P. Cities，Politics and Policy：A Comparative Analysis. Washington，D. C.：CQ Press，2003.

POLSBY N W. Community Power and Political Theory. New Haven：Yale University Press，1980.

PORTER M. On Competition. Boston：Harvard Business School Press，2000.

PRESSMAN J L，WILDAVSKY A. Implementation：How Great Expectation in Washington are Dashed in Oakland. Berkeley：University of California Press，1984.

RANNEY D. Global Decisions，Local Collisions. Philadelphia：Temple University Press，2003.

RUCHELMAN L I. Cities in the Third Wave：The Technological Transformation of Urban America. Lanham：Rowman & Littlefield Publishers，2007.

SALAMON L M. Beyond Privatization：The Tools of Government Action. Washington，D. C.：Urban Institute，1989.

SAMUELS W J. Fundamentals of the Economic Role of Government. New York：Greenwood Press，1989.

SAVAS E S. Privatization and Public－Private Partnerships. New York：Chatham House Publishers，2000.

SHARKEY W W. The Theory of Natural Monopoly. New York：Cambridge University Press，1982.

STIGLER G J，FRIEDLAND C. What Can the Regulation Regulate：The Case of Electricity. Journal of Law and Economics，1962，5 (2).

TEAFORD J C. City and Suburb：The Political Fragmentation of Metropolitan America，1850－1970. Baltimore：Johns Hopkins University Press，1979.

TIEBOUT C M. A Pure Theory of Local Expenditures. Journal of Political Economy，1956 (64).

PERRI 6，Leat D.，Seltzer K. & Stoker G. Towards Holistic Government：The New Reform Agenda. New York：Palgrave，2002.

WALKER J L. The Diffusion of Innovations among the American States. The American Political Science Review，1969，63 (3).

人大版公共管理类教材

公共管理类专业教材——学科基础课教材

书名	作者
现代管理学原理（第三版）（“十一五”国家级规划教材）	娄成武　魏淑艳
一般管理学原理（第四版）	张康之　周　军
管理学基础（第三版）	方振邦
管理学教程	方振邦
政治学原理（第三版）	景跃进　张小劲
现代政治学原理（第四版）	石永义　刘玉萼　张　璋
公共管理学（第二版）	陈振明
公共管理学——一种不同于传统行政学的研究途径（第二版）	陈振明
公共管理学（第三版）（数字教材版）（“十二五”国家级规划教材）	蔡立辉　王乐夫
公共管理学（精编版）	王乐夫　蔡立辉
公共管理学（第二版）	张康之　郑家昊
公共管理概论（第二版）	朱立言　谢　明
公共政策导论（第五版）（数字教材版）	谢　明
公共政策概论（第二版）	谢　明
公共政策学——政策分析的理论、方法和技术（“十一五”国家级规划教材）	陈振明
公共政策学	杨宏山
政策科学——公共政策分析导论（第二版）	陈振明
公共经济学（第三版）（“十二五”国家级规划教材）	高培勇
公共经济学教程	秦立建
政府经济学（第四版）（“十一五”国家级规划教材）	郭小聪
政府经济学（第四版）	潘明星　韩丽华

公共管理类专业教材——方法课教材

书名	作者
公共管理研究方法	何兰萍　张俊艳
行政学研究方法与应用案例	萧鸣政　等
管理定量分析：方法与技术（第二版）	刘兰剑　李　玲
公共管理的方法与技术（第二版）	魏　娜

公共管理类专业教材——行政管理、公共事业管理专业教材

书名	作者
行政法学导论	姜晓萍
行政法学	朱新立　唐明良　李春燕
公共部门人力资源管理（第四版）	孙柏瑛　祁凡骅
公共部门人力资源开发与管理（第五版）（“十二五”国家级规划教材）	孙柏瑛　祁凡骅
公共部门人力资源开发与管理（第三版）	孙柏瑛
公共部门人力资源管理（第三版）	滕玉成　于　萍
公共部门人力资源管理	方振邦
公共部门人力资源管理概论	方振邦
公共部门人力资源管理案例	周均旭
行政管理学（第五版）（数字教材版）	郭小聪

书名	作者
公共行政学（第五版）	彭和平
公共行政学（第二版）	张康之　张乾友
行政学导论（第三版）	齐明山
行政管理学导引与案例	陈季修
管理心理学（第二版）	范逢春
公共组织行为学（第三版）（“十一五”国家级规划教材）	孙　萍　张　平
公共组织学（第三版）	李传军
行政组织学（第二版）	张　昕　李　泉
公共组织理论	陆明远　冯　楠
公共事业管理概论（第三版）	朱仁显
公共事业管理概论（“十一五”国家级规划教材）	娄成武　李　坚
公共组织财务管理（第三版）（“十一五”国家级规划教材）	王为民
国家公务员制度（第四版）（数字教材版）（“十二五”国家级规划教材）	舒　放　王克良
国家公务员制度概论（第二版）	刘碧强　郗永勤
公务员制度概论	李如海
公务员制度导论	孙德超
当代国家公务员制度：理论与实践	胡春艳
行政领导学（第三版）	朱立言　李国梁
领导学（第五版）	邱霈恩
领导学	王自亮
领导学：理念、行为与艺术	祁凡骅
领导学	孙　健
现代市政学（第五版）（数字教材版）	王佃利
市政管理学（第五版）（“十一五”国家级规划教材）	杨宏山
市政学导引与案例（第二版）	李燕凌
社区管理（第四版）	汪大海　魏　娜　郇建立
社区管理原理与案例	魏　娜
电子政务教程（第三版）（“十一五”国家级规划教材）	赵国俊
电子政府与电子政务（第二版）（“十一五”国家级规划教材）	张锐昕
电子政府概论（第二版）	张锐昕
行政伦理学教程（第三版）（“十二五”国家级规划教材）	张康之　李传军
公共危机管理导论（“十一五”国家级规划教材）	肖鹏军
公共危机管理概论（第二版）	王宏伟
公共危机管理	唐　钧
公共危机与应急管理：原理与案例	王宏伟
非营利组织管理	吴东民　等
非营利组织管理导引与案例	崔向华　张　婷
当代中国政府与政治	景跃进　陈明明　肖　滨
当代中国政府与行政（第三版）	魏　娜　吴爱明
当代中国政府（第二版）（“十一五”国家级规划教材）	吴爱明
地方政府学概论（第二版）	方　雷
地方政府管理（第二版）	陈瑞莲　张紧跟

书名	作者
管理秘书实务（第三版）	赵锁龙
行政秘书学	唐　钧
公文写作与处理	赵国俊
机关管理的原理与方法（第三版）	赵国俊　陈幽泓
公共部门绩效管理	方振邦
政府绩效管理	方振邦　葛蕾蕾
政府绩效评估	蔡立辉
公共关系概论（第二版）	邹正方
政府公共关系（第二版）（“十一五”国家级规划教材）	廖为建　张　宁
社会管理	汪大海
西方行政学理论概要（第二版）（“十一五”国家级规划教材）	丁　煌
公共行政学史（第二版）	何艳玲
西方公共管理名著导读	汪大海
管理思想史教程	方振邦　葛蕾蕾
文化管理学（第三版）（“十二五”国家级规划教材）	孙　萍
文化创意产业导论	魏鹏举
卫生事业管理（第二版）（“十一五”国家级规划教材）	李　鲁
教育经济与管理（第二版）（“十一五”国家级规划教材）	娄成武　史万兵
现代公用事业管理	崔运武

公共管理类专业教材——劳动与社会保障专业教材

书名	作者
社会保障概论（第六版）（数字教材版）	孙光德　董克用
劳动经济学（“十一五”国家级规划教材）	董克用　刘　昕
劳动法与社会保障法	黎建飞　李　静
人力资源管理	彭剑锋
社会保险学（第三版）	孙树菡　朱丽敏
社会保障基金管理	李春根
社会保险精算原理与实务	王晓军
社会保障国际比较	仇雨临
员工福利概论（第二版）（“十一五”国家级规划教材）	仇雨临

公共管理类专业教材——土地资源管理专业教材

书名	作者
土地经济学（第八版）（“十一五”国家级规划教材）	毕宝德
土地法学（中国人民大学“十三五”规划教材）	严金明
土地法学	王守智　吴春岐
土地资源学	张正峰　赵文武
土地科学导论	叶剑平
土地资源管理学（第二版）	张正峰
国土空间规划学	张占录　张正峰
土地利用规划学	张占录　张正峰
不动产估价（第二版）（“十一五”国家级规划教材）	叶剑平　曲卫东
土地信息系统	曲卫东　韩　琼
地籍管理（第五版）（“十一五”国家级规划教材）	谭　峻　林增杰

公共管理类专业教材——城市管理专业教材

书名	作者
城市管理学（第三版）	杨宏山
城市管理学：公共视角	陆　军 等
城市管理法	王丛虎
城市总体规划原理	郐艳丽　田　莉

公共管理硕士（MPA）教材——核心课教材

书名	作者
全国公共管理硕士（MPA）核心课程教学指导纲要	全国公共管理专业学位研究生教育指导委员会
社会主义建设理论与实践（第三版）	李景治　蒲国良
公共管理英语（修订版）	顾建光
学术规范和论文写作	胡宏伟
公共管理学（第三版）	张成福　党秀云
公共管理学原理（修订版）	陈振明
公共管理导论	竺乾威　朱春奎　李瑞昌
公共政策分析	陈振明
公共政策分析导论	陈振明
公共政策分析概论（修订版）	谢　明
政治学：基本理论与中国视角	任剑涛
公共部门经济学（第三版）	高培勇　崔　军
公共经济学	唐任伍
行政法学（修订版）	皮纯协　张成福
行政法学概论（第三版）	胡锦光
非营利组织管理概论（修订版）	王　名
非营利组织管理	王　名　王　超
公共管理伦理学（修订版）	张康之
社会研究方法	陈振明
定量分析方法（第三版）	谭跃进
电子政务理论与方法（第五版）	金江军
电子政务	吴爱明　何　滨
公文写作概论	高永贵

公共管理硕士（MPA）教材——专业方向必修课、选修课教材

书名	作者
公务员制度教程（第六版）	舒　放　王克良
比较政府与政治（修订版）	卓　越
当代中国政府与政治（第三版）	吴爱明　朱国斌　林　震
公共部门人力资源管理及案例教程（第三版）	陈天祥
领导学教程	常　健
领导理论与实践	邱霈恩
社会管理概论	唐　钧
公共部门绩效评估（修订版）	卓　越
公共危机管理（修订版）	王宏伟
公共部门危机管理（第三版）	张小明
公共部门战略管理（修订版）	陈振明
城市管理理论与实务	杨宏山
MPA 学位论文写作指南	汪大海

图书在版编目（CIP）数据

市政管理学 / 杨宏山编著 . --5 版 . --北京：中国人民大学出版社，2022.3

普通高等教育“十一五”国家级规划教材 北京高等教育精品教材 新编 21 世纪公共管理系列教材

ISBN 978-7-300-30343-7

Ⅰ.①市… Ⅱ.①杨… Ⅲ.①市政管理-高等学校-教材 Ⅳ.①D035.5

中国版本图书馆 CIP 数据核字（2022）第 026064 号

普通高等教育“十一五”国家级规划教材
北京高等教育精品教材
新编 21 世纪公共管理系列教材
市政管理学（第五版）
杨宏山 编著
Shizheng Guanlixue

出版发行 中国人民大学出版社
社 址 北京中关村大街 31 号 邮政编码 100080
电 话 010－62511242（总编室） 010－62511770（质管部）
010－82501766（邮购部） 010－62514148（门市部）
010－62515195（发行公司） 010－62515275（盗版举报）
网 址 http://www.crup.com.cn
经 销 新华书店
印 刷 北京七色印务有限公司
开 本 787 mm×1092 mm 1/16
印 张 17 插页 1
字 数 380 000
版 次 2005 年 4 月第 1 版
2022 年 3 月第 5 版
印 次 2023 年 6 月第 3 次印刷
定 价 48.00 元

中国人民大学出版社　管理分社

教师教学服务说明

中国人民大学出版社管理分社以出版工商管理和公共管理类精品图书为宗旨。为更好地服务一线教师，我们着力建设了一批数字化、立体化的网络教学资源。教师可以通过以下方式获得免费下载教学资源的权限：

★ 在中国人民大学出版社网站 www.crup.com.cn 进行注册，注册后进入“会员中心”，在左侧点击“我的教师认证”，填写相关信息，提交后等待审核。我们将在一个工作日内为您开通相关资源的下载权限。

★ 如您急需教学资源或需要其他帮助，请加入教师 QQ 群或在工作时间与我们联络。

中国人民大学出版社　管理分社

教师 QQ 群：648333426（工商管理）　114970332（财会）　648117133（公共管理）
教师群仅限教师加入，入群请备注（学校+姓名）

联系电话：010-62515735，62515987，62515782，82501048，62514760

电子邮箱：glcbfs@crup.com.cn

通讯地址：北京市海淀区中关村大街甲 59 号文化大厦 1501 室（100872）

管理书社　　人大社财会　　公共管理与政治学悦读坊